강아지풀에서 코뿔소 뿔까지

강아지풀에서 코뿔소 뿔까지

고려 의서 '향약구급방'으로
당대 문화 읽기

신동원·오재근·김상현·이기복·전종욱 지음

책과함께

일러두기

- 이 책의 편제는《향약구급방》원본을 토대로 고려시대의 병과 문화를 열다섯 가지 시각에서 살펴보기 위해 새롭게 구성되었다. 원본의 원문과 번역문은《원문 대역 향약구급방》이라는 별책으로 묶었다.
- 이 책의 차례는《향약구급방》목록(목차)의 제목이 아닌 각 편의 제목을 따랐다.
- 이 책은 일반 독자의 눈높이에 맞추어《향약구급방》원문을 쉽게 풀어내는 방식으로 서술되어 있다. 병명, 병증, 약물 정보, 효능 등에 대한 기술적이고 전문적인 내용은 가급적 쉬운 말로 풀어 쓰고자 했다. 이 과정에서 전근대시기에 저술된 의서는 물론 현대의 본초학 및 약리학 책도 참조했지만, 번거로움을 피하고 가독성을 높이기 위해 필요한 경우를 제외하고는 출처를 표시하지 않았다.
- 연구를 위해 한국과학기술사자료대계 의약편에 수록되어 있는《향약구급방》판본을 저본으로 사용했다. 기본적인 내용 파악은 신영일의 〈향약구급방에 대한 연구〉(경희대 박사학위 논문, 1995)와 이경록의《국역 향약구급방》(역사공간, 2018)에 빚진 바가 많으며, 원문 교감, 약물의 향약 명칭은 이경록의 연구 성과를 기본적으로 따랐다. 표점 및 번역과 관련해 이들 연구와 크게 다른 부분은 별책에서 각주로 그 차이점을 설명하고 보완했다.
- 괄호의 쓰임은 아래와 같다.
  〔 〕: 원본에 작은 글씨로 표기된 원문과 그에 해당하는 번역문.
  [ ] : 한자의 독음과 우리말 발음이 다를 경우 [ ] 안에 한자를 표기.
  ( ) : 원문에 없는 내용이지만 독자의 이해를 돕고자 추가한 문구나 보충 설명.

책을 펴내며

　한국 중세의 사람들은 어떤 병을 앓았고, 어떻게 대처했을까? 그들은 몸과 병을 어떻게 이해했고, 어떻게 하면 병을 고칠 수 있다고 생각했을까? 구체적인 상황을 보자. 쇠붙이에 상해 창자가 삐져나온 경우에는 사람의 똥을 말려서 창자에 발라주라고 했다. 화살과 쇠뇌살이 몸에 박혀 빠지지 않는 상황이라면 여성의 월경포를 태워 만든 재를 상처에 붙이라고 했다. 날고기를 먹고 중독되었을 때 대처하는 법은 더욱 상세하다. 석 자 깊이로 땅을 파서 그 속의 흙 석 되를 물 닷 되와 함께 달여 대여섯 번 끓어 넘치도록 달인 후 맑은 웃물 한 되를 떠서 마시면 된다고 했다. 동상에 걸리면 꿩의 뇌수를 바르면 좋고, 또는 돼지기름을 바르라고 했다. 오늘날 그들의 치료법은 엉뚱하게 보이며, 심지어 어떤 병은 이름조차 낯설다. 도대체 이런 지식은 어떻게 생겨난 것이고, 어떤 세계관에 기초한 것일까?

　현존 유일의 고려 의서인 《향약구급방鄕藥救急方》은 이런 내용으로 가득 차 있다. 대체로 구급 발생 상황은 오늘날과 크게 다르지 않다. 그렇지만 병을 인식하고 치료하는 법은 너무나도 다르다. 우리에게 낯설다고 해서 그들이 우스꽝스러운 방식에 매달렸다고 보면 안 된다. 《향약구급방》의 저자는 자기 시대라는 테두리 안에서 각고의 노력으로 최선의 처방을 얻어내고자 했다. 구급의 경우 중풍이나 종기처럼 고치기 힘든 병이 많다. 저자는 자신과 공동체의 경험, 국제적 지식을 최대한 활용하면서 신뢰할 만한 처방을 찾아 모았다. 게다가 당시로서는 드문 '책'이라는 형식으로 그것을 공간적·시간적으로 널리 공유하고자 했다.

저자는 의원이 아니라 사대부 같은 일반인을 이 책의 독자로 삼았다고 밝힌다. 이 책의 성격을 이해하는 데 매우 중요하므로 직접 그의 말을 들어보자.

이상에서 다룬 총 53부(의 약재)는 모두 창졸간에 쉽게 얻을 수 있는 약이며, 표리냉열表裏冷熱을 다시 살피지 않더라도 쉽게 알 수 있는 질병을 기록한 것이다. 비록 효과가 있는 단방單方이더라도, 표리냉열을 살핀 다음에야 쓸 수 있는 단방이라면 여기에 기록하지 않았다. 잘못 써서 해를 끼칠까 걱정해서다. 사대부들은 잘 살펴 쓰기를 바란다.

《향약구급방》은 한의학 이론이 필요한 전문적인 내용은 싣지 않고 고려시대 사람들이 일상에서 맞닥뜨린 질병과 거기에 따른 일반적인 치료법을 위주로 한다. 오늘날 우리에게 익숙한 벼목 화본과의 강아지풀은 아니지만, 역시 개꼬리 모양을 지녀 같은 이름으로 불리는 신라 특효약 위령선威靈仙과 같이 주변에서 쉽게 구할 수 있는 약재를 주로 사용하고 있으므로 더욱 일상 친화적이다. 사대부라는 말을 사용했기에 주요 독자는 이런 의학 지식을 읽고 실제 상황에 적용할 수 있는 지식층이다. 오남용을 걱정하는 등, 더 전문적인 내용은 의원의 영역임을 분명히 밝히고 있다. 저자는 이름을 남기지 않았지만, 사대부 독자와 소통할 수 있는 사대부로서 의학에 밝은 인물이었을 것이다.

2016년 11월부터 지금까지 5년 남짓 다섯 명이 머리를 맞대어《향약구급방》을 읽었다. 책의 분량은 106쪽에 불과하지만 풀이가 쉽지 않아, 한 번 모임에 몇 구절 이상을 풀어내지 못할 때가 허다했다. 우리는 이 책을 읽으면서 텍스트의 연원을 주로 묻는 기존 학계의 익숙한 방법을 탈피하고자 애썼다. 우리는 한 구절 한 구절을 축자적으로 읽으면서 낯선 신체·의약 문화를 더듬었다. 병증이나 약물 하나하나에 담긴 의미를 일일이 캐물었다. 왜 약으로 똥을 사용했는지, 그 똥이 쇠똥인지 말 똥인지 닭똥인지 지렁이 똥인지 일일이 따졌다. 쇠똥과 지렁이 똥의 용처의 공통적 지반과 다른 점을 구별해낸다는 건 쉬운 일이 아니었다. 병증과 처방 몇 가지를 짧게 제시할 뿐 어느 것 하나 친절한 설명을 덧붙이지 않았기 때문이다. 일단 우리는 유사 구절이 담긴 한의학 전체 내용을 폭넓게 찾아 검토하여 문헌적 근거를 확보하고자 했다. 그것이 여의치 않은 경우 샤머니즘, 도교적 세계관에 널리 퍼져 있는 유감적類感的 사고를 연상하거나, 병증과 처방에 내재한 한의학적 인식을 따져봤다. 부득이 현대 의학 지식을 활용할 수밖에 없는 경우도 꽤 있었다.

그렇기에 독자가 보기에 억지스러운 설명도 꽤 많으리라는 점을 인정한다. 그렇지만 우리는 현대의 사고로 도저히 이해할 수 없다고 판단되는 부분에 대해서도 질문을 포기하지 않았다. 우리는 이 책을 통해 서양에서 신문화사의 고전이 된《치즈와 구더기》가 보여준 것 같은, 한국 중세의 일상 문화를 심층적으로 읽어내려고 했다. 《향약구급방》에 담긴 상당 부분의 지식은 중국이나 일본에서도 공유한 것이었으므로 동아시아적인 성격을 띤다. 게다가 《향약구급방》은 전문적인 영역을 배제했으므로 한의학적 이론 체계와 구별될뿐더러 서구의 병·신체 문화와도 판이하고, 근대적 세계관 이전의 다른 중세적 세계관을 함축한다. 세계 의학사 연구 전체를 통틀어 이런 세계관을 드러내는 본격적인 연구 성과는 아직 나온 바 없다.

경험방서를 통해 중세 동아시아의 문화적 양상을 엿보고자 시도하는 우리의 성과물은 역사 행위자의 문제의식에서 벗어나 현대인의 편향된 시선으로 과거를 타자화하는 위험을 경계하고자 했고, 당대인 행위에 담긴 사고를 존중하고자 했다. 이를테면 《향약구급방》에는 황룡탕이라 이름 붙인 똥을 활용한 처방이 자주 등장한다. 오늘날 우리는 이를 천한 것으로 여기며 중세인의 사고를 비웃을지 모른다. 그렇지만 인간과 동물의 배설물 사용에는 막힘과 소통의 순환이라는 그들의 생태적 관념이 깔려 있음을 이해하고자 했다. 심지어 그들은 고위관리 집안에서 귀중하게 간직한 물건인, 코뿔소 뿔로 만든 진귀한 허리띠까지 약으로 썼다. 코뿔소 뿔의 경우 가장 강력한 동물의 뿔이라는 유감적 사고와 함께, 병 문제를 해결하려는 데에 고려와 중국 남부 또는 동남아시아에서 실크로드로 연결되는 폭넓은 공간이 있었음을 깨닫고자 했다.

독회를 어느 정도 진행하면서 우리는 《향약구급방》에 대한 학술적인 연구를 수행했다. 우리의 논의에 대한 학계의 평가를 받기 위해서였다. 네 편의 논문이 발표되었다. 첫 번째 논문에서는 "독물의 인체 침습, 음양 결합의 역동성, 우주와의 감응, 생명력의 전이/순환, 유비의 전용, 절차로서의 의례, 유감의 논리 등 여러 가지 관념이 얽혀 있는" 중세인의 물질관과 세계관을 밝혔다. 두 번째 논문에서는 《향약구급방》을 한국과 중국의 의학사 흐름의 맥락에서 파악했다. 이외에도 고려 말 조선 초로 이어지는 향약이 어떻게 국가의 정책으로 이어지는지를 연구한 논문과 한국 구급의학 전통의 맥락에서 《향약구급방》을 살펴본 논문을 발표했다. 그리고 《향약구급방》에 수록된 치료법만을 별도로 분석한 논문도 발표했다. 이런 연구 덕택에 우리는 《향약구급방》 각 부분을 쉽게 풀이한 내용을 일반 대중 독자에게 내놓아도 되겠다는 자신감을 얻었다. 이 책 《강아지풀에서 코뿔소 뿔까지》의 각 장은 한국 중세인이 겪은 각종 질병과 치료법에 대한 에세이이다. 일반 독자도 술술 읽어나갈 수 있도록 각별히 신경 썼다.

우리 독서팀 다섯 사람 각자의 전공과 소양은 《향약구급방》 협동 연구의 토대가 되었다. 팀장 신동원을 제외한 네 명은 학부에서 한의학을 전공했다. 오재근과 김상현은 원전학으로, 이기복은 과학사로, 전종욱은 실험생리학으로 박사학위를 받았다. 신동원은 보건학과 과학사를 전공했는데, 독자 눈높이에서 계속 질문하면서 논의를 이끌었다. 우리 저자들은 우선 각 구절의 문헌적 근거를 확보하기 위해 노력했고, 적절한 풀이를 얻기 위해 열띤 논쟁을 벌였다. 그 결과는 주로 한의학 전공자 네 사람이 항목별로 나눠 맡아 글로 정리했으며, 분담 내용은 15~17쪽 표에서 밝혔다. 작업에 필요한 초고만 나눠서 작성했을 뿐, 모든 초고는 함께 한 자 한 자 검토해가며 완성도를 높였다. 오재근은 초고 집필자, 신동원, 출판사 편집자와 소통하고 조율하며 전체 원고가 통일성을 갖출 수 있도록 했다. 김상현은 원문과 번역문의 최종 교감을 수행했고, 책을 안내하는 〈해제〉는 이기복이 썼다. 우리 팀의 지난번 공동 작업물인 《역시만필歷試漫筆》 출간 때 가장 많이 수고했던 전종욱은 이번에는 추가적인 업무를 따로 맡지 않았다. 신동원은 책의 가독성을 높이기 위해 책의 장별 체제를 제시했으며, 책 출간 전반에 대한 최종 감수를 담당했다.

이 책의 순서는 기본적으로 《향약구급방》의 순서를 따랐다. 다만 현대 독자들을 위해 원전에 없는 열다섯 개의 대분류를 시도해 재구성했고, 부제를 달았다. 이에 따라 일부 항목은 원전의 순서와 다르게 배치되기도 했다. 그리고 원문과 번역문을 별도의 책 《원문 대역 향약구급방》으로 엮었다. 원문에 충실한 별책의 번역문과 달리, 본편 격인 《강아지풀에서 코뿔소 뿔까지》에 실린 번역문은 가독성에 중점을 두어 필요한 경우 의역을 시도했다. 우리 책의 《향약구급방》 원문과 번역문 확정에는 이전의 두 노작, 신영일의 첫 번역과 이경록의 정본 작업이 크게 도움이 되었다. 마지막으로 옛 언어인 향약 명칭에 대한 국어사적인 논의를 펼치지 못했음을 밝힌다. 병명이나 약물 이름도 매우 흥미로웠지만, 이 부분을 자신 있게 말하기에는 우리의 역량이 부족함을 느꼈기 때문이다.

책을 펴내는 데 물심양면 힘써준 도서출판 책과함께 류종필 대표와 이정우 팀장 등 편집부에 감사를 표한다.

2023년 4월
저자들을 대표하여 신동원 씀

차례

《향약구급방》 원 목차를 기준으로 한 차례

《향약구급방》 상권

순번	원 제목	해설서의 제목	초고 집필자	쪽수
1	식독食毒	음식으로 인한 중독	전종욱	41
2	육독肉毒	고기로 인한 중독	오재근	49
3	균독菌毒	버섯으로 인한 중독	김상현	54
4	백약독百藥毒	여러 가지 약물 중독	이기복	58
5	석교독螫咬毒	독충에 쏘이거나 동물에 물린 경우	전종욱	65
6	골경방骨鯁方	목엣가시	오재근	75
7	식열방食噎方	목구멍 막힘	오재근	87
8	졸사卒死	졸도	김상현	90
9	자액사自縊死	목을 매고 죽어가는 경우	이기복	96
10	이열갈사理熱暍死	열사병	전종욱	100
11	낙수사落水死	물에 빠져 죽어가는 경우	오재근	104
12	중주욕사방中酒欲死方	술병	김상현	111
13	단주방斷酒方	술을 끊는 방법	김상현	115
14	타손·압착·상절·타파 墮損·壓笮·傷折·打破	맞아 깨지고 부러져 다친 경우	이기복	119
15	금창金瘡	쇠붙이에 찔리거나 베인 경우	전종욱	127
16	후비喉痺	목구멍이 붓고 막히는 증상, 후비	오재근	227
17	중설·구창重舌·口瘡	혀가 붓고 입안이 허는 증상	김상현	235
18	치감닉齒蚶䘌	잇몸과 이뿌리가 붓고 문드러지거나 벌레 먹은 증상	이기복	239

《향약구급방》 중권

순번	원 제목	해설서의 제목	초고 집필자	쪽수
1	정창疔瘡	못처럼 깊이 뿌리박힌 종기, 정창	전종욱	141
2	발배·옹저·절·유옹 發背·癰疽·癤·乳癰	등창, 옹종, 부스럼, 젖멍울	오재근	152
3	장옹방腸癰方	장에 생긴 옹종 치료법	김상현	161
4	동창凍瘡	동상	김상현	165
5	악창惡瘡	위중한 피부질환, 악창	김상현	168
6	칠창漆瘡	옻독	김상현	174
7	탕화창湯火瘡	끓는 물에 데인 화상	이기복	177
8	단독은진방丹毒癮疹方	단독 은진 치료법	이기복	181
9	대지창代指瘡	손가락에 발생한 종기, 대지창	전종욱	186
10	표저瘭疽	손발에 깊이 박힌 옹종, 표저	전종욱	188
11	부골저附骨疽	뼈에 발생한 종기, 부골저	오재근	192
12	선개과창癬疥瘑瘡	이, 옴, 빈대, 벼룩이 일으킨 피부병	오재근	196
13	전촉급죽목첨자 箭鏃及竹木簽刺	화살촉이나 대나무 끝에 찔린 경우	김상현	135
14	치루·장풍痔漏·腸風	치루, 장풍 그리고 탈항	이기복	268
15	심복통心腹痛	명치가 아픈 심복통	전종욱	247
16	냉열리冷熱痢	열증과 한증을 동반한 이질 설사, 냉리와 열리	오재근	257
17	대변불통大便不通	대변을 보지 못하는 경우	김상현	264
18	소변불통小便不通	소변을 보지 못하는 경우	김상현	273
19	임질淋疾	배뇨장애, 임병	이기복	278
20	소갈消渴	소변을 자주 보는 소갈	전종욱	285
21	소변출혈방小便出血方	소변에 피가 섞여 나오는 증상	전종욱	292
22	음퇴·음창陰㿉·陰瘡	생식기에 발생한 피부질환	전종욱	295
23	비뉵鼻衄	코피	오재근	203
24	안眼	눈에 생긴 병	김상현	208
25	이耳	귀에 생긴 병	이기복	216
26	구순口脣	입과 입술에 생긴 병	전종욱	222

《향약구급방》하권

순번	원 제목	해설서의 제목	초고 집필자	쪽수
1	부인잡방婦人雜方	부인의 여러 가지 증상 치료법	오재근	301
2	소아방小兒方	어린아이 치료법	김상현	319
3	소아오탄제물 小兒誤呑諸物	아이가 물건을 잘못 삼킨 경우	이기복	327
4	수종水腫	온몸이 퉁퉁 붓는 부종	이기복	335
5	중풍中風	질병의 왕, 중풍	전종욱	338
6	전광癲狂	미친병, 전광	오재근	347
7	학질瘧疾	징글징글 떨어지지 않는 학질	오재근	357
8	두통頭痛	머리가 깨질 것 같은 두통	오재근	365
9	잡방雜方	여러 가지 피부 증상 치료법	김상현	80
10	복약법服藥法	약물 복용법	김상현	373
11	약성상반藥性相反	서로 반대되는 성질의 약물들	김상현	379
12	고전록험방古傳錄驗方	옛 의서 중의 치험 사례	이기복	393
		발문	신동원	401
13	수합법修合法	약재 가공법	이기복	384

1	방중향약목초부方中鄕藥目草部
2	향약구급방 중간본 발문鄕藥救急方跋

해제

《향약구급방》 읽기

서적 《향약구급방》 개요

고려 의서 《향약구급방鄕藥救急方》은 현전하는 한국의 의서 가운데 가장 오래된 문헌이다. 고려시대 대장도감大藏都監(1232년 설치)에서 처음 간행된 이후 조선 초기인 1417년과 1427년에 두 차례 중간되었는데, 현재 전하는 것은 1417년 중간본이 유일하다. 초간본은 고종 대 이후 고려 후기에 나온 것으로 추정되지만, 편찬 연대와 저자에 대한 기록이 없어 현재로서는 미상이다. 《향약구급방》이 최초 간행된 연대를 보수적으로 잡자면, 그 상한은 1232년(고려 고종 19)이 되고 하한은 《향약구급방》을 인용한 《향약제생집성방鄕藥濟生集成方》이 편찬된 1399년이다. 1392년 도당都堂에서 대장도감 폐지를 주청하는 기사가 《조선왕조실록朝鮮王朝實錄》에 보이는데, 이때 폐지됐다면 그 하한은 1392년이 된다. 정황 분석에 따르면 14세기 전반 이전일 것으로 추정된다. 이후 두 차례 간행된 중간본을 포함해 논하고 있는 우리의 책에서는 《향약구급방》 관련 의학 활동 시기를 '여말선초麗末鮮初'로 적을 것이다.

현재 일본 궁내청 서릉부에 소장돼 있는 1417년 중간본 《향약구급방》은 완본 형태로 상·중·하 3권 1책으로 구성되어 있는데, 상권은 식독食毒·자액사自縊死 등 18개, 중권은 정창疔瘡·동창凍瘡 등 26개, 하권은 부인잡방婦人雜方·소아잡방小兒雜方 등 13개로 총 57개 항목으로 편제돼 있다. 질환별로 활용할 수 있는 처방 550여 개, 치료법 관련 조문 600여 개로 구성된 이 텍스트는 한국 및 동아시아 중세 의료의 문화적 양상을 엿볼 수 있는 중요한 문헌이다. 고려 말에 《향약구급방》이 어느 정도 보급됐는지는 자료의 부족으로 알 수 없지만, 두 차례 중간된 조선 초에는 정부에서 "전국에 보급토록 했다"라는 기록이 있어 《향약구급방》은 당시 민간에 널리 보급되어 활용된 것으로 보인다.

이 텍스트를 어떻게 읽을 것인가

모더니즘 및 이항논법

우리는 그동안 역사 서술의 틀이 되었던 모더니즘 및 이분법의 서사 방식을 넘어 이 텍스트를 읽고자 한다. 전통적 서술은 대체로 과학 대 문화, 근대 대 전통, 이론 대 실천, 중심 대 주변이라는 이른바 이분법의 분석 틀 안에서 이루어졌는데 이는 크게 근대주의적 관점과 중화주의적 관점으로 나눌 수 있다. 먼저, 근대주의적 관점이다. 전근대기 미신적 요소가 많은 방서라는 점을 지적하면서 '과학'의 대척으로서 '문화'를 강조하거나 특정 약물의 경우 이른바 과학적 이해가 가능하다는 점에서 고려인의 지혜를 확인할 수 있다고 논급한다거나, 아니면 이 텍스트를 체계적이고 합리적인 의학으로 이행하는 단계를 보여주는 중세의 과도기적 문헌으로 규정하는 서술이 그것이다. 한편 과학사 및 의학사에서 흔히 찾아볼 수 있는 중화주의적 관점은 과학의 중심으로서 단일한 중국을 상정하고 지식과 문화가 그 주변인 고려/조선으로 일방향적으로 흘러왔다는 역사 인식이다. 예를 들면 《향약구급방》이 중국 의서와 유사한 내용이 많다는 점에서 결국 계보학상 중화세계 주변부의 의서에 지나지 않는다거나, 혹은 당약唐藥과 대비되는 것으로서 향약鄕藥 담론에 주목하면서 오히려 동국 고유의학에 대한 자의식을 표출한 선구적 텍스트라고 이해해왔다. 같은 맥락에서 《향약구급방》을 비롯한 여말선초 향약 의서를 두고 당시 학자들이 최신 중국 의학 지식의 유입에 대처하는 전략적 산물이라거나, 혹은 금·원대 선진의학을 내면화하는 과정 및 향약에 대한 자각을 보여주는 문헌으로 기술하기도 했다. 이러한 이분법적인 설명은 유럽 혹은 중국 중심주의, 선형적인 발전사관 그리고 현재주의를 반영한다.

근대의 담장을 넘어 열린 지평으로

이러한 인식에서 출발한 우리는 타자로부터 주어진 질문이나 인식 틀이 아닌 내외의 환경 변화 속에서 역사의 행위 주체들이 어떤 문제의식을 가졌고 이를 어떻게 풀어나갔는지에 주안점을 두고자 한다. 먼저, 근대는 하나가 아니라 '복수의 근대(modernities)'가 존재하고 그 근대로의 이행 과정 역시 다양한 역사적 궤적을 밟아왔을 뿐 아니라 인간, 사물, 도구, 지식, 관념, 텍스트 등이 국경을 포함한 지역 간 경계를 넘나들어 이동했던 세계의 '연결성'에 주목해야 한다. 국민국가(nation state)라는 관념 역시 근대적인 산물이다. 사실 동아시아 지역에서 이를테면 단일한 중심국가[中國] 하나가 존재했다기보다는 오히려 역사적으로 여러 개의 문화, 지역 국가, 네트워크, 상호교환이 있었을 뿐이다. 이런 까닭에 배타적이고 번역 불가능한 고유성이 유럽이나 중국 문명에 존재했으며 이것이 주변으로 전파됐을 뿐이라는 일면적이고 상투적인 서사는 동아시아 및 한국 과학사의 역동적 지형을 차폐시켜왔다. 이제는 근대주의, 중화주의, 민족주의 담론을 넘어 당시 행위자들의 문제의식 및 해결 방안, 나아가 이와 관련된 개념적 범주, 용어, 질문은 무엇이었는지 그리고 그 배경이 되는 문화적·사상적 조류에 대해서 좀 더 논구해야 한다. 구체적으로 우리의 책은 중세 동아시아인의 사유 양식, 즉 세계와 몸은 무엇으로 구성됐으며 상호 어떻게 움직이는가에 대한 그들의 관념을 근대의 담장을 넘어 열린 지평에서 읽어볼 것이다. 먼저 《향약구급방》 간행 사업을 기획하고 추진한 주체는 누구였으며, 이들이 인식한 현실적 문제 및 자의식 그리고 이 프로젝트를 통해 이루고자 했던 목적은 무엇이었는지 간단히 짚어보자.

이 문헌의 저자는 누구인가

여말선초 새로운 인간형, 신유학자

《향약구급방》의 저자가 누구이며 언제 저술되었는지는 명확하지 않지만, 현전하는 간본을 기준으로 보건대 여말선초 신유학의 정치적 이상을 받아들였던 사인士人 혹은 사족士族이 《향약구급방》 관련 주요 행위자로 이해된다. 재간본의 발문, 간기 등 관련 기사는 《향약구급방》의 편찬자, 간행 주체 그리고 목표로 하는 잠재적 독자층이 의학 전문가보다는 사대부, 즉 사족임을 명시하고 있다. 초간본의 경우, 사료의 부족으로 저자에 대해서 알려진 바는 없다. 저자가 고려의 의관일 가능성도 있지만 조선 중·후기와 달리 고려시대에는 의관과 문관 사이 관직의 이동이 자유로웠다는 점에서 의관도 넓은 의미의 지배 계층인 사인층에 속한다고 볼 수 있다. 13세기 이후 사인층은 대부분 신유학을 기반으로 자신들의 정치적·사회적 정체성을 구성했다. 《향약구급방》을 위시해서 '향약鄕藥'이란 표제를 단 의서가 여럿 등장했던 고려 말은 '신유학자'라는 새로운 인간형이 출현한 시기다. 이 의서는 '동국의 백성'이 '쉽게 알 수 있는 병'과 '쉽게 알고 쉽게 구할 수 있는 약'을 다루며, 주로 '궁벽한 시골'에서 미처 어쩔 새 없이 '급작스러운 일을 당했을 때' 유용한 방서로서, '사대부', 즉 사인층을 독자로 상정하며, 표리表裏·냉열冷熱 등 전문가의 진단을 요구하는 내용을 배제한 비전문가용으로 만들어졌다.

식자층의 일상 속 의료 지침서

한마디로 《향약구급방》은 약물이나 의사 등 의료 자원이 부족한 향촌에서 동인東人이 쉽게 구할 수 있는 약물과 경험을 통해 효과를 본 약방을 수록하여 의원이 없는 지역에서 가솔 및 지역민이 활용할 수 있도록 편람식으로 구성된 응급용 의료 지침서다. 이때 '향약'은 '동국 사람이 쉽게 알 수 있고 쉽게 얻을 수 있는 약물'을 의미하는 것으로 동국의 고유성보다는 오히려 편의성 및 구득성求得性을 지시한다.

책의 구성 및 내용적인 특징으로는 첫째, 규범적 원리나 정합성보다는 일상의 구급에 초점을 뒀다는 점을 지적할 수 있다. 질병 분류에 있어서 《향약구급방》은 질서와 원리를 중시했던 규범적인 종합 의서 및 구급 의서 전통, 이를테면 중풍이나 육음六淫을 책머리에 놓는 자연철학적 분류 방식과 달리 중독과 관련된 일상의 구급 질환을 앞에 배치했다. 응급처치용 간편 의서인 까닭에 대체로 처치법에는 이론적 배경이나 왜 그런지에 대한 설명이 없다. 특화된 질병, 즉 응급 상황을 주로 다루지만 일반 질병도 일부 포함하고 있는데, 전체적으로는 이른바 기氣일원론적인 세계관과는 사뭇 다른 모습을 보여준다.

둘째, 개별 맞춤 처방보다는 누구나 쉽게 쓸 수 있는 간단한 통치방을 제시하고 있다. 향촌의 의료 지침서로서 《향약구급방》이 전략적으로 선택한 처치법은 기본적으로 한두 가지 약물로 구성된 단방單方이다. 치료를 위한 다양한 도구 및 기법, 예를 들어 복약, 뜸뜨기, 바르기, 붙이기, 점적, 찜질 등 여러 처치법이 동원되지만, 내복보다는 외용으로 쓰는 경우가 더 많고, 여러 가지 약재로 구성된 복방複方보다는 약재가 하나인 단방이 절대다수를 차지한다. 또한 전문 기술을 요구하는 외과술도 다루고 있지 않다. 이러한 특징은 궁중에서 활용했던 복방 중심의 《어의촬요방御醫撮要方》(고려, 1226)이나, 외과 전문 기술을 중심으로 일반 질환도 함께 다뤘던 《치종지남治腫指南》(조선, 16세기)과 비교될 뿐아니라, 정합적 원리와 맞춤 의학을 강조했던 이른바 유의儒醫의학과도 다르다.

이 의서를 낸 목적은 무엇인가

이러한 텍스트의 출현을 당시 역사 주체의 자의식, 현실 인식, 해결 방식 그리고 사회문화적 조건에서 다시 살펴보면, 중국 의학 유입의 절충물, 자주적 의학의 발로, 합리적 의학의 전구, 중세 의학의 원시성과 같은 기존의 평가와는 다른 방식으로 이해할 수 있다.

사인층의 향촌 의료 거버넌스와 자의식

《향약구급방》 프로젝트는 중앙의 관의학이 미치지 못하는 공간에서 여말선초 지배층으로 부상한 지배 엘리트인 사인층이 자신들의 문화적 정체성을 구축하고자 할 때 '의료 거버넌스' 차원에서 강구한 해법이라고 할 수 있다. 고려시대는 의사, 약재 등의 의료 자원이 한정되어 있어서 의료 서비스는 희소재로서 일종의 위세품으로 기능했고, 이른바 중앙 이외의 지역은 거의 의료 공백 상태였다. 중앙 및 지방의 의료체계는 당시에도 법제화되어 있었지만, 백성이나 지방의 사족이 일상적으로 의료에 접근할 수 있게 된 것은 그나마 조선 후기 한양에서 상업적 의료가 활성화되고 점차 지방에서도 민간 의료에 대한 접근성이 높아지면서부터다. 여말선초에는 국제 정세의 변화로 단속적인 외국산 약재의 수급이 원활하지 않게 되면서 의료 자원에 대한 접근성은 더욱 떨어질 수밖에 없었다. 대다수 백성은 종교와 무복巫ト에 의지해 질병의 고통을 덜어내고자 했다. 이러한 주술적인 치병 행위를 비판하고 의약에 의지할 것을 주장하는 역사의 새로운 주체가 고려 말에 등장했다. 바로 신유학의 정치철학적 신념을 가졌던 새로운 지배 엘리트인 여말선초의 사대부다. 이들 사인층은 의료 자원이 부족한 현실에서 약초를 직접 재배하거나 지역에 약원藥院을 설립하면서 본초를 공부하고 경험방을 취집해 공간公刊하는 방식으로 식솔이나 지배 지역민의 일상적인 의료 문제를 해결함으로써 '수제修齊' 혹은 '인민仁民'이라는 유학적 이상을 자신들의 지배 공간인 향촌에서 구현하고자 했다.

지식의 공간公刊: 사적인 지식에서 공공의 지식으로

《향약구급방》을 포함해 여말선초 향약 중심의 경험방서 간행은 지식의 공공화 및 대중화라는 과학사적 맥락에서 이해할 수 있으며, 이는 텍스트 전통을 높이 사고 공론화된 지식 활동을 장려했던 동아시아 유교 문예 전통과 관계가 깊다. 사실 인정仁政과 박시제중博施濟衆의 이상을 세상에 구현하는 좋은 방법은 실제 소용이 되는 지식을 (그 연원에 상관없이) 널리 구하고 가려내 이를 공간하는 것이었다. 중국의 경우 송대까지의 의학 지식은 기본적으로 사적인 영역에서 이루어진 것으로 유명 의가들이 남긴 치험 사례 기록은 본질적으로 예언적이고 전설적이며 일화적인 것이었으며, 지식은 사제 간 사적인 형태의 교육 및 전수 양상을 띠는 것이었다. 이러한 지식사회학의 지형은 송·금·원대 이후 유의儒醫가 등장함에 따라 비의적秘儀的인 가전家傳 및 사제 간 전수 형태의 불투명한 신비형 의술 중심에서 신유학 문화를 배경으로 하는 학술형 의학으로 바뀌기 시작했다. 한국의 경우 고려 말 의사의 사적인 공간이나 혹은 궁중의 비각에 머물렀던 무거운 의학 지식을 공간의 방식을 통해 공적인 지식으로 전변시키는 역사적 사건이 일어났다. 그 주체는 바로 신유학을 수용한 사인들이었다. 이러한 변화를 가져온 요인 중 하나가 인쇄술의 등장이었겠지만, 중국 사례와 달리 기술이나 시장의 요소보다는 오히려 문화적 요소가 더 크게 영향을 미쳤다고 볼 수 있다. 다시 말하면, 비의적이고 신비적인 지식보다는 합리적이고 유용한 지식을 생산하고 이를 널리 펴서 제세구민濟世救民하려는 윤리적 자아상을 독려했던 유교 문예 전통이 이 과정에서 더 큰 동력으로 작용했다.

중세 동아시아 문화 엿보기

이 텍스트는 고려와 조선에서 생산됐지만 당·송대 중국 문헌과 유사한 조문이 많이 섞여 있어서 14세기 이전 중세 동아시아인들이 공유했던 과학 문화를 엿볼 수 있다는 점에서 흥미로운 문헌이기도 하다. 편람식 응급 지침서인 까닭에 600여 개 조문 가운데 극히 일부를 제외하고는 처치법 이면의 의학적 논리나 발상의 정황이 제시돼 있지 않으며, 이 가운데 현대인이 그 의미를 추론해낼 수 있는 조목은 제한적일 뿐 아니라 그 가능한 독법조차도 여러 가지 해석 가능성에 열려 있다.

우리의 책은《향약구급방》의 밑바탕에 흐르는 중세 동아시아인의 인체관 및 물질관을 읽어내고자 하는 새로운 시도로서, 중세의 원시성, 비위생적 관념, 미신적 요소의 잔존 등 근대주의적인 술어나 통념을 벗어나 중세의 문화를 역사 행위자의 시선에서 독해할 것이다. 이런 관점에서 신체 문화를 다룬 책은 일찍이 없었다. 중세인의 세계관, 물질관 그리고 신체관을 엿보고자 하는 우리의 논의를 아래의 대여섯 가지로 대별해 개관해본다. 즉 외부 독물이 인체에 상해를 입힐 수 있다는 인식, 천인상응天人相應으로 대표되는 상관적 사유, 유비類比를 전용하는 방식으로서의 유감類感적인 사유, 극과 극이 만나 생명력이 전이되고 순환한다는 생각, 수리數理에 따라 만물이 생성되고 변화한다는 믿음, 또는 절차로서 상징과 의례를 안고 있는 실행이 바로 그것이다.

1) 독毒 몰아내기

먼저, 우리가 사는 세상은 접촉을 통해서 독毒이나 병원체가 이동하고 물物이 직접적으로 인체에 상해를 줄 수 있다. 다른 의서와 달리《향약구급방》이 시기時氣에 의한 감염이 아닌 중독 관련 응급 상황을 맨 앞에 두었다는 점은 주목할 만하다.

모든 식중독에 검은콩 삶은 물을 마신다. 쪽풀〔청대[靑台]〕삶은 물을 마셔도 좋다. 제니〔게루기[獐矣扣次]〕를 진하게 달여 마셔도 된다.

지네, 벌, 뱀에 쏘이거나 물려서 생긴 독에는 쑥뜸보다 나은 방법이 없다. 쏘이거나 물린 경우 쑥봉으로 서너 장 뜸뜨면 독기가 안으로 못 들어가고 바로 낫는다. 뱀에 물려 중독된 경우에는 사람 똥을 두텁게 바른다.

과창瘑瘡을 치료하는 (방법.) 돼지기름을 달여 향이 나오면 우선 환부에 붙인다. 벌레가 다 나오면, 학슬鶴虱, 건칠乾漆, 무이蕪荑 등의 살충약을 붙인다.

지네가 귀에 들어간 경우를 치료하는 (방법.) 구운 돼지고기로 귀를 감싸면 곧장 (지네가) 나온다.

인용문의 첫 번째는 음식에서 유래한 독을 처치하는 법, 두 번째는 해충에 노출되어 독기가 침투한 사례를 다루고 있으며, 나머지 두 사례는 벌레가 몸속에 침입한 경우다. 이때 처치법은 약을 써서 독을 풀거나, 아니면 벌레를 죽이거나 몸 밖으로 배출하는 것이다. 독을 제거하기 위해 쓴 검은콩, 쪽, 제니, 쑥 그리고 살충약인 학슬, 건칠, 무이 등은 본초 서적에서도 잘 알려진 해독 및 살충 약물이다. 냄새를 피워 지네를 유도하기 위해 돼지고기를 쓴 것은 그럴듯해 보이지만, 뱀독에 사람 분변을 쓰는 것은 낯설다. 사실 외치법이 절반을 넘는《향약구급방》에는 중독이나 위급 상황에서 사람이나 동물의 분변을 활용하는 경우가 자주 관찰된다. 이는 분변을 독으로 보고 여기에 독을 누르는 기제가 있다고 보는 '이독제독以毒制毒'의 사유와 관련된 것으로 보인다. 규모 있는 의방서醫方書에는 해독解毒, 제독制毒, 발독拔毒 등을 주치主治로 하는 약물과 처치법을 여럿 찾아볼 수 있다.

2) 상관적 사유

독毒과 물物을 직접 다루는 이러한 의학 활동과 달리, 병인론 및 처치법의 대요를 인체 내 세력의 불균형한 상황에 두었던 이른바 상관적 사유도 관찰된다. 바로 중앙의 주류 의학에서 주로 제시하고 있는 본초학의 약리 이론을 원용해 이해할 수 있는 사례다.

발배發背를 치료하는 (방법.) 초결명 날것 한 되를 짓찧어 부수고, 감초 한 냥도 부순다. 물 석 되를 넣고 달여 두 되를 취한다. 따뜻하게 두 번 나누어 복용한다. 대개 혈血이 정체하면 종기[瘡]가 생긴다. 간장은 혈이 머무는 장기다. 결명은 간장 기운을 조화롭게 하고, 원기元氣를 손상시키지 않는다.

금창으로 피가 안으로 흐르며 멎지 않는 경우. 포황蒲黃과 당귀를 가루 내어 하루에 세 번 복용한다.

피부 은진을 치료하는 (방법.) 질려蒺藜 이파리를 달인 물에 씻으면 좋다.

보기 드물게 첫 번째 사례는 인체 내부 장기인 간肝을 언급하며 약물 초결명의 기전을 설명한다. 이것은 비전문인을 상정한 《향약구급방》에서 거의 예외적인 사례로, 대부분은 두 번째와 세 번째 사례처럼 처치 법만 나열하는 게 보통이다. 하지만 이런 사례, 특히 초목을 약재로 쓰는 경우는 대부분 체계화된 본초학 이론이나 이른바 장상臟象 이론을 동원해 설명하는 것이 가능하다. 이를테면 위 인용문에서 포황은 지혈止血약이고, 당귀는 보혈補血 약이며, 질려는 심히 가려운 피부병을 다스리는 약물이다. 《향약구급방》〈부인잡방〉 편에 (탕제의 이름은 언급하지 않았지만) 사물탕四物湯과 불수산佛手散을 제시하고 있는데, 이 경우도 마찬가지다. 이들 약물을 포괄하고 있는 본초학의 설명 양식은 맛으로 경험되는 약물의 성미性味 그리고 임상에서 경험되는 주치 증상에서 출발해 장부와의 연계성[歸經]을 찾아내고 인체 내 작용 양상을 기술하는 효능으로 귀납하는 것이다. 종종 이러한 약물학적 지식을 넘어 왜 특정한 약물이 그러한 작용을 하는지에 대한 자연철학적 질문도 다루고 있는데, 주로 금·원대 및 청대 의학을 거치면서 감응感應을 기제로 하는 세련된 상관적 사유체계 안에 이들이 포섭됐다. 주로 약물의 형태, 색깔, 기미氣味, 채취 시기, 사용 부위, 산지産地, 질質, 성정性情의 특징과 약물 작용의 상관관계를 기氣, 음양, 오행, 기수氣數, 체용體用 등 우주론적이고 기술적인 장치들을 동원해 체계화하려고 한 것이다.

3) 유비의 전용

상위의 이론적 층위에서 보자면 《향약구급방》에 등장하는 모든 치방을 약물의 성미와 주치로 환원해 음양오행 등 상관적 사유체계로 설명하는 것이 원론적으로는 가능하겠지만, 문화의 저변을 읽기 위해서는 낮은 층위에서 거칠고 다르게 보이는 결들을 주목할 필요가 있다. 이런 관점에서 볼 때 논할 필요가 있는 또 하나의 논리는 유비類比의 전용轉用이다.

《향약구급방》. 출산이 어려울 경우의 치료법. 참기름 두 종지에 메밀가루를 고르게 섞어 묽은 풀처럼 만들어 단번에 복용하면 즉시 출산한다. 효험이 있다. 출산이 힘들거나 포의胞衣가 나오지 않을 경우의 치료법. 신선한 쇠똥을 산모의 양 젖가슴 사이에 바르면 즉시 나온다. 신기하게 효험이 있다. 출산 후 즉시 씻어내야 하는데, 꾸물거리면 창자가 나올 수 있기 때문이다. 〔신선한 쇠똥을 취하는 법. 소의 습성에 (고삐를) 당기면 배변하는 성질이 있으니, 그런즉 똥을 싼다.〕(《향약구급방》을 원 출처로 인용한 《향약집성방鄕藥集成方》 의 기사)

생선 가시가 목에 걸려 내려가지 않는 것을 치료하려면 … 또한 가마우지의 똥[屎]을 물에 개서 목 바깥 부위에 바르면 곧장 나온다.

첫 번째 사례에서 난산에 참기름을 쓴 것은 그 매끄러운 성질 때문으로 보이는데 느끼함이나 향이 실제 영향을 주었을 것이다. 아기나 태반이 나오지 않을 때 쓰는 쇠똥 역시 향내나 심리적 요인이 작용한 듯한데, 이를 고른 까닭은 농촌에서 쉽게 경험할 수 있듯이 소가 똥을 푸짐하고 시원하게 싸기 때문일 것이다. 목에 생선 가시가 걸린 두 번째 사례는 가마우지가 물고기를 낚아채 단번에 목으로 넘기는 모습과 관련이 있을 것이다. 이 두 가지 사례에서 추정할 수 있는 중세인의 논리는 무엇일까? 효과를 본 경험이 축적되면 그것을 약물, 여기서는 동물이 그와 유사한 특성을 갖고 있기 때문이라고 보는 것이다. 이는 위에서 잠깐 설명한 형색기미形色氣味/성정性情 등을 들어 설명하는 방식에 포섭될 수 있다. 다시 말하면, 질려蒺藜가 풍사風邪 때문에 피부가 가려운 증상을 다스릴 수 있는 까닭은 열매에 모나지 않은 가시가 있어 식풍熄風할 수 있기 때문이라거나, 마황麻黃이 땀으로 한기寒氣를 떨어낼 수 있는 것은 줄기가 가늘고 비어 있어 땀구멍과 닮고 마황이 있는 자리에는 눈이 쌓이지 않는 데서 알 수 있다거나, 인삼人蔘이 진액을 만들어주면서도 기氣를 보할 수 있는 까닭은 습윤한 곳에서 싹을 틔우면서도 줄기가 셋에 잎이 다섯 개인 형태로 자라니 음지陰地에서 생겨나 양성陽性을 이뤘기 때문이라는 논리와 유사하다. 그럼에도 불구하고 마황이나 인삼 등 전문적인 약물이 성미性味를 중심으로 복잡한 음양오행의 설명틀 안에서 전문가에게는 점점 익숙해지는 반면, 경험방서에 종종 등장하는 주변의 낯익은 물物들은 오히려 후대 독자들에게는 낯설게 경험되곤 한다. 이런 차이점에 주목해 이들 사례를 상위의 상관적 사유체계 하나로 포괄하지 않고, 문화적 양상에 주목할 경우에는 '유감적類感的 사유'란 술어로, 발견의 맥락에 초점을 둘 경우에는 '유비類比의 전용·轉用'이란 표현으로 기술할 수 있을 것이다.

4) 생명력의 전이

위의 사례에서 일부 살폈듯이 똥, 오줌, 흙, 재, 피 등은 《향약구급방》의 처치법, 특히 독기를 다스리거나 생명이 위급한 상황을 다스릴 때 자주 등장하는데, 이는 어떻게 이해해야 하는가? 이 사례들에서 물物을 매개로 생명력이 전이되고 순환한다는 관념을 읽을 수 있다.

더위를 먹어 죽어가는 사람 치료하기. … 또 다른 방법. 바로 눕히고 뜨거운 흙으로 배꼽 가운데를 막은 다음 사람이 거기에 오줌을 누게 한다. 한 사람이 다 누면 다른 사람이 계속 누게 한다. 배꼽 부위가 따뜻해지면 낫는다. 또 여뀌를 진하게 달여 세 되 먹이면 낫는다.

어린아이가 갑자기 죽은 듯 쓰러지는 것을 치료하는 방법. 불에 태운 돼지 똥을 물에 타서 그 즙을 취해 먹는다. 또 다른 (방법.) 고삼苦參을 식초로 달여 입에 넣으면 곧장 깨어난다. 또 다른 (방법.) 소금물을 달여 아주 짜게 만든 뒤 입에 넣어준다. 배 속에 들어가자마자 깨어난다. 또 다른 (방법.) 뜨거운 물에 재를 섞어 몸에 두껍게 발라준다. 즉시 깨어난다.

이가 나지 않는 경우를 치료하는 (방법.) 암탉 똥〔끝이 둥근 것이 암컷의 똥〕과 수탉 똥〔끝이 뾰족한 것이 수컷의 똥〕을 등분하여 곱게 간 후, 이가 나지 않는 데를 침으로 찌르고 이 가루를 붙인다. 노인은 스무 날, 젊은이는 열흘 지나면 이가 마땅히 나온다.

이가 나지 않는 경우를 치료하는 (방법.) 쇠똥 안에 있는 콩을 취하여 재가 될 때까지 태워 곱게 간 다음, 먼저 침을 찔러 피를 조금 낸 후에 이를 바르면 좋다.

첫 번째와 두 번째 사례는 과도한 수분 손실을 비롯한 어떤 이유로 정신을 잃은 응급 상황에서 진하게 달인 소금물, 여뀌 즙, 고삼 즙 등으로 전해질과 수액을 보충해주면서 따뜻한 오줌과 흙, 재를 이용해 복부를 중심으로 혈액순환을 유도하고 있다. 이런 상황에서 전문 의원이라면 급히 회양回陽, 즉 복부 순환을 촉진하기 위해 아마도 인삼이나 부자附子를 썼을 것이다. 이런 약물을 구할 수 없을 땐, 살아 있는 가축을 쓰기도 한다. 단독丹毒이 온몸에 퍼져 죽음의 문턱에 있는 소아나, 전쟁터에서 전신 자상 등 온몸에 중상을 입어 죽기 일보 직전인 사람을 살아 있는 돼지나 소의 배를 갈라 거기에 집어넣는 것이다. 접촉을 통해서 독을 빼주고 생명의 근원인 순환을 활성화해서 회생을 돕고자 하는 것이다. 이처럼 생명이 오락가락하는 응급 상황에서 동원되는 각종 똥, 흙, 재, 피 등은 당시 사람들에게 어떻게 경험되고 또 어떤 의미를 지녔을까? 세 번째 사례는 이가 빠진 후 이가 나는 것을 촉진하기 위해 음陰과 양陽의 결합에 따른 생성 과정을 유도한 것으로 이해된다. 하지만 두 번째, 세 번째 사례에서 하필 분변을 활용하는 중세 사람들의 관념을 이해하는 것은 쉽지 않다. 마지막 사례는 헛개나무 씨가 산양의 장을 거쳐 배변 속에서 발아하고, 소의 내장에서 해독되고 단련되어 살아남은 콩이 똥이라는 최종 찌꺼기 속에서 새로운 생명력을 얻는 관찰 경험에서 치아라는 싹을 다시 나오게 할 수 있다는 발상은 아니었을까? 흥미롭게도 자연 속에서 동물이 배설물을 섭취하는 경우가 적지 않고, 오늘날의 과학자도 사람이나 동물의 분변을 가공해 환자가 복용하는 치료법을 연구하고 있다. 현대인이 세균학이나 면역학의 관점에서 분변 속 세균에 주목했다면, 중세 동아시아인은 이들과 달랐다. 분변이 독毒을 제압하기도 하지만 생명체에서 나온 마지막 찌꺼기로서 오히려 생명체를 살리는 중요한 계기가 되기도 한다.

5) 상징 및 의례로서의 절차

《향약구급방》에는 약물을 사용하지만 그 효과보다도 절차로서 조제법, 복용법, 금기 사항 등 특별한 행위 자체가 부각되는 몇 가지 사례가 보인다. 예를 들면, 치방에서 의례나 술수術數가 의미를 지니는 경우다.

냉창, 열창, 정창, 표저 등 일체의 헐고 붓는 것을 모두 치료하는 방법. 맥반석[붉은색을 띤 차돌[粘石]]을 속까지 벌겋게 구운 후 식초에 담그기를 부스러질 때까지 반복하고 이것을 간 것 2푼. 삭조 줄기와 잎을 태워 재로 만든 것 2푼, 겨울에는 삭조의 마른 줄기나 뿌리를 써도 된다. 쥐똥, 암컷 참새 똥 각각 1푼을 간 것. 진한 식초 1푼과 돼지기름 2푼으로 위의 네 가지 약이 고르게 섞이도록 한다. 창의 끝, 머리[頭] 부분에 붙인다. 먼저 뜸을 14~21장 뜨고 침으로 딱지를 제거하여 속살이 드러나게 한 다음 약을 붙인다. 종기 주변에 고루 바르고 난 다음 기름종이로 덮어준다. 하루에 두 번 바꿔준다. 만약 뜸을 뜨지 못하면 창의 끝, 머리[頭] 부분을 침으로 찔러 피를 빼내고 기가 통하게 한 뒤에 약을 붙여도 좋다.

건우乾藕. 〔민간에서는 연근蓮根이라고 부른다. 맛은 달고 독이 없다. 7월 7일에는 꽃을 (전체 총량의) 7분량 채취하고, 8월 8일에는 뿌리를 (전체 총량의) 8분량 채취하며, 9월 9일에는 열매를 (전체 총량의) 9분량 채취해 그늘에서 말린다. 빻은 후 체로 걸러서 1방촌시를 복용하면 늙지 않는다.〕

확수蠖螋〔그리마[影千伊汝乙伊]]의 오줌 그림자[尿影]에 쏘이면 좁쌀만 한 두드러기가 군데군데 생기고 아프다. 이런 경우 땅에 확수의 모양을 그리고 칼로 확수를 잘게 베어간다. 배 부분에 이르러 그 흙을 침과 함께 개어 두 번 붙이면 낫는다.

생선 가시가 목에 걸려 내려가지 않는 것을 치료하려면 … 또한 동쪽으로 흐르는 물 한 그릇을 떠놓고 동쪽을 향해 앉는다. 손가락으로 '용龍' 자를 쓴 다음 물을 마시면 곧장 내려간다. 글자를 쓰지 못하는 경우, 다른 사람이 써주어도 효과가 있다.

다소 긴 첫 번째 조문은 완고한 피부병 치료에 쓰이는 통치방으로 다소 복잡한 가공 과정 및 조제법을 동반하는 연단술鍊丹術 전통의 비방으로 보인다. 명대의 《본초강목本草綱目》(1596)이나 조선의 《동의보감東醫寶鑑》(1613)에 수록된 유사 처방을 살펴보면, 맥반석 담금질을 열 차례, 연마 과정도 5×7회 실시해야 한다고 구체적으로 기술하고 있는가 하면 조제 과정에는 월경 중인 여성이나 임신부 등이 보아서 안 된다는 비약물학적 금기 사항도 있다. 이때 수컷 쥐똥과 암컷 참새 똥을 쓰는 것은 독으로 독을 제압한다는 논리뿐 아니라 음양 결합에 따른 생성의 상징성이 담겨 있는 것으로 이해된다. 이처럼 복잡한 제조 과정은 분명 집적된 기술 및 경험의 결과물이기도 하지만 세계와 관계 맺는 문화적 행위의 산물이기도 하다. 이러한 문화적 행위가 두드러진 사례로 술수術數와 연관된 것을 들 수 있다. 두 번째 사례가 그것인데, 장수를 돕는 약물 연근蓮根을 제조하는 과정에서 보이는 반복된 숫자들은 물질 및 세계의 생성과 변화의 원리가 천일天一 및 지이地二에서 출발하는 수리數理에 있다는 사유에 바탕을 둔 것이다. 약물의 적절한 양과 관련된 숫자는 대개 경험적으로 결정되지만 연년익수延年益壽를 목표로 하거나 채취 계절과는 크게 관련이 없는 구체적인 택일擇日에는 특별한 의미가 부여된 주기와 숫자가 등장하는 경우가 있다. 이러한 상징과 의례로서의 절차는 벌레 분비물과의 접촉으로 부스럼이 생겼을 때나 목에 가시가 걸렸을 때 약물의 효과를 증강시키기 위해 상징적인 행위를 더하는 세 번째, 네 번째 사례에서도 찾아볼 수 있다. 이들 사례가 약물 사용을 중심으로 하면서 보조적으로 의례를 동반한 것이었다면, 그렇지 않은 경우도 있다. 예를 들면 목에 가시가 걸렸을 때 '가마우지'를 입으로 왼다든지, 피부질환인 정창疔瘡에 걸렸을 때 삼밭에 들어가지 않는다는 것이 그것이다.

이는 약물 사용을 전제하지 않는 상징적 의례라는 점에서 미신이라는 인상을 주기도 하지만, 병의 원인을 원혼이나 악귀 등 귀신의 농간으로 돌리는 것은 배제한다는 점에서 대개 사대부가 배척했던 종교적이고 주술적인 치병 의례와는 구별된다.

1 고려 사람들이 가장 자주 접하던 일상 병, 중독

고려시대 사람들이 겪은 질병과 그 해결 방안을 담은 《향약구급방》, 그 첫머리에 등장하는 것은 음식으로 인한 중독, 즉 식독食毒이다. 음식으로 발생한 문제를 맨 앞에 배치한 점이 눈길을 끈다. 가장 흔한 병증이기에 다른 무엇보다 먼저 언급된 것으로 보인다. 식독에 이어 고기를 잘못 먹어 생긴 육독肉毒, 버섯을 잘못 먹어 생긴 균독菌毒, 비상·파두 등의 약물을 잘못 먹어 생긴 백약독百藥毒이 차례로 소개되고 있다.

오늘날 식중독의 주된 원인으로 지목되는 것은 세균이다. 식품 안에 들어 있는 미생물이나 동물성·식물성 독소, 화학물질 등도 식중독을 일으키는 원인이다. 세균이 발견되기 전인 시대에 살았던 고려 사람들의 대처 방식은 어떠했을까? 감초, 제니 등의 일반적인 해독 약물 외에 채소에는 칡즙, 생선에는 노근즙, 개고기에는 행인, 별버섯에는 오이 등, 어떤 음식을 먹었는지에 따라 발병 원인을 구분하고 그에 따른 치료법을 강구하고 있다. 각각의 구멍에 딱 들어맞는 열쇠들을 찾고 있는 것이다. 중독의 발병 원인을 추적하고, 원인이 된 음식의 기운을 제거, 진압하는 데에 초점을 맞추는 치료법은 서양에서 전통적으로 전해오던 동종요법同種療法(Homeopathy)과도 상통한다. 고대로 갈수록 문명권을 뛰어넘는 공통점이 발견된다. 고문헌을 읽는 또 다른 즐거움이기도 하다.

◇ 음식으로 인한 중독 – 상1 식독食毒
◇ 고기로 인한 중독 – 상2 육독肉毒
◇ 버섯으로 인한 중독 – 상3 균독菌毒
◇ 여러 가지 약물 중독 – 상4 백약독百藥毒

음식으로 인한 중독

고려시대 사람들이 자주 접하던 일상 병,
음식 중독 치료법

《향약구급방》의 편제는 이후에 등장한 구급방 의서들과 분명한 차이를 보인다. 조선 세조 대에 편찬된《구급방救急方》(1466), 성종 대에 편찬된《구급간이방救急簡易方》(1489)은 모두《향약구급방》과 동일하게 '구급방'이라고 제목이 붙어 있는데 둘 다 '중풍中風'이라는 질병으로부터 시작한다. 그렇다면《향약구급방》에서 첫 번째로 다루는 '식독'은 당시 고려 사회가 가장 주목했던 구급 질환이었을까?

"병들었다 금방 일어난 것 같은 사람이 열에 여덟아홉이다"(《농상집요農桑輯要》〈후서後序〉). 고려 말기에 활동한 대학자 이색李穡(1328~1396)의 말이다. 그는 고려 사람들의 영양 상태가 별로 좋지 않다고 평가한다. 그리고 그 원인으로 살생을 즐겨 하지 않는 점, 상중에 고기를 먹지 않는 예법, 쌀 이외의 잡곡을 잘 재배하지 않는 풍습 등을 꼽았다. 한 마디 말로 고려 사람들의 몸 상태를 단정할 수 없겠지만 비슷한 시기에 편찬된 의서《향약구급방》을 읽는 데 분명 참고가 될 만한 구절이다.

해독약은 차갑게 복용할 것

음식, 고기, 버섯 등의 섭취로 인한 모든 중독 증상에 적용해야 할 첫 번째 원칙은 차게 식힌 뒤 복용하는 것이다.

> 모든 해독약은 반드시 식은 다음 마셔야 한다. 열탕은 독을 풀 수 없다. 아무리 위급하더라도 반드시 식은 뒤에 먹어야 하니, 이 점을 꼭 알아두어야 한다.
>
> 모든 식중독에 검은콩 삶은 물을 마신다. 쪽풀〔청대[靑台]〕 삶은 물을 마셔도 좋다. 제니〔게루기[獐矣扣次]〕를 진하게 달여 마셔도 된다.

해독을 위한 치료제인 검은콩, 쪽풀, 제니는 모두 달여서 복용한다. 뜨겁게 달인 전탕액을 그대로 복용하면 독이 풀어지지 않으니 아무리 위급한 경우라도 차게 식혀서 복용할 것을 신신당부하고 있다. 인체는 온도에 민감하다. 인체의 순환은 온기와 혈류를 따른다. 따뜻한 약물을 복용하면 그 열기로 인해 독이 더욱 퍼져나갈 수도 있다. 해독 치료제를 차갑게 복용하는 것은 온도를 낮춰 독이 퍼지는 것을 차단하려는 의도일 것이다. 차가운 것은 아래로 내려가는 성질이 있다. 복약을 매개로 독을 아래로 끌어내려 체외로 배출하려는 뜻도 담겨 있다.

검은콩으로 불리는 흑두나 산나물로 유명한 모싯대, 곧 제니는 분명 주변에서 구하기 쉬운 약재였을 것이다. 파란 물감이자 염색 원료였던 '쪽' 역시 구하기 힘든 약재는 아니었을 것이다. 《향약구급방》에서 가장 처음 소개되는 질병인 식독과 가장 처음 등장하는 약재인 검은콩, 쪽풀, 제니 등은 이 책이 어떤 내용으로 구성되어 있는지를 상징적으로 보여준다. 주변에서 흔하게 볼 수 있는 질병과 쉽게 구할 수 있는 약재.《향약구급방》은 일상에서 자주 걸리는 질병과 그에 대처할 수 있는 가장 손쉬운 방법을 소개하는 일종의 가정 의학서라 할 수 있다.

해독의 명약, 감초

모든 약의 독 기운을 풀어주는 약물로 감초#草가 있다. 술, 고기, 음식으로 인한 중독 반응 역시 치료한다. 최고의 해독 약물이었던 것이다.

손진인孫眞人이 말했다. "감초는 모든 약의 독을 풀어준다. 그 효과가 마치 뜨거운 물이 눈을 녹이는 것 같다. 감초 한 냥을 썰어 물 두 사발에 넣고 물이 반 정도 될 때까지 달여서 식힌 다음 마신다. 낫지 않으면 다시 한 번 마신다. 모든 술독, 고기 독, 음식 독에 쓰면 바로 낫는다." 감초는 비록 우리나라에서 나지 않지만 왕왕 대비하여 모아둔 자가 많다. 독을 푸는 데 큰 효과가 있으므로 빠뜨릴 수가 없다.

나물 중독에 칡뿌리 달인 물을 마신다. 하지만 감초 달인 물만 못하다.

두 번째 인용문에서는 채소로 인한 중독 증상에는 칡뿌리를 달인 '칡즙' 마시기를 권장한다. 칡이 채소 독을 해소하는 약물인 셈이다. 그러나 감초의 효과에 미치지는 못한다고 평가하고 있다. 해독을 하는 약물로 흑두, 녹두, 쪽, 제니 등이 알려져 있기는 하지만 감초의 명성을 뛰어넘을 수는 없다. 감초의 효능은 동한 시대의 본초 저작인《신농본초경

神農本草經》을 통해 다음과 같이 소개된다. "오장육부에서 한열寒熱을 일
으키는 사기邪氣를 주로 치료한다. 힘줄과 뼈를 단단히 만들어주고, 근
육을 길러주며, 기력이 두 배로 일어나도록 한다. 쇠붙이에 손상을 받아
발생한 창종瘡腫을 치료하고 해독한다." 말미에 기재되어 그냥 지나치기
쉬운 해독 효능에 대해 중국 남북조 시대의 약물학자 도홍경陶弘景은 "백
약의 독을 풀어준다"라며 그 효능을 강조했고, 이와 같은 기조는 그대로
전승되고 있다.

오늘날 감초의 해독 기능은 ① GSH(Glutathione Sulfhydryl) 및 GST
(Glutathione-S-transferase) 활성을 통한 활성중간대사체의 직접 제거, ②
제2상반응의 포합반응 활성을 통한 활성중간대사체 생성 경로의 불활
성화, ③ 산화물질-유도산화적 스트레스에 대한 항산화 효능 등 세 가
지 기전으로 설명되며, 감초를 대표하는 성분 글리시리진glycyrrhizin은
GSH의 농도를 증가시키거나 GSH 포합반응을 촉매하는 GST 활성도
를 증가시키는 것으로 알려져 있다.[1]

인용문에 따르면 감초는 우리나라[我國]에서 산출되지 않지만 왕왕 집
에 쌓아 보관하고 있는 사람이 많다고 했다. 고려시대의 감초 소비 실태
를 언급하는 표현이다. 감초는 한반도 자생 약재가 아니다. 고려시대에
는 전량 수입해서 사용했으며 조선 전기에 접어들어 토산화土産化 과정
에 착수하게 된다.[2] 그렇지만 고려시대에도 여러 질병에 두루 쓰이던 감
초를 상비약으로 구비해두는 의약 문화가 있었던 것으로 보인다.《향약
구급방》이 바로 이 정황을 명료하게 보여주고 있다.

약왕, 손진인 그리고《향약구급방》

감초를 복용해 해독하는 방법은 중국 당나라의 의학자 손사막孫思邈 (?~682)을 통해 전해진다. 손사막은 약왕藥王 또는 손진인孫眞人으로 불리던 인물로 여기서 '진인'은 최고의 경지에 오른 사람이라는 의미의 도교 용어다. 한편 약왕이라는 별호는 손사막이 의약계에서 차지하는 압도적인 위상을 보여준다. 손사막은 약물과 처방은 물론 불교, 도교의 종교적 요소까지 아우르며 치유하는 최고의 의사로서 명성을 얻었다. 《향약구급방》에는 '손진인'이라는 표현이 총 네 차례 등장한다. 모두 치료법을 소개하면서 그 지식의 원천으로 인용되고 있다. 손진인이 고려 사람들에게 잘 알려진 당대 의약 지식의 최고 권위자였기 때문일 것이다.

손사막이 편찬한 의학 저작으로《비급천금요방備急千金要方》(652)과 《천금익방千金翼方》(682?)을 꼽을 수 있다. 두 책은 당대唐代에 완성됐지만, 송宋 정부에 설치된 의서 발행 관청인 교정의서국에서 교감되어 간행됐다. 손사막이 편찬한 원본《비급천금요방》에 보다 가까운 것으로 평가받는 판본은 전체 30권 가운데 20권 정도만이 전해지고 있으며 현재 주로 유통되고 있는 것은 송대에 교정되어 간행된 판본이다.

《향약구급방》에는《비급천금요방》과 유사한 문장이 다수 수록되어 있다. 그런데《향약구급방》에 수록된《비급천금요방》문장은 송대 교정의서국에서 간행한《비급천금요방》문장이 아닌 손사막의 원저작으로 추정되는 판본의 문장과 동일하다. 이로 미루어볼 때《향약구급방》저자는 송으로부터 입수한《증류본초證類本草》,《보제본사방普濟本事方》등의 의서뿐 아니라 기존에 한반도에 전해지고 있던 당대의 의서들까지 검토해가며 이 책을 편찬한 것으로 보인다.[3]

황룡탕과 서각으로 읽는 고려시대 약 처방

독특한 치료 처방으로 황룡탕黃龍湯이 있다. 말이 황룡탕이지 누런 똥을 달인 물이다. 똥이 약이 될 수 있음을 적나라하게 보여준다. 한편 서각은 코뿔소 뿔이다. 한반도에서는 나지 않는, 구하기 어려운 약재다. 그런데 이 처방에 대한 평가가 바로 '치료되지 않는 것이 없다[無不理也]'이다. 식중독 치료에는 황룡탕, 서각탕이 가장 좋다는 것이다.

식중독에 황룡탕, 서각 달인 물을 마시면 치료되지 않는 것이 없다. 말 오줌을 마셔도 좋다. 서각은 비록 우리나라에는 없지만 공경대부가 왕명으로 먼 곳에 사신 갔다가 급한 상황에서 대서帶犀를 깎아서 달여 먹고 곧 살아나곤 했다. 천금의 몸을 어찌 대서 따위와 견주어 논할 수 있겠는가?

황룡탕과 서각으로 이루어진 이 처방에서 가장 흥미로운 부분은 가장 천한 약과 가장 귀한 약이 교차하고 있다는 것이다.

똥이 약으로 쓰일 수 있는 까닭은 무엇일까? 모든 음식이 소화된 뒤에 나온 똥이 식중독을 일으키며 소화에 문제를 일으킬 수 있는 음식을 제압한다는 기본 관념이 전제되어 있는 것 아닐까. 이미 인체에 들어와 아무 일 없이 쑥 빠져나온 누런 똥이 몸속에서 잘 내려가지 않고 문제를 일으키고 있는 놈을 해결해줄 것이라는 믿음 말이다. 서각대犀角帶 또는 서대라고도 하는 대서는 코뿔소 뿔을 상감기법으로 새겨 넣은 관대冠帶, 즉 허리띠다. 고려시대에는 문반文班 종3품에서 종6품에 이르는 참상參上의 관원만 서대를 착용할 수 있었다. 과거 합격자들에게는 임금이 특별히 하사품으로 주기도 했다고 한다. 조선시대에는 이를 사치품으로 간주해 1품 관원만 착용하도록 규제했다. 하지만 몸이 귀한 것에 비하랴? 위급할 때는 바로 깎아서 사용하는 것이 마땅하다.

가장 천한 재료인 똥과 높은 벼슬아치들이 쓰는 귀한 대서, 이 모두가 나의 몸을 위해 소용된다는 대비가 돋보인다. 고려 사람들의 의약 활동의 한 모습이다.

현대 의학의 해독과 비교해 보기

독毒(toxin)이란 무엇인가? 대체로 독은 적은 양으로도 절명에 이르게 한다. 맹독의 경우, 기본적으로 신경의 이온 채널에 장애를 유발하거나, 세포막에 구멍을 내는 물질인 경우가 많다. 독물은 세포의 투과성에 문제를 일으키고 관련 근육의 기능을 급속히 저하시키기 때문에 적절한 처치를 받지 못할 경우 순환부전, 호흡 곤란, 탈수증 등으로 사망에 이를 수 있다. 독소에 대한 인체의 반응은 내장기관으로부터 먼 뼈나 피부로 독을 이동시킨다는 점에서 피부병이나 실명 등의 증상을 동반하는 경우가 많다. 독의 종류는 다양하지만 독의 유래처에 따라 무기물독과 생물독으로 나눌 수 있으며, 작용 부위에 따라 신경독과 혈관독으로 분류하기도 한다. 독성은 작용 부위에 따라 전신독성, 장기독성으로 구별되기도 한다. 발생 시간에 따라 거의 즉시 또는 몇 시간이나 며칠 안에 나타나는 급성독성(일산화탄소 등), 수개월 수년에 걸쳐 천천히 드러나는 만성독성(알코올, 니코틴, 발암성 물질 등)으로 나뉠 수 있다.

사람이 섭취하는 음식물은 물, 식염과 광물질 그리고 동식물의 일부와 부산물이다. 이들은 모두 잠재적 독성을 가지고 있다고 해도 과언이 아니다. 극단적으로 독과 약은 하나라고 말하기도 한다. 현재 식약청에서 강력하게 통제하고 있는 발암성 물질만 하더라도 그 내용은 물질의 존재 여부가 아니라 용량의 허용치다. 동서양을 막론하고 '독이 되는 것'의 본질을 일찍부터 통찰하고 있었던 것이다.

15세기 파라셀수스Paracelsus는 "모든 물질은 독이 될 수 있다. 그러나 실제 독이 되는 것은 그 양에 달려 있다"라고 말했다. 소량의 알코올은 인체에 무해할 뿐만 아니라 때로는 의학적으로 권장되기도 한다. 그렇지만 과다 복용할 경우 간독성을 유발하고, 심지어 사망에 이르게 할 수 있다. 생명 유지에 필수적인 비타민 역시 마찬가지다. 비타민 A는 소량 복용할 경우 인체 생리 기능을 유지하기 위한 필수 물질로 작용하지만, 과다 복용할 경우 신장의 배출 기능을 저하시키거나 피부 건조증을 유발한다. 인간 생존에 필수적인 물 역시 그러하다. 부족해도 문제지만 과도하게 마시면 물중독(water intoxication)을 일으켜 사망할 수도 있다.

결국 독에 대해서는 용량-반응 관계가 중요하다. 이와 같은 개념은 1927년 반치사량(LD50: 50% lethal dose)으로 구체화됐다. LD50은 실험 동물에게 독성 물질을 주입할 경우 그중 50퍼센트가 치사할 때의 용량을 뜻한다. 안전이라는 개념 역시 절대적이 아니라 위험이나 부작용을 무시할 수 있는 범위 내에서의 안전이므로 독성을 알기 위해서는 노출의 시간과 빈도 등을 파악하고 판단하는 것이 무엇보다 중요하다. 실제로 독이 시간과 빈도에 따라 전혀 다르게 작동하는 예도 상당히 많다. 병을 일으킨 원인이 되는 것을 약으로 사용해 그 병을 치료하는 서양의 동종요법은 이런 측면에서 나름대로 의미가 있다.

고기로 인한 중독

육고기와 생선을 먹고 생긴 중독 치료하기

만인의 스승 공자는 물고기가 상한 것, 육고기가 부패한 것, 색깔이 좋지 않거나 변한 것, 악취가 나는 것은 먹지 않았다고 한다. 고려시대 사람들도 음식을 대하는 공자의 자세 정도는 알고 있었을 것이다. 다만 음식이 귀했던 시절, 소고기, 말고기, 생선, 게 등은 함부로 버릴 수 없는 귀한 식재료였다. 《향약구급방》 원문에 따르면 기장쌀 속에 육포를 넣어 보관하기도 했다. 기장쌀과 그것을 담아둔 쌀독이 냉장고와 같은 역할을 해주길 바랐던 것일까? 고기나 생선은 잘못 보관하거나 충분히 조리를 하지 않으면 문제를 일으키기 십상이다. 《향약구급방》의 저자는 이 문제에 주목해 소고기, 말고기, 생선을 먹고 생긴 중독 증상을 다룬다. 뿐만 아니라 오두, 파두, 여로 등과 같은 약물 중독에 대한 치료법 역시 아울러 소개한다.

고기 중독을 치료하는 똥과 흙

기장쌀 중에 보관해둔 육포를 먹고 중독된 병증 치료 처방. 밀가루 한 냥, 소금 두 자밤을 물 한 되에 타서 먹는다.

여섯 짐승(말, 소, 양, 닭, 개, 돼지)의 고기에 중독된 것을 치료하는 처방. 섭취한 해당 짐승의 마른 똥을 갈아서 물과 함께 복용하면 좋다.

날고기를 먹고 중독됐을 경우, 땅을 세 척 정도 판 다음 그 아래에 있는 흙 석 되를 취해 물 다섯 되로 달인다. 대여섯 번 정도 끓어오르면 위쪽의 맑은 물 한 되를 떠서 마신다. 바로 낫는다.

고기를 먹고 중독됐을 경우, 그 짐승의 마른 똥 가루나 석 자 깊이의 흙을 파서 물에 넣고 끓인 뒤 맑은 웃물을 복용하면 해독이 된다고 말하고 있다. 고기를 먹고 생긴 중독 증상과 똥 그리고 흙은 서로 어떤 연관이 있을까? 해독 기전을 충분히 설명하고 있지는 않다. 분명 똥이나 흙에 함유된 특정 성분이 독을 해소할 수 있다는 현대의 과학적인 또는 환원론적인 접근법에 따라 그 효능을 이해하고 있지는 않았을 것이다. 앞의 〈식독〉에서도 해독을 위해 황룡탕, 즉 똥을 사용하는 방법을 소개했다. 혹시 해당 동물이 안전하게 소화시키고 난 결과물인 똥을 해독약으로 사용하듯 모든 생물들이 죽어 썩어버린 결과물인 흙에 해독의 효능을 부여한 것은 아닐까?

동아시아 의학 전통에서 개별 약물의 효능은 크게 두 가지로 설명된다. 첫 번째는 그 약물 자체가 지니는 신맛·짠맛 등의 맛이나 복용 이후 체내에서 느껴지는 뜨거움·차가움 등의 성질, 이른바 성미性味에 의거한 경험약리經驗藥理, 두 번째는 동물·식물·광물 등 약물 원재료가 지닌 형태나 색깔 등의 외부 현상이나 습성, 작용, 다른 존재들과의 관계 등에 의거해 그 효능을 설명하는 법상약리法象藥理다. 법상약리는 자연 현상을 해석하는 당시의 지배적인 문화적 관점이 결부되어 있어 문화약리文化藥理라고 불리기도 한다. 경험약리는 약물 활용 경험이 누적될수록 그 내용이 풍부하고 정교해진다. 매운맛은 몸에 열을 일으켜 체온을 상승시킨다, 쓴맛은 설사를 일으켜 기운이 아래로 처지게 만든다 등 약물이 지니고 있는 성미와 개별 약물이 지닌 특정 효능을 결합하며 각각의 약리 기전에 대한 설명이 가능해진다. 문화적 관점에 의거한 효능 설명은《주역周易》에 적혀 있는 "같은 소리끼리는 서로 반응하고 같은 기운끼리는 서로를 찾는다"와 같은 동류상감同類相感의 논리[4]나 주술사 또는 무巫의 사고방식으로 알려진 '유사는 유사를 낳는다' 또는 유사한 것을 동일한 것으로 간주하는 상사율相似律, 예전에 접촉했던 것은 공간적으로 멀리 떨어져 있어도 계속 영향을 미친다는 접촉률接觸律 등이 있다.[5] 다만 이런 논의들은 의료 경험이 축적되고 의학 이론이 발전하는 과정에서 의학 중에 포섭되거나 배척되었다. 특히 근대 이후 등장한 '과학(science)'은 의약과 관련된 상당한 논의들을 '비과학적'이라는 이유로 걸러내거나 배제했으며, 이러한 '과학적 검증' 과정은 여전히 진행 중이다. '할머니 손'으로 대표되는 일부 의료 행위들만이 검증 대상에서 비껴난 채 '민속'이라는 이름으로 전승되고 있을 뿐이다.

《향약구급방》을 통해 우리는 '비전문', '비주류' 등으로 묘사되는 많은 의료 활동들이 생명을 위협하지 않는 한 지금도 여전히 '주변부'에 머무른 채 건강과 관련된 '일상'적인 행위 정도로 취급받고 있음을 확인할 수 있다. '의료화(medicalized)' 과정을 겪어내지 않은 '날것' 그대로의 모습들이다.

음식과 약물의 뿌리는 같다, 식약동원食藥同源

생선회를 먹고 소화가 되지 않을 경우, 생강生薑을 찧어서 즙을 약간 낸 뒤,
물과 함께 마신다.
또 파, 마늘(큰 마늘), 생강, 겨자, 간장으로 회즙膾汁[齏]을 만들어 작은 잔
으로 한 잔 정도 마신다. 바로 소화된다.

개고기를 먹고 중독됐을 경우, 행인杏仁 두 냥을 껍질과 끝, 두 알씩 들어 있
는 것은 제거하고 곱게 간다. 뜨거운 물 세 사발을 넣고 저어서 식힌 다음
세 번에 나누어 복용한다.

횟집에 가면 별 생각 없이 간장에 새파란 고추냉이나 노란 겨자를
조금 섞어 생선회를 찍어 먹거나 가늘게 썬 생강이나 식초에 절인 해백
薤白 등으로 비린 맛을 잡아준다. 생선회의 풍미를 돋우기 위한 식재료
인 간장, 생강, 고추냉이 등은 사실 생선회를 먹고 소화가 되지 않을 때
복용하는 음식이기도 했다. 요즘은 개고기를 파는 식당을 잘 볼 수 없지
만 이른바 '보신탕집'에서는 계산대에 볶은 행인을 가득 담은 그릇을 올
려놓곤 했다. 개고기를 먹고 탈이 나는 경우를 대비하기 위한 오래된 관
습이다. 《향약구급방》 같은 고려 의서에 실려 있는 치료법이 한국인의
식문화에 이미 자리 잡고 있는 것인데, 음식과 약물은 근원이 같다는 식
약동원食藥同源이라는 구절을 새삼 떠올리게 된다.

상비약, 옥호환과 약물 부작용 처치

옥호환玉壺丸을 먹고 구토가 그치지 않았다. 여러 약을 먹었는데도 낫지 않는데, 쪽풀 즙이 입에 들어가자 바로 나았다. 모두 서로를 필요로 하는 상수相須 작용 때문이다.

《향약구급방》의 저자는 옥호환이라는 약물을 먹고 구토가 해소되지 않으면 남즙을 복용하라고 말한다. 옥호환에 대한 자세한 정보는 확인되지 않는다. 다만 '고기에 의한 중독 증상'과 관련된 약물일 가능성이 높다. 옥호환과 가장 가까울 것으로 예상되는 약물은 중국 당대唐代의 의서 《비급천금요방》에 수록된 선인옥호환仙人玉壺丸이다. 선인옥호환은 속이 막히거나 배가 아프거나 가스가 차거나 하는 경우 구토·설사 등을 통해 치료하는 약물로, 사전에 미리 만들어두었다가 위급한 순간에 바로 복용할 수 있는 만병환산萬病丸散 가운데 하나로 분류되어 있다 (《비급천금요방》〈담부방膽腑方〉〈만병환산萬病丸散〉). 결국 '고기에 의한 중독 증상'이 발생해 옥호환을 먹고 구토를 유발시켜 속은 편해졌지만 구토가 멈추지 않는 약물 부작용이 발생할 경우 쪽풀로 효과를 볼 수 있음을 설명하는 것으로 보인다.

《향약구급방》에 실린 옥호환의 복용과 부작용을 처치하는 위의 문장은 고려시대에도 조선의 납약臘藥과 같은 상비약을 갖추고 있다가 활용했음을 간접적으로 보여준다. 다만 이들 상비약이 선인옥호환과 마찬가지로 웅황, 여로, 단사, 여석, 파두, 부자 등 독성이 강한 약물들로 구성되어 있었기에 그 독성 반응을 해독할 상비약이 함께 필요했다.

버섯으로 인한 중독

독버섯을 잘못 먹고 생긴 중독 증상 치료하기

생물 분류에는 동물도 식물도 아닌 '균류'라고 불리는 것이 있다. 버섯이다. 우리나라에도 수천 종이 있으며 매년 새로운 종류가 발견되고 있다. 수많은 버섯 가운데 먹을 수 있는 것은 매우 제한적이다. 경험상 안전하다고 확인된 버섯만을 먹을 수 있었던 만큼 새로운 버섯을 마주하는 순간은 식재료로 사용할 수 있는지 생명을 위협하는 것인지를 가르는 기로였다. 같은 맥락에서 새로운 버섯을 먹은 뒤 나타날 수 있는 부작용에 대한 대처 경험도 함께 발전해왔을 것이다.

해독약으로 선택된 감초, 그리고 '향약'

버섯으로 인한 중독〔(버섯 중독을) 민간에서는 '배야背也'●라고 부른다. 땅에서 난 것을 (먹고 생긴 중독을) 지창地瘡이라 하고, 나무에 난 것을 (먹고 생긴 중독을) 목창木瘡이라 한다. 땅에서 난 것을 먹은 경우는 토장土醬으로 치료하고, 나무에 난 것을 먹은 경우는 백출 달인 물과 배 잎 달인 물로 함께 치료한다.] 이상의 (버섯 중독은) 모두 감초탕甘草湯으로 치료한다.

버섯(별버섯[星茸])을 먹고 중독된 경우. 생오이 약간에 참기름을 같이 먹는다.

땅에서 난 버섯을 먹고 발생한 중독 증상을 지창地瘡, 나무에서 난 버섯을 먹고 발생한 중독 증상을 목창木瘡으로 구분하여 설명하고 있다. 당연히 치료법도 달라진다. 이 모든 것을 치료하는 해독약으로는 앞서 언급한 감초를 거론했다. 감초는 고려에서도 중요한 해독 약물로 활용되었다. 버섯 중독에 감초를 활용한다고 특정한 기록은 없다. 친숙하지 않은 버섯의 알 수 없는 독소에 대항하여 광범한 '해독' 효능을 가진 감초를 응용한 것은 아닐까?

감초의 원산지는 중국 북부, 몽골, 중앙아시아 등이다. 한반도에서는 자생하지 않는다. 그럼에도 불구하고 책제목에 '향약'이 들어가는 《향약구급방》에서는 감초가 반복적으로 나온다. 고려 사람들에게 감초는 '향약'이었을까? 아니 《향약구급방》의 '향약'은 어떤 의미일까?

'향약'이라는 명칭이 동일하게 들어가는 조선 세종 대의 관찬 의서 《향약집성방》(1433)과 《향약구급방》의 버섯 중독 항목을 비교해보았다. 《향약집성방》은 《향약구급방》의 치료법들을 인용하는 경우가 많지만 '감초'에 대해서는 언급하지 않는다. 《향약집성방》 편찬자들의 문제의식

• 앞서 기술된 용어를 민간에서 부르는 명칭에 대한 해석이다. 물론 버섯을 배(背)라고 불렸다는 해석도 문장 구조상 가능하고 이경록의 해석도 이를 따르고 있지만, 버섯을 '배'라는 음으로 읽었다는 근거는 특별히 없다. 오히려 버섯 중독[菌毒]을 일컫는 문장으로 해석하면서 '아플 때 내는 의성어를 연결시킬 수 있지 않을까'라는 가정에 따라 '배야'라고 번역했다.

은 한반도에도 많은 약재들이 생산되고 있음에도 불구하고 '가까이 있는 것은 소홀히 한 채 먼 곳에 있는 것을 구하여 사람이 병들더라도 중국에 있는 얻기 어려운 약재를 찾는 것'(《향약집성방》〈서序〉)이었다. 그 결과 《향약집성방》에는 조선에서 산출되는 약물 위주로 구성된 방제들이 수록되기에 이르렀으며 수입 약재인 감초가 포함된 방제들은 대부분 배제됐다. 《향약집성방》의 편찬자들에게 감초는 '향약'의 범주에 포함되지 않는 약물이었던 셈이다. 이와 달리 《향약구급방》은 수입 약재인 감초를 빈번히 다룬다. 아마도 고려시대의 '향약'에는 한반도에서 산출되는 약물이라는 '지역성'이 아닌, 주변에서 쉽게 구할 수 있고 편리하게 사용할 수 있는 약물이라는 '편의성' 개념이 반영되었던 것으로 보인다. 분명 고려에서 조선으로 넘어가는 어느 순간, '향약'에 역사적 변동이 발생했던 것이다.

생생한 고려시대의 치험례: 여종의 목숨을 구한 사대부

계축년에 집안의 아이가 버섯을 캐서 불에 구우면서 먹어보니 맛이 좋다고 농담했다. 한 여종이 그것을 믿고 조금 먹었고, 또 곁에 있던 두 여종이 약간 먹었다. 잠시 후 세 명 모두 눈앞이 아찔하고 가슴이 답답해져, 한 명은 부엌에서 쓰러지고 두 명은 방에 들어가서 쓰러졌다. 급한 상황에 약이 없어서 모두에게 생오이를 먹이고 참기름 한 방울을 타서 먹였더니 눈을 떴다. 이어서 감초를 달여 먹인 뒤에야 깨어났다. 그중 큰 아이가 말하기를 "아찔하고 답답한 상황에서 생오이가 입으로 들어오니 한 줄기 찬 기운이 목구멍을 뚫어주었고 그제야 살 것 같았다"라고 했다.

위 인용문은 버섯 중독 환자에게 오이, 참기름 그리고 감초를 사용한 사례를 사실적으로 묘사하고 있다. 환자를 치료한 사례, 의안醫案이다. 김부식의 《삼국사기三國史記》에도 각간角干 충공忠恭의 심장병을 용치탕 龍齒湯으로 치료한 사례가 수록되어 있지만 이 정도로 구체적이지는 않다. 《향약구급방》에 실려 있는 위의 사례야말로 현존하는 한반도 의서에 실려 있는 최초의 의안이 아닐까 한다. 각종 중독 증상에 오이를 많이 복용하라는 경험방의 기록이 있다. 참기름에 해독 효능이 있다는 것은 널리 알려진 사실이다. 생오이와 함께 참기름을 먹이고 이어 감초를 복용시켜 해독하는 과정은 전문적인 의료인의 처방인 듯 아닌 듯 매우 전문적이면서 또 친숙하다. 이 의안에 등장하는 여종을 치료해준 인물이 《향약집성방》의 저자라면 그는 분명 상당한 의료 지식을 갖고 있었을 것이다. 저자가 누구인지 확정할 수는 없다. 다만 본문에 실려 있는 '계축년'으로 저자의 활동 시기를 어림짐작해볼 뿐이다.•

버섯을 먹고 중독된 여종과 이를 치료하는 사대부, 위 치험 사례에 등장하는 인물들과 버섯 중독 사건은 고려시대 의료 판타지처럼 생동감 있게 다가온다.

• 대장도감이 설치되어 있던 1236년 무렵에 《향약구급방》이 간행되었을 것으로 추정된다. 계축년은 1073년, 1133년, 1193년, 1253년 등이 있으나 확정하기 어렵다. 계축년의 연도를 비정할 때는 위 본문이 간행 당시 저술됐을 가능성, 다른 경험 의서에서 인용됐을 가능성, 《향약구급방》 초간본 간행 이후 유입됐을 가능성 등을 고려해야 한다.

여러 가지 약물 중독

온갖 약물로 인한 중독을 풀어주는 '약방의 감초'

약藥과 독毒의 차이는 단지 그 양의 많고 적음에 있다. 생명 유지를 위해 반드시 필요한 물, 소금, 산소, 비타민 C 등도 과다 복용하면 사망에 이를 수 있다. 〈여러 가지 약물에 의한 중독〉에서는 독성이 있는 약물을 잘못 복용하거나 과다 복용했을 때, 혹은 독성을 제거하거나 완화시키는 법제法製 과정을 제대로 실시하지 않았을 때 나타날 수 있는 중독 반응에 대한 처치법을 소개한다. 가장 탁월한 해독제로 소개되는 약물은 단연 감초다.

《향약구급방》의 약물 중독 처치법

비상에 의한 중독에는 냉수에 녹두 분말을 먹는다. 녹두 분말이 없으면 녹두를 곱게 갈아 먹는데, 분말보다 낫다.

파두에 의한 중독에는 창포와 생곽〔팥잎〕을 즙을 내서 먹으면 풀린다. 콩을 달인 물을 마셔도 역시 풀린다.

오두, 천웅, 부자로 인한 중독에는 콩을 달인 물을 마시면 풀린다.

무릇 약물을 과량 복용해 가슴이 답답하거나 (약물에) 중독되어 답답한 데는 쪽풀을 찧어 즙을 만들어 여러 되 마시면 낫는다. 겨울에 쪽이 없을 때는 청포를 물에 짜내어 이를 마시는 것 역시 아주 좋다.

이상 여러 가지 약물 중독, 음식 중독, 고기 중독, 버섯 중독에는 모두 감초를 쓴다. 제니, 콩, 팥, 쪽풀 즙, 쪽 열매 등을 써도 역시 낫는데 자못 감초에는 미치지 못한다.

유독 대극이나 택칠에 의한 중독에 감초를 달인 물을 쓰지 않는 것은 성질이 서로를 거스르기에 (오히려) 독을 늘리기 때문이다.

약물 중독 처치법을 소개하면서, 비상 중독에는 녹두, 파두 중독에는 창포·생곽·대두, 부자 중독에는 대두 등을 사용한다고 기술하고 있다. 약물 과다 복용으로 가슴이 답답할 때는 쪽 즙을 쓰거나 청포에 물들인 쪽물을 짜내 사용할 수도 있다며 차선책을 알려주기도 한다. 녹두, 창포, 대두 등을 소개하고 있지만 이들을 압도하는 강력한 해독제는 감초라고 말하고 있다. '약방의 감초'라고도 불리는 이 약물은 앞서 〈식독〉 항목에서 살펴봤듯이 "뜨거운 물이 눈을 녹이듯이 모든 종류의 약독藥毒을 해독한다." 구체적으로는 72종의 광물성 약재와 1200종의 식물성 약재를 조화시키며 여러 가지 독을 풀어주므로 '국로國老'라고도 불린다.

국로가 군주君主는 아니지만 나라의 어른으로서 군주를 이끌어가듯, 감초는 처방의 중심적인 약물은 아니지만 처방 전체를 다독여가며 독성을 제어하고 효과를 배가시킨다는 의미를 지닌다.

대극, 택칠에 의해 발생한 중독에는 감초를 써서는 안 된다. 서로를 자극해 중독 증상을 악화시킬 수 있기 때문이다. 어떤 경우에는 독을 풀어줄 수 있지만 어떤 경우에는 악화시킨다는 것은 약물 상호 결합에 따른 약성의 변화를 충분히 이해하고 있음을 반영한다. 약물 간 결합에 따른 효능 변화에 대한 정보는 '약대藥對'라는 이름으로 축적되어 있다.

맹독성 약물, 비상과 부자 그리고 '사약賜藥'

비상砒霜은 흔히 독살용 약물로 알려져왔다. 비소 화합물인 삼산화비소(As_2O_3)가 주요 성분을 이루고 있으며 천연 광석인 비석砒石을 가열 승화시켜서 결정 상태로 만든다. 백색 혹은 적색을 띤다. 이규경李圭景(1788~1863)이 지은 《오주연문장전산고五洲衍文長箋散稿》에도 그 제법이 기록되어 있다.

비상은 맹독을 지니기 때문에 피부질환을 치료하거나 군살을 제거하기 위한 외용제로 사용되어왔다. 학질 치료나 기생충 제거를 위해 내복하기도 하나 극소량을 사용해야 한다. TV 드라마 〈허준〉에서는 허준이 광해군의 학질을 치료하기 위해 비상이 들어 있는 탕제를 복용시키는 장면이 등장하기도 했다. 극적 긴장감을 끌어올리기 위한 장치였다. 비상을 잘못 흡입하거나 복용할 경우 두통, 현기증, 구토, 설사, 호흡 곤란 등이 발생할 수 있다. 실제 비상은 사약賜藥 제조에 사용되기도 했다.

조선 성종 무렵에는 폐비 윤씨의 사약으로 건의되기도 했고, 중종 무렵의 정난정은 술에 비상을 타 자살했다.

한편 오두烏頭, 천웅天雄, 부자附子는 기원 식물이 같다. 미나리아재빗과 바꽃(aconitum)속에 속하는 초본의 덩이뿌리로 독성이 있는 아코니틴 aconitine을 함유하고 있다. 비상과 마찬가지로 오용하면 사망에 이를 수 있다. 오두는 덩이뿌리[母根], 오두 옆에 토란처럼 자라난 작은 덩이뿌리[子根]는 부자, 부자가 달려 있지 않은 오두를 천웅이라고 한다. 오두나 천웅과 달리 부자는 인삼, 육계, 대황, 마황 등과 함께 임상에서 중요한 한약재로 활용된다. 특히 부자의 경우 내복하면 열기를 일으켜 몸속 찬 기운을 제거할 뿐 아니라 강심 작용을 통해 혈액순환을 극적으로 회복시키기도 한다. 다만 소금, 흑두, 감초 등으로 법제하거나 오랜 시간 달여 독성을 완화시킨 뒤에 사용해야 한다. 가공을 거치지 않은 생오두, 생부자 등은 조선시대 사약 재료로 사용된 것으로 회자되고 있다.

널리 알려진 사례이지만 조선시대 노론의 영수 우암尤庵 송시열宋時烈(1607~1689)과 남인의 거두 미수眉叟 허목許穆(1595~1682) 사이에 있었던 독성 약재 처방 이야기를 소개한다. 우암이 병이 깊어지자, 정치적 적대관계에 있지만 의학에 조예가 깊은 허목에게 자신의 아들을 보내 약을 지어 오게 했다. 그런데 허목의 처방 중에 부자, 비상 같은 독성이 강한 약재가 들어 있었다. 우암의 주변인들이 펄쩍 뛰면서 복약을 만류했지만 우암은 미동도 없이 처방 그대로 복용했고 거짓말처럼 병이 나았다. 조선 선비들이 당파를 달리하더라도 인간에 대한 신뢰를 유지했다는 미담으로 풀이되기도 하지만 약을 부탁한 우암이나 처방을 내린 허목 모두 부자와 비상, 약물과 독성 사이의 성질을 간파하고 있었는지도 모를 일이다.

2   온갖 무는 것들

영웅 베어울프Beowulf의 생존 드라마를 떠올려보자. 야생에는 온갖 벌레들이 득시글거린다. 사람이 다른 생물에, 특히 독이 있는 동물이나 벌레에 물렸을 경우 특별한 치료법이 필요하다. 상처가 생기면 피부가 열리고 외부 감염이 속발된다. 일반적인 상처에도 소독과 구급 처치가 필요한데 동물의 독이 더해지면 심각한 문제를 일으킨다. 뱀·벌·지네 등의 벌레나 호랑이·개 등의 동물로부터의 위협은 고려 사람들의 일상에도 존재했다. 《향약구급방》에는 어떤 치료법이 수록되어 있을까?

◇ **독충에 쏘이거나 동물에 물린 경우 – 상5 석교독螫咬毒**

독충에 쏘이거나 동물에 물린 경우

벌레, 동물에 노출된 고려시대 사람들의 대처법

슬레이트를 올린 지붕, 나무와 종이로 만든 방문, 흙으로 덮여 있는 마당. 30년 전 뛰놀던 외갓집의 풍경이다. 해가 떨어지면 시끄럽게 울어 대던 쓰르라미 소리가 귀에 선하다. 풀섶을 향해 기어가던 구렁이를 보고 화들짝 놀라기도 했다. 그 이전 시대는 어떠했을까? 거미, 지네, 벌, 뱀뿐 아니라 개, 말, 호랑이 능도 인간과 공존했다. 완전한 벌거를 선택하지 않는 이상 이들로부터의 공격 가능성은 늘 도사리고 있었으며 그에 대처하려면 반드시 생존 지식을 지니고 있어야 한다.

뱀, 지네, 지렁이, 그리마

뱀독은 치명적이다. 한반도에는 살모사(까치독사), 쇠살모사(부독사), 까치살모사(칠점사)와 유혈목이(너불대) 등 네 종의 독사가 서식하는 것으로 보고되어 있다. 2008년 세계보건기구 보고서에 따르면 세계적으로 연간 약 42만 명이 뱀에 물리며, 이 중 2만 명이 사망한다고 한다. 우리나라의 경우 연간 최저 192명, 최고 621명이 뱀에 물리고 연평균 다섯 명이 사망하는 것으로 보고되어 있다. 뱀독에 중독되면 통증, 발적, 부종, 압통, 근육 괴사와 같은 국소적인 문제나 출혈, 심장 등의 장기 손상, 쇼크, 뇌신경병증, 호흡 곤란 등의 전신 문제가 발생할 수 있다. 뱀에 물린 현장에서 취할 수 있는 최선의 응급처치는 환자를 안심시키고 전신, 특히 물린 부위를 움직이지 않게 하여 빨리 의료기관으로 이송하는 것이다. 부적절한 응급처치는 합병증을 더욱 악화시킬 수 있다. 의료기관에서는 국소 조직 소견의 확산을 막고 혈액학적 이상 소견과 전신 중독 소견을 감소시키기 위해 뱀독을 중화시키는 항뱀독소를 사용한다.[6]

《향약구급방》에서는 뱀독을 치료하는 약물로 사람 똥, 마늘과 쑥뜸, 돼지의 귓속 때, 머리빗의 빗살 사이에 낀 때 등을 소개한다.

지네, 벌, 뱀에 쏘이거나 물려서 생긴 독에는 쑥뜸보다 나은 방법이 없다. 쏘이거나 물린 경우 쑥봉으로 서너 장 뜨면 독기가 안으로 못 들어가고 바로 낫는다. 뱀에 물려 중독된 경우에는 사람 똥을 두텁게 바른다.
또 외톨마늘을 얇게 썰어서 물린 곳에 놓고 쑥으로 뜸을 뜬다. 열기가 통하게 하면 곧 낫는다.
또 돼지의 귓속 때를 물린 곳에 바르고 상처를 눌러주면 곪지 않는다.
또 머리 빗는 빗살 사이의 때를 발라준다.

지네에 물린 데에는 수탉 볏의 피를 바르고 뜸도 뜬다.

술에 취해 깊이 잠이 들어 뱀이 사람 입속으로 들어갔다. 당겨도 나오지 않는다. … 또 돼지 피를 입에 떨어뜨려주면 곧 나온다.

위의 처방들도 '의학적 치료 행위'라고 부를 수 있을까? 손을 쓸 수 없는 끔찍한 상황에서 뱀독의 기운을 몰아내기 위해 대적할 만한 무언가를 찾고 있는 것으로 보인다. 당시로서는 최선의 선택이었겠지만 실제 효과가 어땠을지는 분명하지 않다. 그보다 왜 이런 약물들이 선택됐는지, 그리고 이들 치료법이 지닌 의미는 무엇일지에 주목해보자.

먼저 똥, 마늘, 머리때와 같이 냄새와 자극성이 강한 물질이 약물로 선택됐다는 것을 알 수 있다. 어떤 이유로 똥, 마늘, 머리때 등이 선택됐는지는 알 수 없다. 상처에 바르거나 눌러주는 것으로 보아 그중에 포함된 특정 성분이 뱀독을 중화시키기를 바랐던 것으로 보인다. 둘째, 뜸을 뜨는 것은 '열기가 통하게 하면 곧 낫는다'라는 표현에서 알 수 있듯이 열기를 넣어주기 위함이었다. 습한 곳에 사는 뱀과 정반대되는 성질을 활용해 뱀독을 치료하고자 했던 것으로 보인다. 셋째, 지네에 물린 독에 수탉 벗의 피를 바르는 것은 닭이 지네를 쉽게 쪼아 먹는 천적관계임을 간파한 결과다. 뱀의 경우에도 마찬가지다. 돼지 귓속의 때를 바르는 것, 돼지 피를 입안에 떨어뜨리는 것은 모두 뱀과 돼지의 천적관계를 이용한 것으로 보인다. 돼지는 뱀을 가볍게 이기고 심지어 잡아먹는 동물이다. 시골에서는 뱀에 물린 상처에 돼지비계를 두텁게 도포하는 것이 상식처럼 통한다.

지렁이〔거호居乎〕에 물리면 마치 문둥병 환자처럼 눈썹과 머리카락이 다 빠진다. 이때는 석회 끓인 물에 담가 씻으면 좋다.

또 진한 소금물로 몸을 여러 번 씻으면 곧 낫는다. 〔절서의 장군인 장소張韶가 이 벌레에 물렸다. 어떤 스님이 이 처방을 가르쳐주어 바로 나았다.〕

확수蠖蛴〔그리마[影千伊汝乙伊]〕의 오줌 그림자[尿影]에 쏘이면 좁쌀만 한 두드러기가 군데군데 생기고 아프다. 이런 경우 땅에 확수의 모양을 그리고 칼로 확수를 잘게 베어간다. 배 부분에 이르러 그 흙을 침과 함께 개어 두 번 붙이면 낫는다.

지렁이와 그리마의 독으로 인한 상처 치료는 서로 대비를 이루고 있다. 지렁이에게 물려 눈썹이나 머리카락이 빠지는 증상에는 석회수나 소금물로 몸을 씻는 방법을 제시하고 있다. 반면 그리마의 오줌 그림자로 인해 온몸에 두드러기가 발생한 증상에는 땅에 그리마 모양을 그린 다음 칼로 그리마 모양을 잘게 잘라가다가 배 부분에 당도하면 그 위치의 흙을 침으로 개어 상처에 붙이는 방법을 제안하고 있다. 석회수, 소금물은 소독이나 살균의 의미를 담고 있는 것으로 보인다. 그렇지만 땅에 그리마를 그린 뒤 그 그림을 자르거나 배 부분에 해당하는 흙을 침에 개어 상처에 붙이는 것은 그리마의 독에 직접적으로 대응하는 특정 물질을 활용하는 것이 아니다. 그리마와 그리마 그림, 독이 들어 있다고 추정되는 그리마의 배와 그 배의 위치에 있는 흙, 주술과 감응의 방식이 혼용되어 있다. 문제의 원인도 그것을 해결하는 방식도 납득하기가 쉽지 않다.

벌과 쑥뜸

벌독은 생각보다 심각하다. 요즘에도 벌에 쏘여 사망하는 사례가 심심찮게 보고된다. 한국 말벌은 극히 위험해서 경계를 늦춰서는 안 된다. 한국 말벌이 미국으로 진출해 그곳의 생태계를 위협하고 있다는 뉴스가 보도되기도 했다. 얼마 전 황소개구리, 베스 등 외래종의 습격으로 국내 하천 생태계가 위험하다는 기사가 있었는데 세상사 돌고 도는가 보다.

《향약구급방》에는 벌에 쏘인 데에는 창이 즙을 바르고 쑥뜸을 뜬다는 구절과 함께 치험 사례가 수록되어 있다. 저자가 자신의 아들에게 실제 시도한 내용을 담고 있어 눈길을 끈다.

벌에 쏘인 데에는 창이〔도꼬마리〔伏古ケ用〕〕 즙을 바르고 쑥으로 뜸도 뜬다.

어떤 처방에 이르기를 "벌에 쏘였을 때는 토란〔芋〕〔모립毛立이라 부름〕으로 치료한다" 했는데 그렇지 않다. 내 아들이 어렸을 때 벌에 쏘였는데 그 처방에 의거해서 토란을 찧어 붙였다. 그런데 조금 뒤 전신에 은진〔두드러기〕이 생겨 데굴데굴 구르면서 울었다. 쑥뜸 두 장을 떴더니 바로 나았다.

벌에 쏘였을 때 토란을 찧어 붙이는 것은 효과가 없었다. 오히려 온몸에 두드러기가 생겼다. 그래서 예의 뜸뜨는 방법을 썼더니 금방 나았다. 고려시대의 뜸 치료는 피부와 살짝 간격을 둔 채 열기만 가하는 현대의 간접구와 달리 피부 또는 살을 직접 태우는 직접구 방식이었다. 그래서 뜸 치료에는 늘 고통이 따랐다.

뜸은 어떻게 벌독을 중화시킬 수 있었을까? 두 가지 설명이 가능할 것 같다. 첫째, 뜸의 강력한 열 자극이 벌독에 들어 있던 특정 단백질 성분을 소작시킨 것이다. 둘째, 뜸으로 손상된 신체 조직을 치유하기 위해 면역 시스템이 활성화됐고 그 결과 소염, 진통, 면역 조절 물질이 배출되어 손상 부위를 치료했다. 뜸이 어떤 방식으로 벌독을 중화시켰는지는 알 수 없다. 분명한 점은《향약구급방》에 저자가 경험한 실패와 성공 사례가 동시에 수록되어 있다는 것이다. 이 책의 저자는 유용한 치료법을 뽑아 정리하고 있을 뿐 아니라 자신의 치료 경험과 그 결과까지 덧붙이며 신빙성과 함께 친근감도 주고 있다. 모기 가려움을 진정시킨다는 '모기진'이라는 제품이 있다. 일종의 온열 스탬프로 모기 물린 곳에 온열 및 진동 작용을 가해 독성 물질인 포름산을 해독시킨다는 것이다. 실제 치료 효과는 차치하더라도《향약구급방》의 치료 원리를 현대적으로 재현한 예라 할 수 있겠다.

광견병과 호환

광견병 바이러스는 뇌신경조직을 침범해 신경 마비와 감각 이상을 일으킨다. 불안감, 공수증, 바람에 대한 과민 등이 특징적이다. 물과 같은 액체를 삼키면 근육이 경련을 일으키고 심한 통증을 느끼기 때문에 특히 물을 두려워한다. 그래서 공수병恐水病이라고도 부른다. 광견병은 현재 법정감염병 3군으로 지정되어 엄격히 관리되고 있다.

개에 물린 독에는 살구 씨를 갈아 붙인다.
또 부추[厚菜] 뿌리를 찧어 붙인다.

개에 물렸을 때 날고기, 생채소, 돼지고기, 개고기 및 낙제〔곰달래[熊月背]〕를 먹지 말아야 한다.

늦봄에서 초여름 사이 개가 많이 발광한다. 이를 제견猘犬〔민간에서는 미친개라 함〕이라 한다. 사람이 미친개에 물리면 반드시 발광하다가 죽음에 이르게 된다. 이럴 때는 반드시 그 위에 뜸 100장을 뜬다. 술, 돼지고기, 개고기를 먹지 말아야 한다. 하루에 한 장씩 (100일간) 뜸을 떠야 한다. 만약 처음에 상처가 나은 것만을 보고 곧 병이 나았다고 말하는 사람은 치료하기 어렵다. 큰 화가 곧 이르러 죽음이 조석간에 있을 것이다. 이 병은 매우 무섭다. 비록 뜸을 떴더라도 반드시 위의 약으로 잘 치료해야 한다.

《향약구급방》의 저자는 개에 물렸을 경우 살구 씨, 부추 뿌리를 찧어 붙이라고 처방하고 있다. 강력한 살균 효과를 지닌 약재들인 것은 분명하지만 어느 정도의 치료 효과를 냈을지 단언할 수 없다. 쉽게 구할 수 있는 약재를 사용해 신속히 대처한다는 정도의 의미는 있을 것이다. 이어 100일 동안 뜸을 뜨는 것을 병행하라고 권하고 있다. 초기에 신속하게 대처한 뒤 이후에도 지속적으로 치료해야 한다는 것이다. 그리고 음식을 익히지 않고 날로 먹는 것을 금기시한다. 광견병 바이러스를 볼 수 없던 시절 어떤 치료법을 더 바랄 수 있었을까?

호랑이에 물렸을 때 기장쌀을 씹어서 바르면 곧 낫는다.

또 무쇠를 끓인 물로 물린 곳을 씻으면 낫는다.

또 청포를 돌돌 말아 태우며 연기를 물린 곳에 쏘인다.

말에 물린 상처를 치료하는 데는 충울초〔눈비앗[目非阿次]〕를 얇게 썰어 식초를 발라 볶은 다음 상처에 붙인다.

호환은 조선시대에 마마와 함께 감당할 수 없는 두려움이었다. 고개를 넘을 때면 늘 호랑이의 습격을 염두에 두어야 했다. 사람 역시 호랑이에게는 한순간의 먹잇감일 뿐이다. 조선 후기에 편찬된 백과전서 《임원경제지林園經濟志》에는 고개를 넘을 때 잎사귀가 달린 긴 대나무 장대를 지니고 호랑이에 대비하라는 이야기가 실려 있다. 나름의 호신용 장비를 소개한 셈이다. 이미 사람을 물어간 상태라면 돌이킬 수 없는 일이겠지만 호랑이가 사람을 떨구고 간 경우에는 적극적으로 구완하는 방법을 강구해야 한다. 호랑이에 물린 상처에 기장쌀, 무쇠를 끓인 물, 청포를 말아 태운 연기가 쓰였다. 물린 상처의 감염을 막아 덧나지 않게 하기 위한 방법으로 추정된다.

3 일상의 난처한 상황 또는 거추장스러운 것들

목에 걸린 생선 가시와 기미·암내·사마귀 등의 피부질환. 서로 공통점이 없을 것 같은 병증 항목들이다. 기존 《향약구급방》에서는 별도로 편제되어 있었으나 이번에 새롭게 편찬 작업을 진행하며 하나의 항목으로 묶어보았다. 이름하여 '일상의 난처한 상황 또는 거추장스러운 것들'. 질병이라고까지 하긴 뭐하지만 그렇다고 질병이 아니라고 할 수도 없는 것들이다. 대수롭지 않게 여길 수도 있지만 정작 당사자는 괴롭다.

중풍, 전광, 학질 등의 전문 질병까지도 다루고 있는 《향약구급방》 저자의 눈에 이런 병증들이 포착됐다는 것이 흥미롭다. 필경 저자는 여러 가지 경험을 두루 거친 숙련된 의가이자, 작은 것도 허투루 지나치지 않는 예민한 눈썰미를 가졌을 가능성이 높다.

◇ 목엣가시 – 상6 골경방骨鯁方
◇ 여러 가지 피부 증상 치료법 – 하9 잡방雜方

목엣가시

목에 걸린 생선 가시나 뼈를 제거하는 법

생선 가시가 목구멍에 걸렸을 때 어떻게 해야 할까? 질병이라고 하기도 뭣하고 아니라고 하기도 뭣한, 이 병증에 대해 《향약구급방》은 무려 열 가지 치료법을 제시한다. 그 내용이 무척 흥미롭다. 먼저 가시를 직접 제거하는 방법이다. 사슴 힘줄에 솜을 탄알만 하게 뭉치거나, 대껍질에 천을 뭉치거나, 실로 해백薤白을 묶은 뒤 삼켜서 생선 가시가 딸려 나오게 하라는 것이다. 콧속에 마늘이나 조협皂莢을 넣어 재채기를 유도하는 방법도 있다. 나름대로 그럴싸하다. 그런데 연이어 가시가 걸린 사람에게 '가마우지'라고 말하게 하거나 가마우지 똥을 목에 바르거나 오래된 그물을 태운 재를 먹이거나 그물을 머리에 뒤집어쓰게 하거나 물을 마신 채 '용龍' 자를 쓰게 하는 법도 소개한다. 이런 방법으로 과연 가시를 제거할 수 있을지 수긍하기 어렵지만, 그 기저에는 어떤 생각이 자리잡고 있을지 궁금하다.

가마우지와 생선 가시

일반적으로 생선 가시가 목에 걸렸을 경우에는 … 또한 오래된 그물을 태운 재를 물에 타서 마신다.

또한 입으로 "로자"(가마우지)[까마귀와 비슷하게 생긴 물새]라고 말하면 곧 장 내려간다. 시험해보지는 못했다.

또한 그물을 머리에 덮어쓰면 바로 내려간다.

또한 가마우지의 똥[屎]을 물에 개서 목 바깥 부위에 바르면 곧장 나온다.

또한 동쪽으로 흐르는 물 한 그릇을 떠놓고 동쪽을 향해 앉는다. 손가락으로 '용龍' 자를 쓴 다음 물을 마시면 곧장 내려간다. 글자를 쓰지 못하는 경우, 다른 사람이 써주어도 효과가 있다.

가마우지는 고기잡이에 이용하는 새다. 가마우지의 목을 묶은 채 강에 풀었다가 물고기를 삼키면 뱉어내도록 하여 고기를 잡는다. 그물 역시 물고기를 잡는 도구다. 생선 가시가 목에 걸린 상황을 물고기를 잡는 새인 가마우지나 도구인 그물을 활용해 치료하겠다는 것이 위 치료법에 담긴 생각이다. 그런데 가시를 직접 제거하는 것이 아니라 '로자(가마우지)'라고 소리를 내거나, 가마우지 똥을 바르거나, 그물을 태운 재를 복용하거나 그물을 머리에 덮어쓰는 방법을 사용한다. 용은 물고기의 화신이다. 물고기의 변화물인 용, 그에 해당하는 글자를 쓰고 물을 마시면 그 가시가 빠져나갈 것이라고 생각하고 있다. 역시 가시를 직접 제거하지는 않는다.

이런 치료법의 기전은 법상약리法象藥理, 동류상감同類相感 등으로 설명된다. 치료 도구가 지닌 습성·특징과 효능을 연관시켜 설명하려는 것이 법상약리요, 비슷한 것끼리 연결되어 있다는 전제 아래 그들이 서로 감응한다고 보는 것이 동류상감이다. 목에 걸린 가시와 목에 걸린 물고기를 토해내는 가마우지 및 가마우지 똥, 물고기를 잡는 그물과 그 재를 연결시키고 있는 것이다.

효과는 어느 정도였을까? 아니 《향약구급방》의 저자는 이런 치료법을 얼마나 신뢰하고 있었을까? 각각의 치료법 끝에는 "곧장 내려간다[卽下]", "바로 내려간다[立下]", "곧장 나온다[卽出]"라고 확신에 차서 서술하고 있다. 반면 "곧장 내려간다. (하지만) 아직 시험해보지는 못했다[卽下, 未試]"라는 유보적 표현도 있다. 분명 어느 정도 효과가 있다고 믿었던 것으로 보인다. 또 해당 상황이 발생할 경우 시험해보겠다는 저자의 의지도 엿보인다. 이런 사유 방식이 작동하던 고려는 어떤 사회였을까?

《동의보감》에 수록된 생선 가시 제거법과의 비교

조선 후기에 편찬된 《동의보감》의 〈인후咽喉〉에는 생선 가시가 목에 걸렸을 때의 치료법으로 옥설무우산玉屑無憂散, 붕사硼砂, 관중貫衆, 사인砂仁, 감초 등의 약물을 복용해 가시를 토하게 하거나 삭아서 내려가게 하는 방법이 소개되어 있다. 《향약구급방》에 등장했던 탄환 크기로 뭉친 사슴 힘줄, 솜 덩어리, 해백 등을 삼켰다가 잡아당기는 방법, 조협 가루를 콧구멍에 불어 넣어 재채기를 유도하는 방법 등도 수록되어 있다. 그러나 가장 눈길을 끌었던 '가마우지'라고 말하거나 그 똥을 바르거나,

그물의 재를 복용하거나 그물을 뒤집어쓰거나, '용龍' 자를 쓴 뒤 물을 마시는 방법은 수록되어 있지 않다.

'가마우지'라고 말하거나 그물 재를 복용하는 방법과 가장 유사한 치료법을《동의보감》에서 찾아보면 아래와 같다.

주문을 외는 방법[呪法]: 여러 가지 생선뼈가 내려가지 않는 것을 치료한다. 깨끗한 그릇에 새로 길어온 물 한 잔을 채워서 받들고 동쪽으로 향하여 묵념하며, "삼가 태상太上에게 청하노니 동쪽으로 흐르는 순한 물을 남방 화제火帝의 율령처럼 급하게 하소서"라고 하되, 단숨에 일곱 번 외우고 곧 숨을 물속으로 불어 넣는다. 이와 같이 일곱 번을 하고 그 물을 환자에게 마시게 하면 곧 나온다. 어떤 사람은 이 주문을 건 물을 마시면 침이나 대나무 가시를 먹을 수 있다고 했다. (《동의보감》〈인후폐통치咽喉閉通治〉)

재액을 막거나 물리치는 방법[禳法]: 가시가 내려가지 않을 때는 따로 생선 가시 한 개를 환자의 머리카락 안에 꽂아둔다. 환자에게 이 사실을 말할 필요는 없다. 이렇게 하면 잠시 후 내려간다. (《동의보감》〈인후폐통치〉)

주문을 외고 물을 마시는 방법은《향약구급방》에서 제시한 '가마우지'라고 말하거나 '용'이라는 글자를 쓰고 물을 마시는 방법과 유사하다. 생선 가시 한 개를 환자의 머리카락에 꽂아두는 방법 역시《향약구급방》에서 제시한 그물을 머리에 덮어쓰는 방법과 비슷하다. 다만《동의보감》의 저자는 위의 치료법 앞에 '주문 외는 방법[呪法]', '주재액을 막거나 물리치는 방법[禳法]'이라는 별도의 소제목을 덧붙여 일반 치료법과 구분했다. 약물이나 치료 도구를 활용해 생선 가시를 제거하는 방법과 주문이나 주술을 활용한 치료법 간의 차이를 구분하려는 의도임이 분명하다.

그렇다면 고려시대에 편찬된 의서《향약구급방》과 조선시대에 편찬된 의서《동의보감》사이에 이와 같은 치료법의 구분이 발생한 이유는 무엇일까? 의료 기술의 차이 때문일까, 아니면 일상적인 치료법을 다루는《향약구급방》과 전문적인 치료법을 다루는 임상 의서《동의보감》이 지닌 저작의 성격 차이 때문일까? 혹시 고려에서 조선으로 넘어오며 '의학적 합리성'을 제고하는 과정에서 빚어진 결과물이라고 한다면 과도한 설명일까?

여러 가지 피부 증상 치료법

고려시대 사람들의 눈으로 묶인 잡다한 병

'잡방'이란 문자 그대로 기타 다양한 질환에 활용하는 방법을 의미한다. 〈잡방〉에서 다루는 병증은 어루러기·기미·여드름·사마귀와 같은 가벼운 피부질환과 황달, 액취다. 황달을 제외하고는 비교적 가벼운 병증들이다. 〈잡방〉에서와 같이 간단한 병증에 대한 치료법도 포괄하고 있으니, 책의 제목은 《향약구급방》이지만 모든 내용을 위급 상황에 대처하기 위한 구급 치료법으로 파악할 필요는 없다. 〈잡방〉에 수록된 어루러기·기미·여드름 등의 피부 증상, 누런 색깔을 보이는 황달, 특징적인 냄새를 보이는 액취 등의 공통점은 형태, 색깔, 냄새 등을 통해 겉으로 드러난다는 것이다. 혹은 특정한 질병으로 분류하기엔 부족하지만 흔히 접할 수 있어 배제하기 어려운 병증들을 한데 모아둔 것일 수도 있다.

피부질환 치료에 활용되는 재료

흰 어루러기를 치료하는 (방법.) 사태피 태운 가루를 식초에 개어 붙인다.

얼굴에 생긴 기미를 치료하는 (방법.) 식초에 담근 백출로 문질러주면 매우 효과가 좋다.

사마귀를 치료하는 (방법.) 삭조〔향약명은 말오줌나무[馬尿木]〕를 태운 재와 석회〔일상에서 쓰는 석회〕 각각 같은 분량을 물로 진하게 달여 사마귀를 약간 째서 붙인다.

얼굴에 생긴 여드름을 치료하는 (방법.) 토사자兔絲子를 찧고 즙을 짜내서 바르면 낫는다.

어루러기 치료에는 사태피, 기미 치료에는 백출이 사용된다. 이들 치료법의 공통점은 용매로 식초를 활용한다는 것이다. 지금도 민간에서 식초를 활용해 점을 제거하려 들거나 약산성을 띠는 로션·클렌징 등이 판매되는 것을 보면 어느 정도의 효능을 추측해볼 만하다. 사마귀 치료에 활용된 삭조는 염증성 질환을 치료하는 약재다. 《명의별록名醫別錄》 같은 오래된 본초 저작에 두드러기, 가려움 등의 피부질환을 치료하며 달여서 목욕하면 좋다는 내용이 적혀 있어 오래전부터 삭조를 외용제로 사용해왔음을 알 수 있다.

토사자는 보통 내복약으로 활용되지만 여기서는 외용약으로 활용하는 정보를 제공하고 있다. 중국 송대에 편찬된 의서 《태평성혜방太平聖

惠方》이나 조선 의서《향약집성방》에서는 여드름뿐 아니라 기미, 어루러기 치료에도 토사자를 활용한다고 기재한 반면,《향약구급방》에서는 적용 대상 병증을 여드름만으로 한정 짓고 있다. 다만 '낫는다[差]'라며 그 예후까지도 기록해두고 있다. 효능이 검증된 경우만을 수록한 것이 아닌가 한다.

겉으로 드러나는 잡다한 증상의 조리법

여러 종류의 황달을 치료하는 (방법.) 보리 싹〔향약명은 보리[包衣]〕에서 즙을 내어 먹는다.

겨드랑이에서 나는 냄새를 치료하는 (방법.) 생강을 찧어서 겨드랑이 밑에 바른다.

겨드랑이에서 나는 냄새를 치료하는 (방법.) 위령선 가루를 물로 달여낸 것으로 목욕한다. 〔위령선의 향약명은 강아지풀[狗尾草].〕

황병黃病은 황달黃疸(jaundice) 증상으로 피부가 누렇게 변하는 것이다. '황달'이라는 용어가 익숙해서인지 '황병'이라는 단어는 어색하다. 그렇지만《향약구급방》에는 모두 '황병'으로 기재되어 있다. 사실 '달疸'이라는 단어에는 열이 가득 차 있다는 병리 기전이 내포되어 있다. 전문 의학 용어 '황달'보다 피부가 노래진다는 의미의 '황병'이 사람들에게 쉽게 다가갔을 것이다. 황병에 보리 싹을 활용한다고 했다. 왜 보리 싹인지에 대해서는 설명하고 있지 않다. 현대 연구에 따르면 보리 싹에 함유된 사포나린Saponarin 성분이 알코올성 지방간을 예방하고 간 기능을 개선하는 효과가 있는 것으로 알려져 있다. 겨드랑이 악취에 생강을 활용하는 것은 생강 자체의 향을 이용한 탈취 효과를 노리는 것이다. 생강이 지닌 습기 제거 효능을 응용한 것으로 풀이할 수도 있다. 위령선의 대표적인 효능은 무릎 관절이 저리고 아픈 증상을 치료하는 것이다. 이 경우 내복하는 방식으로 한다. 이번에는 위령선을 겨드랑이 악취 치료에 활용하고 있다. 내복이 아닌 외용의 방식으로 사용된다는 점에서 차이가 있다. 위령선 역시 생강처럼 습기 제거라는 맥락에서 그 효능을 설명할 수도 있겠지만 무릎 관절과 겨드랑이 사이의 거리는 꽤 멀다. 처음에 협심증 치료제로 개발된 비아그라가 말초 혈관 확장 기능이 있다는 것이 확인되어 남성 발기 부전 치료제로 거듭난 것과 같이, 위령선 역시 여러 가지 경험을 축적하며 자신의 적응증을 확장해나가고 있는 것으로 보인다.

4 응급 상황, 갑작스러운 죽음의 문턱에서

사람이 목을 맸다! 숨이 멈췄고 맥도 뛰지 않는다! 당장 무언가 하지 않으면 안 될 것 같은 응급 상황이다. 어떻게 해야 할까?

이번 항목에서는 목구멍이 막히거나 갑자기 졸도하거나 목을 매거나 더위에 쓰러지거나 물에 빠지는 등 그야말로 위급한 상황에 처한 사람들에게 응급 치료법을 제시하고 있다. 응급 치료라는 관점에서 《향약구급방》이라는 제목을 이해할 때 가장 걸맞은 내용들이다. 그렇지만 거기에 담긴 치료법들은 마늘을 깎아서 코에 집어넣거나, 소를 끌고 와 환자의 코를 핥게 하거나, 사람을 시켜 환자 얼굴에 소변을 보게 하는 등 그렇게 긴박하게만 느껴지지는 않는다. 오히려 죽음이 임박한 사람들 그리고 그 상황을 마주하는 고려 사람들의 여유마저 느껴진달까? 이들은 어떤 시선으로 죽음을 바라보았던 것일까?

◇ 목구멍 막힘 – 상7 식열방食噎方
◇ 졸도 – 상8 졸사卒死
◇ 목을 매고 죽어가는 경우 – 상9 자액사自縊死
◇ 열사병 – 상10 이열갈사理熱暍死
◇ 물에 빠져 죽어가는 경우 – 상11 낙수사落水死

목구멍 막힘

음식을 먹다가 목구멍이 막힌 경우의 치료법

음식을 먹다가 목이 메는 경우가 있다. '얹혔다'고도 한다. 인간의 구강 구조는 기도氣道(bronchi)와 식도食道(esophagus)가 교차하는 형태로 이루어져 있어서 음식을 먹을 때면 늘 기도 질식의 위험이 있다. 진화론에서 이야기하는 설계 오류 가운데 하나다. 이때는 구토 등의 방법으로 음식물을 직접 제거하는 것이 상수다. 도움이 필요하다면 양팔로 환자의 몸을 뒤에서 안은 뒤 주먹으로 윗배 부위를 세게 밀어올리는 하임리히 구명법(Heimlich maneuver)을 사용하면 된다. 음식물을 직접 제거하는 방법 외에 소화를 시키는 약물을 먹거나 위장을 운동시키는 침을 맞을 수도 있다.

고려시대 사람들은 어떻게 대처했을까?

귀, 코, 입을 모두 활용

《향약구급방》이 제시하는 치료법을 살펴보자. 먼저 귀에 숨을 불어 넣는 방법을 소개한다. 코에 마늘을 넣는 방법과 개암을 씹어 먹는 방법도 있다. 귀, 코, 입을 활용하는 이러한 방법은 각각 무엇을 노리는 걸까?

(음식을 먹고 목이 메는) 식열 증상은 두 사람이 귀를 잡고서 양쪽 귀에 숨을 불어 넣으면 곧장 내려간다.
또한 개암을 씹었다가 삼킨다. 〔개암은 위장을 열어주는 데 매우 효과가 좋기 때문이다.〕
또한 마늘을 잘라 콧구멍에 넣으면 곧장 내려간다.

귀에 숨을 불어 넣는 것은 몸 바깥쪽에서 안쪽으로 압력을 가하는 것이다. 귀에 숨을 불어 넣으면 식도를 막고 있던 음식이 아래로 내려갈 것이라 생각했던 것으로 보인다. 맵고 자극적인 마늘을 코에 넣으면 절로 재채기가 나온다. 뚜껑을 열어주면 출수구를 통해 물이 잘 빠져나오는 물통처럼, 재채기를 유발해 구멍을 열어주려 했던 것으로 보인다. 실제 효과가 있었는지는 차치하더라도 귀, 코, 입이 모두 연결되어 있음을 전제한 점, 몸 바깥에서의 조작을 통해 귀, 코, 입의 몸속 공간에 영향을 미칠 수 있다고 생각한 점은 매우 흥미롭다.

진자, 개암, 헤이즐넛

진자榛子는 영어로 헤이즐넛Hazelnuts, 한국어로 개암으로 번역된다. 모두 자작나뭇과 개암나무속에 속하는 나무 열매지만, 헤이즐넛은 유럽개암나무의 열매이고 개암은 개암나무의 열매다. 헤이즐넛은 고소한 향기를 품은 헤이즐넛 커피로 친숙하지만 사실 개암은 오래전부터 우리 주변에서 흔히 볼 수 있었던 열매다. 일본에서 전해진 것으로 알려진 전래동화 〈혹부리 영감〉에서 도깨비 집 대들보에 숨어 있던 혹부리 영감이 배고픔을 면하기 위해 깨물었다가 들통 난 열매가 바로 개암이다.

송대에 편찬된 동아시아의 대표적인 약물 저작인 《증류본초》의 〈진자榛子〉에서는 《일화자본초日華子本草》를 인용하며 신라의 개암이 토실토실한 데다가 배고픔을 덜어주고 속을 편안히 하며 위장을 열어주는 데 효과가 좋다고 적고 있다. 이 내용은 《동의보감》에도 그대로 옮겨졌다. 최근 견과류가 각광을 받으면서 헤이즐넛과 함께 개암도 조명을 받고 있다. 그러나 국산 개암은 거의 유통되고 있지 않아 안타깝다.

졸도

갑작스럽게 쓰러져 죽어가는 상황의 대처법

코드 블루Code Blue! 코드 블루! 심장마비 환자가 발생하면 모두 긴장한다. 그리고 재빨리 심폐소생술을 준비한다. 일반적인 죽음의 기준은 심장과 폐가 멈춰 인체의 생명 활동이 영구적으로 중단되는 것을 말한다.《향약구급방》에도 '갑작스럽게 쓰러져 죽어가는 경우[卒死]'에 대한 대처법이 실려 있다. 그렇지만 산소 공급을 위해 인공호흡을 한다거나 심장을 박동시키기 위해 흉부를 압박한다거나 하는 방법은 소개되어 있지 않다. 소를 끌고 와 환자 앞에서 숨을 쉬게 하거나 환자의 코를 핥게 하거나, 옆구리 아래를 찜질하거나 코에 자극적인 약물을 집어넣어 재채기를 유발하는 방법을 소개하고 있을 뿐이다. 이를 심폐소생술과 같은 차원에서 논의할 수는 없다. 혹시 '죽음'을 바라보는 인식에 차이가 있었던 것은 아닐까? 그렇다면《향약구급방》에서 이야기하는 '갑자기 쓰러져 죽어가는 경우의 대처법'이란 심폐소생술을 시행해야 할 상황이 아니라 일시적으로 기절하거나 가사假死 상황에 빠졌을 때 대처하는 방법 정도로 이해하는 것이 적절할 듯싶다.

기운 소통시키기, 불어 넣기 그리고 씻어내기

갑자기 쓰러져서 생기가 없는 경우를 치료할 때, 소를 끌고 와 환자의 코에
대고 200여 번 숨을 쉬게 하고 소가 핥아주면 반드시 깨어난다. 소가 핥으
려 하지 않을 때에는 소금물을 얼굴에 발라주면 핥는다.
또 다리미〔다리우리[多里甫伊]〕로 양 옆구리를 찜질한다.
또 반하〔끼무릇[雉矣毛老邑]〕를 가루 내어 콩알만큼 콧속에 불어 넣는다.
또 조협을 가루 내어 콩알만큼 콧속에 불어 넣으면 깨어난다.

귀염불오〔잠들어서 꿈을 꾸는데 깨어나지 못하는 것〕를 치료할 때, 복룡간
伏龍肝〔오래된 가마 밑의 땅을 팠을 때 나오는 누런 흙〕 가루를 콧속에 불어넣
는다.

또 나쁜 기운에 맞아[中惡] 갑자기 쓰러졌을 때에는 다른 사람에게 환자의
얼굴에 소변을 보게 하면 낫는다. 〔'중악中惡'은 귀신이나 나쁜 기운으로 인한
것이다.〕

무릇 귀신에 홀린 자가 갑자기 칼에 찔린 것처럼 가슴과 배 속이 뒤틀리고
땅기며 끊어지듯 아파서 손을 댈 수 없는 데다가 피를 토하거나 코에서 피
가 나거나 대변에 피가 섞여 나오는 경우 인중에 뜸을 한 장 뜨면 낫는다.
낫지 않으면 뜸을 더 뜬다.

《향약구급방》〈졸사〉는 '졸사무맥卒死無脈'이라는 말로 시작된다. 이를 '갑자기 죽어서 맥이 박동하지 않는 경우'로 풀이할 수도 있겠지만《향약구급방》에는 심장 부근을 마사지해서 맥박을 되살리는 심폐소생술에 대한 내용은 수록되어 있지 않다. '(기운이 막힌 채) 갑자기 쓰러져 맥박이 뛰지 않는 경우'로 풀이하는 것이 적절해 보인다.

〈졸사〉는 갑자기 쓰러진 졸사卒死, 잠들었다가 깨어나지 못하는 귀염鬼魘, 귀신이나 나쁜 기운에 맞은 중악中惡, 귀신에 홀린 귀격鬼擊 등 다양한 상황을 포괄한다. 지금의 관점에서 보자면 질병을 다루는 의학의 영역이라기보다는 귀신을 다루는 무巫의 영역에 가깝다. 아니 어쩌면 고려시대에는 질병에 의한 신체 증상이나 귀기 또는 귀신에 의한 신체 증상 모두가 의학의 치료 대상이었을 수 있다. 강렬한 성질을 지닌 반하, 조협 등을 콧속에 불어 넣는 것은 분명 숨을 내쉬는 구멍인 코를 자극해 기운을 소통시키기 위함이었다. 다리미로 찜질을 하거나 뜸을 뜨는 것은 몸의 온기를 되살리기 위한 적극적인 방편이었다. 그리고 이 모두는 실제 경험에 의거한 의학적인 치료법이었다.

그렇지만《향약구급방》에 실린 몇몇 처치법 중에는 비슷한 종류의 것을 활용해 몸에 적용하고자 하는 동류상감 또는 유감類感적인 요소도 들어 있다. 죽은 듯이 쓰러져 있는 사람에게 소를 끌고 와서 숨을 불어 넣게 하거나 혀로 코를 핥게 하는 것, 복룡간 가루를 콧속에 불어 넣는 것, 환자 얼굴에 소변을 보게 하는 것은 모두 의학 외적인 대처법이며 별도의 이해가 필요하다.

하필이면 왜 소의 숨을 불어 넣으라고 했을까? 사람 곁에서 일생을 함께하며 자신의 모든 것을 바쳐 일가족을 부양했던 상징적인 존재인 소의 숨으로 죽어가는 사람을 살리려 했던 것은 아닐까? 잠들었다 깨어나지 못하는 귀염에 오래된 아궁이 바닥의 흙, 복룡간을 활용하는 것 역시 동일한 맥락에서 풀이해볼 수 있다. 아궁이는 늘 불이 존재하는 곳이다. 민속 신앙에서는 부엌에서 불을 담당하던 신을 조왕신竈王神이라 불렀다. 잠에서 깨어나지 못하는 이에게 복룡간을 넣어주는 것은 온 집안 사람들에게 따뜻한 밥과 국을 해주며 누대에 걸쳐 생명을 유지시켜주던 조왕신의 기운을 불어 넣는 의미일 것이다. 한편 귀신 기운에 적중되어 쓰러진 환자의 얼굴에 소변을 보게 하는 것은 소를 끌어와 숨을 불어 넣는 것이나 복룡간을 코에 불어 넣는 것과 차이가 있다. 분명 부정不淨한 것을 이용해 귀신의 기운을 씻어내기 위함이다.

이렇듯 중세의 고려 사람들은 '졸사'의 상황을 타개하기 위해 기운을 소통시킬 뿐 아니라 새로운 기운을 불어 넣거나 몸에 달라붙은 나쁜 기운을 씻어내고자 했다. 눈에 보이지 않는 존재를 상정하고 그것을 어떻게 다룰지 고민했을 모습이 무척 흥미롭다.

선문 시식에 대한 허늘 낫수기, 발사낙 깨굴기, 틈쓰기

갑자기 쓰러져서 생기가 없는 경우를 치료할 때, 소를 끌고 와 환자의 코에 대고 200여 번 숨을 쉬게 하고 소가 핥아주면 반드시 깨어난다.

귀염불오鬼魘不悟〔잠들어서 꿈을 꾸는데 깨어나지 못하는 것〕를 치료할 때 … 양쪽 엄지발가락을 아플 정도로 깨물어야 한다.

무릇 귀신에 홀린 자가 갑자기 칼에 찔린 것처럼 가슴과 배 속이 뒤틀리고 땅기며 끊어지듯 아파서 손을 댈 수 없는 데다가 피를 토하거나 코에서 피가 나거나 대변에 피가 섞여 나오는 경우 인중에 뜸을 한 장 뜨면 낫는다. 낫지 않으면 뜸을 더 뜬다.

첫 번째 치료법은 손사막의 의서 《비급천금요방》에도 수록되어 있다. 《비급천금요방》에서는 갑자기 쓰러져 생기가 없는 이유를 '음양 기운이 모두 고갈됐기 때문[陰陽俱竭故也]'이라고 설명한다(《비급천금요방》〈비급방備急方〉〈졸사卒死〉). 간단한 문장이지만 '음양'이라는 단어 때문에 어렵게 느껴진다. 같은 내용을 담은 《향약구급방》이지만 이 내용은 삭제되어 있다. 전문적인 의학 정보를 배제하고자 했던 저자의 의도를 읽을 수 있다.

실제 적용한 조치, 엄지발가락을 깨물거나 인중에 뜸을 뜨는 처치법 등은 이와 같은 의도를 보다 분명히 보여준다. 엄지발가락을 깨무는 방법은 족궐음간경足厥陰肝經의 흐름이 처음 시작되는 대돈大敦이라는 혈자리를 자극하는 것이다. 이곳을 선택한 이유는 쭉 뻗어가는 목木의 기운을 담고 있는 간장의 경맥, 그중에서도 목木의 혈자리인 대돈을 선택해 눈을 번쩍 뜨기를 기대했기 때문이다. 강력한 자극을 위해서라면 끝이 뾰족한 침을 사용해야 한다. 그러나 침이 아닌 이빨로 깨무는 방법을 제시하고 있다.

한편 인중人中은 코 아래에 위치한 혈자리다. 이곳에서 인체의 전면 중앙선을 따라 흐르는 임맥任脈과 배면 중앙선을 흐르는 독맥督脈이 만난다. 임맥과 독맥의 한가운데, 인중에 뜸을 뜨는 것은 분명 강력한 열기, 곧 양기를 집어넣기 위함이다. 아마도 귀신에 홀린 뒤 가슴과 배가 뒤틀리고 땅기는 증상을 귀신의 음산한 기운이 달라붙어 발작을 일으킨 것으로 간주한 듯하다.

이렇게 놓고 보면《향약구급방》은 침과 뜸의 사용을 분명하게 구분하고 있다. 침을 놓을 만한 혈자리는 침이 아닌 이빨로 깨물라고 이야기하고 있다. 반면 뜸에 대해서는 낫지 않으면 다시 뜨라며 어렵지 않게 사용을 제안하고 있다.《향약구급방》전체를 통틀어 살펴보더라도 뜸 치료법은 18회 등장하는 것에 비해 침 치료법은 8회 정도밖에 등장하지 않는다. 분명《향약구급방》의 적용 대상이었던 고려 기층 민중에게는 침보다 뜸이 더 익숙하고 다루기 쉬운 치료 도구였을 것이다.[7] 실제 이 책의 주요 독자는 침을 놓을 줄 아는 전문 의원이 아닌 의서를 읽을 수 있는 사대부 정도였다.

목을 매고 죽어가는 경우

목을 매어 죽어가는 사람을 살리는 여러 가지 방법

스스로 목숨을 끊는 행위는 고려시대에도 있었다. 자살의 가장 고전적인 형태는 목을 매는 것이었다. 사람의 목은 생명과 직결된 곳으로 특히 앞쪽을 조이면 호흡 장애가 발생하거나 뇌로 올라가는 혈액 공급을 막아 죽음에 이르게 할 수 있다. 여기서는 '자액사自縊死'라고 하여 죽음을 의미하는 '사死'라는 글자를 동원했지만 의학적인 사망 상태를 지칭한다기보다 의식이 없는 가사 상태이거나 곧 죽을지도 모르는 위급 상황을 나타내는 것으로 이해해야 한다.

목맨 시기가 언제인지가 중요하다

아침에 (목을 매) 해질녘에 이른 자는 (살리기) 힘들고, 저녁에 (목을 매) 새벽에 이른 자는 쉽게 살릴 수 있다.

제목 옆에 위와 같은 설명이 달려 있다. 하지만 어떤 이유로 아침에서 저녁 사이에 목을 맨 사람은 살리기 힘들고, 저녁에서 새벽 사이에 목을 맨 사람은 살리기 쉬운지는 알 수 없다.

위 내용을 1433년에 간행된 《향약집성방》과 비교해보면 다소 혼란이 생긴다. 《향약구급방》의 기술과는 반대로 《향약집성방》에서는 전자는 치료하기 쉽고 후자가 오히려 치료하기 어렵다고 말하고 있다. 《향약집성방》은 간단한 설명을 적고 있는데, 음양 때문이라는 것이다. 즉 낮에는 양기陽氣가 성해 기혈氣血이 돌기 수월하고 밤에는 음기陰氣가 성해서 그렇지 못하기 때문이다(《향약집성방》 〈자액自縊〉). 《향약구급방》에 선행하는 《외대비요外臺秘要》도 《향약집성방》과 유사한 내용을 전한다. 다만 위 《향약구급방》의 내용이 오류인지 아니면 《향약구급방》의 저자가 의도적으로 수정한 것인지 현재로서는 명확히 가리기 어렵다.

목맨 사람에 대한 고려 시기 《향약구급방》의 기본 처치

스스로 목을 맸다면〔목을 묶음〕 줄을 절단하지 말아야 하며 (목을 매) 가사 상태에 있는 사람을 서서히 끌어안아 줄을 풀어야 한다. 가슴 아래가 아직 따뜻한 경우에는 모포로 입과 코를 막고는 사람 둘을 시켜 양쪽 귀에 바람을 불어 넣도록 한다.

스스로 목을 조른 경우 목을 맨 줄을 급히 자르기보다는 그 사람을 끌어안은 채 서서히 줄을 풀어야 한다고 했다. 성급히 줄을 자르다가 떨어져 다칠 수 있기 때문이다. 가슴에 온기가 있는 경우 아직 기혈氣血이 돌

수 있으므로 소생할 가능성이 높다. 한편 입과 코를 막고 귀에 바람을 불어 넣는 방법이 눈길을 끈다. 앞서 〈졸사〉에서는 소의 숨을 환자 코에 불어 넣는 방법을 제시했는데, 여기서는 두 사람이 양쪽 귀에 숨을 불어 넣을 것을 제안하고 있다. 귀를 통해 두 사람의 숨이 들어갈 것이라고 생각했음이 분명하다.

또 다른 방법. 조협[향약명은 쥐엄[注也邑]]과 세신細辛[향촌에서 세심洗心이라고도 부름]을 빻아 가루를 낸 후 콩알 크기의 분량을 두 콧구멍에 불어 넣는다.

또한 쪽풀[향약명은 청대] 즙을 취한 후 이를 입 가운데에 흘려 넣는다.

또한 계관[향약명은 닭의 볏]을 째서 생긴 피를 입안에 똑똑 떨어뜨리면 즉시 살아난다. 남자의 경우 암탉을 쓰고 여자의 경우 수탉을 쓴다.

또 다른 방법. 닭똥 흰 부분을 대추알 크기로 취해 술 반 잔에 섞어 이를 입과 코에 흘려 넣는다.

또 다른 방법. 파 대롱을 이용하여 조협[향약명은 쥐엄[注也邑]] 가루를 양 콧구멍에 불어 넣는다. 도로 튀어나오면 다시 불어 넣는다.

또 다른 방법. 사람을 시켜 입·코·귓구멍에 오줌을 누게 하면서 동시에 머리카락 (한) 줌을 잡는데, 붓 대롱 크기의 머리카락을 쥐어 빼면 곧 살아난다.

목 압박으로 인해 혈액순환과 호흡이 어려운 상황을 타개하기 위한 약물은 조협과 세신이다. 조협은 약간의 독이 있어 재채기를 유발할 수 있고, 세신은 성미가 맵고 막힌 데를 뚫는 성질이 있어 정신이 돌아오게 하는 효능이 있다. 전통적으로 인사불성에 분말 형태로 조협과 세신을 함께 써왔다. 조협은 앞의 〈졸사〉에서도 사용된 바 있다.

또 다른 예를 들면 현장에서 바로 구할 수 있는 따뜻한 자극물로서 현장에 있는 사람의 오줌을 직접 얼굴에 뿌리거나 머리카락을 잡아당겨 정신을 각성시키는 것이다. 입, 코, 귀, 눈 등에 따뜻한 오줌이나 닭의 볏, 사람 입김 등을 주입하는 것은 체성 반사나 온도 및 압력의 차이를 만들어 기관을 진작하는 방식으로 호흡이나 혈류를 촉발하는 효과를 내기 때문일 것으로 이해된다. 염색 재료인 쪽풀의 즙도 구급약으로 사용된다. 쪽이나 닭의 똥, 닭의 볏 등은 응급 상황에서 자주 써왔던 것이고 주변에서 구하기 쉬운 까닭에 구급방에 자주 등장한다.

열사병

더위를 먹어 죽어가는 사람 치료하기

21세기 인류는 여름철마다 고온에 시달리고 있다. 이제 겨울이 힘든 시대가 아니라 여름이 견디기 어려운 시대가 된 것 같다. 역사 시기별로 조금씩 변해온 지구의 평균 온도를 살펴보면 17세기 중엽에 소빙기가 찾아오기도 했지만 대체로 온난했다고 한다. 하지만 농업이 주산업이면서 야외 활동이 잦은 전통 시대에 여름은 그리 만만한 계절이 아니었을 것이다. 고려시대 사람들은 여름철 불청객, 열사병熱射病에 어떻게 대처했을까? 약보다는 응급처치가 먼저 나온다. 《향약구급방》에는 바로 눕히고 안정을 취하게 하라는 내용이 나온다. 또 배꼽 주위를 따뜻하게 해주면서 수분 공급을 해주는 것이 기본 대처법으로 제시된다. 적절한 전해질 공급을 고려한 것으로 보인다.

열사병의 현대 의학적 메커니즘

보통 열사병은 체온이 섭씨 40도 이상의 고열인 경우를 지칭하지만 열이 높다고 해서 모두 열사병으로 볼 수는 없다. 열사병은 닫힌 공간에서 지속적으로 열을 받아 대뇌의 열 조절 중추가 제대로 작동하지 않아 땀을 내는 기능이 정지된 상태를 말한다. 이렇게 되면 항상성을 유지하는 음의 피드백이 작동하지 않아 체온이 계속 올라가게 된다. 심지어 장기가 손상되는 치명적인 상황이 발생한다. 열사병의 주요 증상은 40도 이상의 고열, 땀이 나지 않음, 의식 혼미다.

가장 먼저 해야 할 응급처치는 체온을 내리는 것이고 그다음엔 자연스레 땀이 나게 하는 것이다. 다만 체온 조절이 제대로 되지 않는 상태이므로 무조건 냉각시키는 것보다는 기운을 순환시켜서 정상 온기를 회복할 수 있도록 해야 한다. 《향약구급방》에 제시된 배꼽 부위에 따뜻한 오줌을 연속적으로 누게 하는 치료법은 이렇게 해석할 수 있다. 수분 공급 또한 필요하다. 다만 체액과 비슷한 정도의 염류와 전해질이 포함된 물을 제공해야 한다. 물만 공급하면 오히려 체액의 염분이 삼투되어 물 중독 현상을 일으킬 수 있다.

《향약구급방》의 열사병 치료법

무릇 더위를 먹어 쓰러졌을 때는 … 또 여뀌를 진하게 달여 세 되 먹이면 낫는다.

또한 생지황生地黃 즙 한 잔을 마시게 한다.

또한 물 반 되에 밀가루 큰 한 홉을 타서 마시게 한다.

또한 환자의 입을 열어 통하게 한다. 따뜻한 물을 입에 천천히 붓는다. 환자의 머리를 조금 들어 물을 먹게 하면 잠시 뒤에 깨어난다.

《향약구급방》이 제시하는 열사병 환자에 대한 처방은 따뜻한 물, 여뀌 달인 물 세 사발, 생지황 즙 한 잔, 밀가루 한 홉을 탄 물 반 되 등이다. 여뀌는 기의 순환을 촉진하는 효능이 있고, 생지황은 서늘한 성질의 약재이면서 수분을 공급하는 효과가 좋다. 밀가루에 물을 탄 것은 이도 저도 마땅하지 않을 경우 가장 손쉽게 취할 수 있는 방법이다. 밀 역시 가을에 파종해 겨울을 나는 작물이므로 성질이 서늘한 곡물에 들어간다. 모두 수분과 염류, 전해질 공급과 함께 생기를 돌게 하는 처치법이다. 현대의 응급의학에서도 이온 음료보다 된장국 같은 것을 권하고 있는데, 이처럼 일상에서 쉽게 처치할 수 있는 방식을 권하는 것은 예나 지금이나 마찬가지인 듯하다.

그런 다음 요즘 사람들은 조금 의아하게 생각할 수 있지만 고려시대 사람들은 익히 수용할 만한 내용을 소개하고 있다.

무릇 더위를 먹어 쓰러졌을 때는 길바닥의 뜨거운 흙을 가슴 위에 올린다. 조금이라도 식으면 갈아준다. 기가 통하면 그친다.

또 다른 방법. 바로 눕히고 뜨거운 흙으로 배꼽 가운데를 막은 다음 사람이 거기에 오줌을 누게 한다. 한 사람이 다 누면 다른 사람이 계속 누게 한다. 배꼽 부위가 따뜻해지면 낫는다.

뜨거운 흙을 가슴 위에 놓고 계속 갈아준다거나, 배꼽 위에 흙 울타리를 친 뒤 뜨거운 오줌을 연달아 누게 하는 것은 《향약구급방》의 독특한 응급처치다. 온기를 불어 넣고 기운을 되살리고자 하는 행위로 볼 수 있다. 가슴은 온몸에 기운과 혈액을 제공하는 엔진, 심장이 있는 곳이다. 그리고 배꼽, 곧 신궐神闕은 인체의 원기가 머무는 장소이자 어머니의 몸과 연결되어 처음 생명이 시작되는, 다시 말해 엔진의 스파크가 일어나는 곳이다. 생명이 경각에 달린 지금, 심장이나 배꼽을 따뜻하게 해서 엔진을 재가동시키는 것은 당연히 관건이 된다. 고려시대 사람들이 생각하던 인체의 구조가 반영된 처치법이다.

물에 빠져 죽어가는 경우

물에 빠져 죽어가는 사람과 기氣의 신체관

사람이 물에 빠져 의식이 없는 상태라면 어떻게 해야 할까? 현대의 익수자 구조 요령과 응급 대처법은 호흡 정지 및 심장 정지 시 체내의 물을 빼내느라 시간을 낭비하지 말고 즉시 심폐소생술을 실시하는 것이다. 4~6분 정도만 산소가 공급되지 않아도 뇌와 신경이 손상되어 회복 불능 상태에 빠질 수 있기 때문이다.

폐장에서 이루어지는 호흡이나 심장 박동에 의한 혈액순환 등의 원리를 몰랐던 《향약구급방》의 저자는 심폐소생술 역시 알지 못했다. 그래서 몸속에 들어간 물을 빼내고 차가워진 몸을 따뜻하게 덥혀야 한다고 생각했다. 몸을 늘어뜨리거나 거꾸로 매다는 것, 시루 위에 엎어놓은 것은 모두 물이 배출되기를 바랐기 때문이다. 배꼽에 뜸을 뜨거나 구덩이 안에 넣어둔 채 따뜻하게 달궈진 재를 채운 것은 차가워진 몸을 따뜻하게 덥히기 위함이었다. 의학은 종종 어떤 행위를 한 후 결과가 좋았다면 거기에 매달리는 경향이 있다. 분명 위와 같은 방법을 썼더니 자연스럽게 호흡이 돌아오고 의식을 회복한 사람이 있었을 것이다.

익수자 구급법과 항문

물에 빠져 죽어가는 경우 … 또 다른 방법. 아궁이의 재를 바닥에 5촌 두께로 깔고, 시루를 그 옆 재 위에 둔다. 죽은 사람을 시루 위에 엎어둔 채 머리는 약간 늘어뜨린다. 소금 두 숟가락[方寸匕]을 떠서 대롱에 넣고 항문으로 불어 넣으면 물을 토한다. 물을 다 토했으면 시루를 치우고, 환자를 재 위에 내려놓는다. 재로 온몸을 덮되 항상 입과 코는 노출시켜두면 곧 살아난다.

또 다른 방법. 조협[향약명은 쥐엄[注也邑]] 가루를 헝겊으로 싸서 항문에 넣어주면 잠시 후 물이 나온다.
또 다른 방법. 석회를[흔히 쓰는 석회는 돌을 태워서 만든다] 헝겊으로 싸서 항문에 넣어주면, 물이 다 빠져나오면서 살아난다.

물에 빠져 죽어가는 사람을 살리기 위한 방법 가운데 눈길을 끄는 것은 항문에 소금, 조협 가루, 석회를 채우는 것이다. 석회는 틈새를 막고 고정하기 위한 재료이지만, 소금이나 조협 가루는 구토를 유발시키기 위해 복용하는 약물이다. 몸의 아랫구멍인 항문으로 체내 기운이 새나가는 것을 틀어막고 구토를 유발시켜 기운을 위로 끌어올리기 위한 방편이었을까?
서구 의학의 기계론적 신체관은 심장을 일종의 펌프로 간주한다. 심장이 위치한 가슴 부위를 인위적으로 압박하는 심폐소생술 역시 이와 같은 관점에서 기인한다. 반면 동아시아 전통 의학은 몸 안과 밖 사이의 기운 소통을 전제로 몸을 바라본다. 바깥 기운이 몸 안으로 들어오지 못하고, 몸 안의 기운이 바깥으로 나가지 못하면 죽음을 맞이하게 된다고 보았다. 이때 몸의 안과 바깥을 연결하는 것이 바로 눈, 코, 입, 귀, 전음, 후음의 아홉 구멍, 즉 구규九竅다. 몸의 위쪽 구멍에 물이 들어가 기운이 소통되지 못하고 있으니 아랫구멍을 틀어막거나 자극해 물이 위쪽 구멍으로 뿜어나가기를 바랐던 것은 기氣의 신체관에서 비롯한 매우 자연스러운 발상이자 치료법이다.

삶과 죽음의 경계

물에 빠진 뒤 하룻밤이 지났더라도 여전히 살릴 수 있다. 죽어가는 사람의 옷을 벗기고, 배꼽에 뜸을 뜬다.

《향약구급방》의 저자는 물에 빠진 뒤 하루가 지나도 여전히 살릴 수 있다고 강변한다. 고려시대 사람들은 물에 빠진 사람을 살릴 수 있는 순간과 그렇지 못한 순간, 이른바 삶과 죽음의 경계를 어떻게 상정했을까?

"신이 오랫동안 병에 걸려 점차 쇠약해지더니 마음과 정신이 어둡고 거칠어지고, 기력도 이로 인해 점차 쇠잔하여 의원이 고약을 써도 효험이 없고, 약을 먹어 명현瞑眩이 있어도 낫지 않으니 병이 고황膏肓에 들어 치료할 수가 없고, 하늘이 혼백魂魄을 가져가십니다."(《고려사절요高麗史節要》의종 24년 1월)

1170년 10월, 고려 18대 국왕 의종懿宗(재위 1146~1170)은 중국 금나라에 자신의 죽음을 알리기 위한 표문을 작성했다. 그 내용에 하늘이 혼백을 가져가 죽음을 맞이하게 될 것이라는 대목이 있다. 동아시아의 전통적인 신체관에 따르면 '영혼'이라고 지칭되는 혼백魂魄이 몸을 관장한다. 사람이 죽으면 혼과 기운[魂氣]은 하늘로 돌아가고, 백과 형체[形魄]는 땅으로 돌아간다. 그렇기에 죽은 사람의 웃옷을 가지고 지붕에 올라가 북쪽을 향해 웃옷을 휘두르면서 죽은 사람의 이름을 세 번 부르는 초혼招魂 의식을 치렀다. 하늘로 날아간 혼이 되돌아오기를 바라는 마음에서였다. 그리고 숨이 끊어지고 사흘이 지나 염을 했다. 사흘 안에 다시 살아날까 기대했기 때문이다(《예기禮記》〈문상問喪〉).

《향약구급방》에는 혼백에 대한 언급이 없다. 그렇지만 물에 빠진 뒤 하룻밤이 지났더라도 여전히 살릴 수 있을 것이라고 이야기한다. 호흡이 멎은 뒤 하루가 지났는데도 삶의 끈을 놓지 않은 이유는 무엇일까? 혹시 물에 빠진 사람은 혼이 날아가지 못할 것이라고 생각했던 게 아닐까? 아니면 아직 사흘이 지나지 않았으니 끝까지 최선을 다해야 한다고 생각했던 것일까?

《사기史記》〈편작창공열전扁鵲倉公列傳〉에는 편작이 괵虢 태자를 살려낸 이야기가 나온다. 편작이 방문한 시점은 태자가 새벽에 쓰러진 뒤 채 반나절이 지나지 않아 입관하기 전이었다. 괵 태자가 갑자기 쓰러져 죽었다는 말을 듣고 편작은 코가 벌름거리고 사타구니 부분이 아직 따뜻할 것이라고 말하며 죽은 것이 아니라 시궐尸蹶에 걸린 것이라고 주장한다. 그리고 침을 놓아 괵 태자를 소생시켰다. 죽은 사람을 소생시킨다는 편작의 명성은 이때부터 생겨난 것이다. 괵 나라 사람들은 의식을 잃은 태자를 보고 죽었다고 생각했다. 그러나 편작은 시간이 얼마 지나지 않은 점에 주목해 숨이 아직 붙어 있는지, 체온이 따뜻한지를 확인하고자 했다.《향약구급방》에 소개되고 있는 치료법, 즉 물에 빠진 사람의 배꼽에 뜸을 뜨거나 물에 빠진 사람을 따뜻한 시루 위에 올려두거나 따뜻한 재를 채운 구덩이에 묻어두는 것도 모두 몸을 따뜻하게 만들기 위한 방편이다. 온기를 회복하면 의식도 돌아올 것이라고 기대한 것이다.

　의식을 잃은 것과 온기가 남아 있는 것 사이의 경계는 무엇일까? 의식을 잃어 일상생활을 영위하지 못한다면 이젠 어쩔 수 없다는 일반인의 관점과, 심장이 뛰고 온기가 남아 있다면 여전히 살려낼 수 있다는 의료인의 관점 사이의 간극일 수도 있다.

5   술에 취하지 않는 처방과 술 끊는 방법

"맛 좋은 술 한잔이 바로 선약 같아서 이내 창백한 얼굴을 소년처럼 붉게 하네.
만약 신풍新豊을 향하여 늘 곤드레 취한다면 인간 그 어느 날이 신선 아니리요."
《동국이상국집東國李相國集》에 실린 이규보李奎報의 시구절이다. 고려 사람들 역
시 술을 많이 마셨다. 이규보만 하더라도 식사 후 입가심용으로, 손에 생긴 통증
을 잊기 위해, 9월 9일 중구절重九節의 국화 꽃놀이를 위해 술을 마셨다. 안타깝
게도 술은 중독성이 있다. 혹여 고려시대에 지나친 음주가 사회문제로 대두되어
별도의 치료법이 강구되었던 것은 아닌지 추정해본다.

이번 항목에는 술에 취하지 않는 처방, 영원히 술을 끊을 수 있는 처방 등이 담겨
있다. 《향약구급방》이라는 제목을 단 이 책의 성격을 위급한 상황에 놓인 환자를
소생시키는 응급의학(emergency medical treatment) 서적으로만 규정할 수 없는
중요한 근거가 된다.

◇ 술병 – 상12 중주욕사방中酒欲死方
◇ 술을 끊는 방법 – 상13 단주방斷酒方

술병

술을 많이 마셔 발생한 부작용에 대한 조치

술에 중독됐다는 의미의 중주中酒는 술을 너무 많이 마셔서 나타난 문제를 지칭한다. 현대의 알코올 중독과 유사하다고 볼 수도 있겠지만 '중독'이라는 단어에는 대상에 대한 부정적인 인식과 함께 사회적 문제로서의 어감도 깔려 있다. 술은 고대부터 약의 한 종류로 인식되고 활용되며 일상적인 음식처럼 친근하게 여겨서왔다. 다만 과하게 마실 경우의 부작용이 지적되어왔을 뿐이다. 여기 술에 중독되어 죽어가는 경우의 치료 처방[中酒欲死方] 역시 괴로울 정도로 술을 많이 마셔 발생한 부작용에 대한 조치로 이해하는 것이 좋겠다.

술병에는 몸을 따뜻하게 해야 한다

술을 지나치게 마셔서 오장이 문드러질 정도이면 따뜻한 물을 큰 통 안에 받아두고 취한 사람을 담그게 한다. 물이 식으면 다시 바꿔주고 여름에도 따뜻한 물을 쓴다.

무릇 취했을 때 찬물에 목욕을 하거나 바람을 쐬고 시원한 것을 찾는 것은 당시에는 약간 상쾌할지라도 병이 되는 경우가 많다. 약간 취했을 경우는 상관없지만 심하게 취했을 때에는 반드시 위의 방법을 써야 한다.

술을 많이 마셔 괴로운 경우 따뜻한 물에 몸을 담그라고 이야기하고 있다. 차가운 물로 목욕을 하거나 바람을 쐬는 것은 금지했다. 당장은 상쾌한 기분이 들겠지만 문제를 일으킬 수 있고 별문제를 일으키지 않더라도 그것은 약하게 취한 상황일 뿐이니 지나치게 많이 마셨을 때는 반드시 몸을 따뜻하게 해야 한다고 강조한다.

음주 직후에는 알코올이 분해되면서 일시적으로 체온이 올라가지만 몸속 열기가 확장된 혈관을 통해 피부로 빠져나가면서 오히려 체온을 떨어뜨린다고 한다. 실제로 전문가들은 음주 후의 저체온증을 경고한다. 《향약구급방》의 저자는 음주 후 증상에 대한 잘못된 선입견과 그것을 토대로 가질 수 있는 의문 등을 지적하며 위와 같이 경계하는 글을 썼다. '술을 마시면 용감해진다'는 말마따나 고려시대에도 자신만의 경험을 토대로 만용을 부리던 사람이 있지 않았을까?

《주역》으로 설명하는 술 깨는 원리

술을 많이 마신 뒤 따뜻한 물에 몸을 담그라는 권고가 꼭 체온 조절만을 염두에 둔 것 같지는 않다. 《향약구급방》의 저자는 술의 열기가 따뜻한 물을 따라 몸 밖으로 빠져나가게 해야 한다고 말한다. 여러 한의학 저작에서 술 깨는 대원칙으로 땀을 내는[發汗] 것과 소변이 잘 나오게 하는[利小便] 것을 제시하는 것과 같은 맥락이다. 그런데 《향약구급방》 저자는 의학적인 관점에 입각해 그 기전을 설명하는 게 아니라, 의학과 무관한 《주역》의 원리를 끌어오고 있다.

《역易》에 이르기를, 물은 축축한 곳으로 흐르고 불은 마른 곳으로 나아가니 각기 그 부류를 좇는다고 했다. 많이 취한 사람에게 끓인 물로 몸을 데워주지 않으면 열기가 밖으로 나가지 못하여 술이 쉽게 깨지 않으며 장위를 상한다.

《주역》〈건乾〉에는 "물은 축축한 곳으로 흐르고 불은 마른 곳으로 나아간다"라는 문장 앞에 "같은 소리는 서로 응하고[同聲感應] 같은 기운은 서로 찾는다[同氣相求]"라는 문장이 삽입되어 있다. 술의 열기가 같은 속성을 지닌 따뜻한 물을 찾아가니 찬물보다 따뜻한 물로 몸을 덥혀주라는 설명이다. 이처럼 술 깨는 법의 당위성을 설명하는 데 《수역》의 문장이 활용되고 있다.

《향약구급방》의 저자는 '표리냉열表裏冷熱'과 같은 의학의 기본 개념을 모르더라도 이 책을 활용할 수 있게 한다는 집필 원칙을 밝힌 바 있다. 의학의 기본 개념도 모르는 사람에게 의학적 치료법을 설명하겠다며 《주역》을 끌어오는 것은 언뜻 보기에 적절하지 않은 것 같다. 그런데 '사대부들은 잘 살펴 쓰기를 바란다'라는 문장에서 알 수 있듯 저자는 지식인 계급에 속하는 사대부를 이 책의 독자로 특정했다. 어쩌면 의학보다 역학易學에 친숙한 사대부의 특징을 감안해 그들의 눈높이에 맞게 의도적으로 삽입한 설명일 수도 있다.

《주역》을 포함해 철학, 문학, 예술, 의학 등 동아시아의 모든 학문은 자연에 대한 이해를 바탕으로 자신의 논리를 전개한다. 따라서 동아시아 전통 의학을 《주역》의 논리로 이해하고자 하는 것은 새삼스럽지 않다. 심지어 의학과 주역의 근원은 같다는 '의역동원醫易同源'이라는 말이 회자될 정도다.

술 취하지 않는 처방 그리고 술 깨는 처방

술을 마셔도 취하지 않는 또 다른 처방. 갈화·부비화〔팥꽃〕. 같은 양을 가루 내어 세 숟가락씩 복용하는데, 취한 뒤에 복용하면 술이 빨리 깬다.

술로 인해 목구멍이나 혀에 창이 생긴 것을 치료하는 처방. 마인 한 되·황금〔속썩은풀[所邑朽斤草]〕. 이상을 꿀에 섞어 삼킨다.

《향약구급방》에서는 과음으로 인해 발생한 증상 치료법 외에 술 취하지 않는 방법과 술로 인해 생긴 상처, 창양의 치료법도 함께 다루고 있다. 그러면서 다소 전문적인 약재를 소개한다. 술을 좋아하는 사람이라면 눈이 번쩍 뜨일 법한 술 취하지 않는 처방 그리고 술이 빨리 깨는 처방으로 갈화(칡꽃)나 부비화(팥꽃)를 제시하고 있다. 칡꽃이나 팥꽃은 술의 독기를 풀어주는 대표적인 약재로서 지금도 많이 응용되고 있다. 마인과 황금은 장내 독소를 배출하고 동시에 염증을 해소하는 약재다. 반복되는 그리고 과다한 음주로 발생한 국소 염증을 치료하는 데 효과적일 것이라 생각된다.

술을 끊는 방법

술은 줄이기보다 끊어야

《향약구급방》은 대부분 질병을 치료하는 법을 소개하는 책이지만 여기서는 유독 술을 마시는 특정 행위를 끊는 방법에 대해서 이야기하고 있다. 의서에서 술을 끊는 방법을 소개한다는 점이 무척 흥미롭다.

술을 끊게 하는 약물

말의 땀을 긁어 술에 타서 마시면 평생 술을 마시지 않는다.
또 다른 처방. 호랑이 똥 속의 뼈를 태워 가루 낸 뒤 술에 타서 복용한다.
가마우지의 똥을 태워 재로 만든 것을 한 숟가락 물에 타서 복용하면 평생 술을 끊는다.

말의 땀, 호랑이 똥 속의 뼈, 가마우지 똥을 태워 만든 재는 모두 일반적인 약물이 아니다. 마한馬汗, 즉 말의 땀은 말의 머리와 목 부위에서 흘러내리는 붉은 피와 같은 땀을 지칭한다. 거기에는 벌레도 기생한다고 한다. 호랑이 똥 속의 뼈, 가마우지의 똥은 생각만 해도 구역질이 올라온다.

술을 끊게 하는 처방으로 왜 이런 더러운 약물들을 사용하는 것일까? 이 약물들에 담긴 특정 성분이 술을 끊게 할 리가 없다. 혹시 약물에 담긴 어떤 상징을 활용한 것은 아닐까? 예컨대 계속해서 술을 먹으면 호랑이에게 잡아먹혀 호랑이 똥 속의 뼛조각이 될 것이라는 협박, 가마우지의 목을 조여 삼킨 물고기를 토해내게 하는 것처럼 마신 술을 토하게 하려는 의도 같은 것 말이다. 설명을 특정하는 데는 한계가 있다. 어쩌면 주술의 목적으로 일종의 금기를 만들었을지도 모르겠다.

앞서 지나친 음주로 인해 발생한 신체 증상에 대한 치료법을 소개한 뒤 술을 끊는 방법을 별개의 항목으로 다루고 있다. '구급'의 성격과 동떨어진 오늘날의 '금주 클리닉'에 해당하는 내용이라고 볼 수도 있다. 하지만 지나친 음주가 초래할 응급 상황을 사전에 막기 위한 목적이라면 간접적으로나마 '구급'의 의미를 담고 있다고 볼 수도 있겠다. 오랜 중국 의학 경전인 《황제내경소문黃帝內經素問》에서 언급한 것처럼 '병이 든 후가 아닌, 병들기 전에 미리 치료하는〔不治已病, 治未病〕' 것이 훨씬 높은 수준의 치료법인 것처럼 말이다.

6   사지가 부러지고 꺾이는 일상

거란·여진·몽골의 침입 등 고려시대에는 전쟁이 빈번했다. 조선과 비교하면 특히 그렇다. 칼과 활로 치러지던 전쟁은 필연적으로 신체 손상을 유발한다. 고려시대에는 절장법折杖法이라고 불리던 형벌 제도도 있었다. 험지에서 고된 일을 수행하는 노역형이나 멀리 귀양을 보내는 유배형 대신 신체 징벌인 장형을 선택하는 것이었다. 다만 장을 맞게 되면 피부가 터지고 근육이 파열되므로 신체를 보전하기 위한 후속 대처가 필요했다. 한편 법률이나 해당 법률을 집행하는 행정력이 촘촘하지 않았던 때라, 해결되지 않은 갈등이 신체 폭행을 불러왔을 가능성이 매우 높다. 이러나저러나 고려 사람들의 몸은 편치 않았다.

이번 항목에서는 맞아 깨지고 부러진 경우, 쇠붙이에 찔리거나 베인 경우, 화살촉이나 대나무에 찔린 경우에 대처하는 방법들을 다룬다. 마취·소독·수술 등의 개념이 없던 시대, 제대로 된 외상 처치가 이루어졌을 리 만무하다. 고통스러워하는 환자들을 위한 고려 사람들의 대책은 과연 무엇이었을까? 그것은 어느 정도의 효과를 가져왔을까? 비명을 지르는 환자와 어쩔 줄 모르는 보호자, 그리고 그 사이에서 동분서주하는 의사들의 모습이 눈앞에 선하다.

◇ 맞아 깨지고 부러져 다친 경우 – 상14 타손·압착·상절·타파墮損·壓笮·傷折·打破
◇ 쇠붙이에 찔리거나 베인 경우 – 상15 금창金瘡
◇ 화살촉이나 대나무 끝에 찔린 경우 – 중13 전촉급죽목첨자箭鏃及竹木籤刺

맞아 깨지고 부러져 다친 경우

법보다 주먹이 앞설지니, 터진 몸이 일상

외상에 의해 상처 입은 경우다. 높은 곳에서 떨어지거나 무너지는 건물에 깔리거나 구타를 당해 살이 터지거나 힘줄이 끊어지거나 뼈가 부러진 경우 등을 다루고 있다. 상해는 늘 있어왔다. 지금도 자동차 사고, 건물 붕괴, 폭행 등의 사건이 끊이지 않는다. 고려시대에는 말을 타거나 성을 쌓는 공사 현장에 징발되거나 몽둥이로 때리는 태형笞刑·장형杖刑 같은 형벌 등에 의해 종종 상해가 발생했을 것이다. 타격에 의해 상처 난 조직은 겉에서 보면 시퍼렇거나 누렇다. 멍이 든 것이다. 멍은 심하게 맞거나 부딪혀서 살갗 속에 퍼렇게 맺힌 피를 말한다. 한의학 용어로는 어혈瘀血이라고 한다.

중세 사회의 외상 치료 원칙, 어혈 제거

상해를 치료하는 전략은 무엇일까? 출혈이 심하면 빨리 지혈을 해서 혈액 손실을 방지하고 잠재적인 감염을 예방해야 한다. 또 손상된 조직 및 체액 부산물을 체내로 흡수시키거나 체외로 배출시키고 새로운 살과 조직이 복구되도록 필요한 영양분과 혈액을 충분히 공급해주어야 한다.

과거에도 마찬가지였다. 출혈을 멎게 하는 지혈약止血藥, 어혈을 제거하는 화어약化瘀藥, 지금의 소염제 또는 항생제와 같은 역할을 하는 청열해독약淸熱解毒藥, 체내에 저류된 어혈이나 독소를 배출하는 배농약排膿藥이나 화담약化痰藥, 조직의 재생과 혈행을 돕는 약물이 동원됐다. 이때 가장 중요한 것은 어혈을 제거하는 것이었다.

대개 눌리거나 맞아서 어혈〔나쁜 피〕이 안에 생겨 가슴이 답답한 데는 생지황 즙 석 되와 술 한 되를 가지고 두 되 일곱 홉이 되도록 달여 (이를) 세 번에 나눠 복용한다.

높은 데서 떨어지거나 몽둥이나 돌로 다친 경우를 치료하는 (방법.) 대체로 이렇게 다치면 혈이 병들어 엉겨 쌓이니 기가 끊어져 죽기 직전이다. 모두 치료할 수 있으며, 말에서 떨어진 경우도 마찬가지다. 깨끗한 흙 다섯 되를 방울질 때까지 증기로 찌고는 반으로 나누어 오래된 베로 여러 번 거듭 싸맨 다음 이를 상처 위에 찜질한다.

대개 맞아서 어혈이 심장에 모여들어 말하기 힘들어지는 경우 손으로 입을 열어 오줌을 적중시켜 목구멍으로 넘어가게 하면 정신이 든다.

또 포황蒲黃[부들꽃 누런 가루]과 좋은 당귀[당귀 잎과 뿌리]를 가루 내어 술에 타서 복용한다. 하나만 쓰는 것도 괜찮다.

《향약구급방》에서는 외상 이후 발생한 어혈을 '나쁜 피[惡血]'라고 부르며 체내에서 제거해야 할 첫 번째 대상으로 꼽고 있다. 혈관을 빠져나와 제 갈 길을 잃은 어혈이 엉긴 채 몸에 축적되어 있으면 계속 피를 토할 뿐 아니라 가슴이 답답해지고 말하기도 힘들어진다. 새로운 피가 만들어지려면 먼저 어혈을 제거해야 한다(《혈증론血證論》〈토혈吐血〉).

높은 데서 떨어지거나 혹 치고받고 싸워서 안에 어혈이 생긴 경우 오래된 청포 옷이나 돗자리 끝단의 청포를 불에 태워 재를 만든 후 찬물에 타서 석 돈을 복용하면 즉시 (어혈이) 풀려 배설된다. 만약 나오지 않더라도 두 번 세 번 복용하면 낫지 않는 경우가 없다.

대개 맞아서 복부에 어혈이 있는 경우, 흰색 말의 발굽을 연기가 다할 때까지 태운 뒤 1방촌시를 술에 타서 낮에 세 번 저녁에 한 번 복용한다. 어혈이 삭아들어 맑아진다.

앞선 인용문에서 볼 수 있듯이 어혈에 대한 첫 번째 치료법은 어혈이 엉긴 채 한곳에 머물러 있지 않도록 하는 것이다. 흙을 쪄 베로 싸맨 뒤 찜질을 하는 것은 체온을 끌어올려 피가 잘 흐르도록 하기 위함이다. 포황이나 당귀 역시 어혈을 제거해 혈이 잘 흐르게 하는 효능이 있다. 늘 따뜻하게 덥히고 혈이 잘 흘러갈 수 있도록 했던 것만은 아니었다. 어혈이 생겨 갑갑증을 호소하거나 어혈이 심장으로 몰려들어 말이 잘 나오지 않을 때는 서늘한 성질을 지닌 생지황이나 오줌을 복용시켰다. 설사를 유발하기 위해 청포(푸른 베)로 만든 자리나 옷을 태워 그 재를 복용시키기도 했다. 〈여러 가지 약물 중독〉에서 살펴보았듯이 청포를 물들였던 쪽풀[藍]을 사용해 몸속에 정체된 어혈이 대소변을 통해 배출되도록 하기 위함이다. 한편 몸 바깥으로 어혈을 빼낼 뿐 아니라 체내에서 어혈을 삭여 물처럼 변하기를 바라기도 했다. 이때는 흰 말의 발굽을 태운 재가 활용됐다.

> 파상풍과 타박상을 처치하는 데 옥진산을 쓴다. 천남성〔두여미조자기[됴也未次火], 끓는 물에 일곱 번 씻는다〕과 방풍〔썬 것〕을 같은 분량으로 곱게 가루 낸다.
> 파상풍인 경우, 상처에 옥진산을 붙인 후에 (옥진산) 한 돈을 따뜻한 술에 타서 복용한다. 이를 악무는 증상 및 허리가 뒤로 젖혀지는 증상에는 (옥진산) 두 돈을 어린아이 오줌에 타서 복용한다. 싸우다 다쳐서 다 죽어가지만 가슴 부위에 미약하게나마 온기가 있는 경우는 (옥진산을) 오줌에 타서 복용하기를 서너 번 하면 곧 살아난다.

상처나 피부가 깨지면 파상풍의 위험이 있다. 파상풍은 상처에 침입한 파상풍균(Clostridium tetani)이 생성한 독소가 신경세포에 작용하여 근육 경련, 호흡 마비 등을 일으키는 감염성 질환이다. 파상풍균의 존재를 몰랐던 고려시대에는 이를 악물거나 허리를 뒤로 젖히는 파상풍 증상을 대처하기에 급급했다. 그중 옥진산은 타박 등 외상에 의해 발생한 파상풍을 처치할 수 있는 전문 처방이었다. 천남성은 과거 파상풍의 발병 원인으로 여겨지던 체내에 존재하는 병리 물질, 담음痰飮을 제거하기 위해

사용됐고, 방풍은 약물의 효과를 팔다리로 보낼 뿐 아니라 그 자체로 진
경 효과가 있었기에 사용됐다.

생명을 손상시키는 것을 꺼려 더 자세히 설명하지 않는다

대개 눌리거나 맞아서 가슴과 배가 터져 함몰되거나, 팔다리가 꺾여 부러져
서 가슴이 답답해 죽을 것 같은 경우, 오계〔검은 닭〕 한 마리를 털과 함께 쓴
다. 생물의 생명을 손상시키는 것은 꺼려하므로 여기서는 더 자세히 설명하
지 않는다.

힘줄이 끊어져 이어야 하는 경우 선복화〔노란 국화와 같다〕 뿌리를 짓찧어
즙을 내어 상처에 떨어뜨리고는 찌꺼기를 붙인 후 싸맨다. 또한 생칡을 짓
찧어 즙을 마신다.
힘줄이 끊어진 것을 처치할 때 게를 쓰기도 하는데, 생물의 생명을 손상시
키는 것은 꺼려하므로 여기서는 더 자세히 설명하지 않는다.

《향약구급방》 처방 중에는 치료 효과와 구성 약물만 기재되어 있을
뿐 어떻게 만드는지, 그리고 어떻게 복용하는지에 대해서는 생략한 경우
가 많다. 검은 닭[烏雞], 반대좀[書中白魚], 지렁이[地龍], 쇠똥구리[蜣螂],
게[蟹] 등 생명을 지닌 동물이 약으로 사용되는 경우다. 관련 문장 하단
에는 어김없이 "생명을 손상시키는 것은 꺼려하므로 여기서는 더 자세
히 설명하지 않는다[惡傷物命, 今不具注]"라고 쓰면서 제조법과 복용법을
생략하고 있다. 그 이유는 고려가 살상을 금하는 불교 국가였기 때문일

것이다.《향약구급방》이 간행된 곳도 당시 불경을 간행하던 대장도감이
었다.

　그렇다면 검은 닭이나 게를 치료에 쓸 경우 어떻게 위의 약물들을 확
보하고 복용시켰을까? 약물 전문 저작《증류본초》에는 검은 닭의 활용
법이 다음과 같이 나온다. "털이 있는 채로 절구공이로 1200회 찧고 좋
은 식초를 한 되 넣어 섞는다. 사용하지 않은 베를 상처 위에 올려둔
채 약을 바른다. 마르면 바꿔준다"(《증류본초》〈제계諸鷄〉).《증류본초》는
1500종 이상의 약물 정보를 수록한 방대한 저작으로 1108년 북송北宋
정부에 의해 간행됐다. 언제 고려에 들어왔는지는 알 수 없지만,《향약
구급방》에 상당수의 조문이 인용되어 있어《향약구급방》편찬 이전에
들어와 확산되었던 것으로 보인다. 고려의 문인 이규보는《도경본초圖經
本草》〈우芋〉에 수록된 문장을 활용해 시문을 짓기도 했으며, 이 책을 읽
은 뒤 의원이 되고 싶다는 심경을 토로하기도 했다(《동국이상국전집東國
李相國全集》). 요컨대《향약구급방》을 효율적으로 활용하기 위해서는《증
류본초》와 같은 의서들을 확보하고 그 안에 있는 의학 지식을 활용할 수
있어야 했다.[8]

도량형: 두 치, 한 길, 한 자밤, 한 식경, 담배참

　《향약구급방》에 나오는 도량형과 시간을 재는 방법은 표준화된 시계
와 저울 그리고 미터법에 익숙한 현대인에게는 다소 낯설게 느껴진다.
대체로 고려 후기와 조선시대에 사용된 길이 단위는 푼[分], 치[寸: 1치＝
10푼], 자[尺: 1자＝10치], 부피 단위는 홉[合], 되[升: 1되＝10홉], 말[斗:

1말=10되]을, 무게 단위는 푼[分], 자[字: 1자=2.5푼=1/4돈], 돈[錢: 1돈= 10푼], 냥[兩: 1냥=10돈]이었다.

맞아 다쳐서 동통이 있을 때 처치법으로는 야합화[살나무꽃[沙乙木花]]를 가루 내 2전시를 술에 타서 복용한다. 신묘하다.

또 다른 (처방.) 말에서 떨어져 어혈이 가슴과 배에 쌓여 피를 뱉기가 헤아리기 힘들 정도로 많은 경우. 마른 연뿌리[藕][연근]를 가루 내어 술에 타 마시되 1방촌시를 하루 세 번 복용하면 좋다.

인용문 원문 이전시二錢匕, 방촌시方寸匕에 사용된 비수 '비匕'의 원 글자는 숟가락 시匙다. 이경록에 따르면 '이전시'는 중국 한나라의 동전인 오수전五銖錢으로 약 가루를 떴을 때 약 가루가 흘러내리지 않을 정도의 분량이라고 한다.[9] 이것이 고려시대 약재상에서 쓰던 계량기의 분량이 된 것으로 보인다. 무게를 재는 단위가 돈과 관련되어 있는 것이 무척 흥미롭다. 약물의 초기 형태는 주로 가루약이었으므로 그 양을 새는 네 동전이 가장 유용했을 것이다. 현재 한국의 경우 1돈을 미터법 중량으로 바꿔 3.75그램으로 통용되고 있다.

가루약의 부피를 재는 약숟가락이나 계량그릇은 따로 있었다. 즉《향약구급방》에는 사방 한 치 정도의 약숟가락이 기준이 된 방촌시 외에 전시錢匙, 대시大匙, 도규刀圭, 완垸, 잔盞, 소완小垸, 대완大垸, 소잔小盞, 중잔中盞, 대배大盃, 소승小升, 대승大升 등의 용적 분량 단위를 사용하고 있다.

부피를 나타낼 때는 손으로 가늠하는 표현, 즉 촬撮(다섯 손가락으로 쥔 분량, 자밤), 삼지촬三指撮(세 손가락으로 쥔 분량), 악握(주먹으로 쥔 분량, 줌),

대파大把(손가락과 손바닥으로 쥔 분량, 움큼), 정挺(줄기나 가지 등을 한 손으로 잡은 분량), 국掬(두 손으로 모아서 받든 분량) 등도 보인다.

길이와 분량 등을 가늠하는 용어들을 보면 동서고금을 막론하고 사람의 신체를 기준으로 계량하는 방식이 통용되었음을 알 수 있다. 예를 들면 엄지손가락 너비와 발길이에서 유래한 유럽의 'inch'와 'foot/feet', 마찬가지로 엄지손가락 너비와 사람 키를 가리키는 한국의 '치'와 '길' 등은 길이를 나타내는 사례다.

시간의 경우, 한참(두 역참 사이를 오가는 동안), 한 식경(한 차례의 음식을 먹을 만한 시간), 담배참(담배를 피우는 동안) 등의 용례도 있다. 이처럼 사람들이 자주 경험하는 행위의 소요 시간을 기준으로 시간을 표현하기도 한다. 《향약구급방》에서는 '식사하는 동안', '밥 짓는 시간의 절반', '사람이 3~5리 가는 시간', '세 끼 먹는 동안' 등으로 시간의 경과를 나타낸 사례가 보이는데, 표준화된 시계와 스마트폰이 일반화되고 자동차로 이동하는 현대인에게는 낯설면서도 낯익은 풍경이다.

《향약구급방》 끝부분에 편제된 〈수합법〉에서는 무게의 경우 약재의 무게를 재는 약저울과 피류의 원료인 솜의 무게를 재는 솜저울을 비교하며 독자의 편의를 도모하기도 한다. 솜저울로 속칭 1눈[目]에 해당하는 무게는 약저울로 1냥[兩]의 무게와 유사하고, 1냥은 생대추 세 알의 무게에 해당한다고 했다. 또 약저울이나 계량그릇이 없는 독자를 위해, 1되는 대략 작은 찻잔[小茶盞]을 기준으로 하면 되고 대냥大兩과 대승은 흔히 쓰는 솜저울과 보통의 말되를 쓸 수 있다고 설명을 보탰다.

쇠붙이에 찔리거나 베인 경우

고려시대 외과수술은 가능했을까

금창金瘡은 온갖 쇠붙이에 의해 생긴 상처를 말한다. 좁게 말하자면 칼이나 창, 화살 등 쇠붙이 무기류에 의한 부상을 말한다. 화약을 쓰는 총통을 열병기라고 한다면, 그외 창·칼 등은 냉병기라고 한다. 금창은 바로 냉병기에 의해 발생한 상처를 가리킨다.

피부가 찢기고 살과 뼈가 드러나는 개방 상처에서는 출혈과 감염의 위험이 높다. 출혈의 경우 어느 수준이 넘어가면 쇼크가 오고 사망에 이른다. 목숨이 왔다 갔다 하는 응급 상황인 것이다. 이런 상황에서는 지혈이 가장 급선무다. 또 상처를 통해 창자가 밖으로 밀려 나왔다면 안으로 집어넣은 뒤 바깥을 꿰매어 원상 복원시켜야 한다. 다만 체내 장기가 몸 바깥으로 나오게 되면 곧바로 세균 감염이 시작된다. 처치 이전에 반드시 소독을 해서 추가 감염을 막아야 한다. 세균, 살균, 소독에 대한 개념이 없었을 고려시대에 외상 치료는 어떻게 이루어졌을까?

고려의 외과수술은 어떻게 이루어졌을까

영화 〈레버넌트〉에서 적들에게 쫓기던 주인공 레오나르도 디카프리오가 낭떠러지 앞에 이르는 마지막 순간. 양단간에 결정해야 할 생사의 갈림길에서 어쩔 수 없이 온몸의 상처를 안고 말과 함께 눈 덮인 절벽을 뛰어내리는 장면은 모든 게 끝난 것처럼 보인다. 그런데 적들이 포기하고 돌아간 뒤 남자는 극적으로 몸을 일으켜 옆에 죽어 있는 말의 배를 갈라 내장을 꺼내고 그 속에 쑥 들어간다. 몽골제국의 황제 역시 세계 정복전쟁 중에 이 방법을 사용해 죽어가는 부하 장수를 살려낸 적이 있다.

> 포지아가 태조太祖 쿠빌라이 칸을 따라서 회회回回를 정벌하러 갔다가 몸에 화살이 몇 개나 꽂혀 온몸에 피가 흘러 정신을 잃고 쓰러져 거의 다 죽어가고 있었다. 태조가 소 한 마리를 가져오게 해서 배를 갈라 그 안에 (포지아를) 넣어 따뜻한 피 속에 잠기게 하였더니 잠시 후 마침내 살아났다.
> 《원사元史》〈포지아布智兒〉)

인용문에 등장하는 치료법은 어쩌면 목숨이 경각에 달린 전장의 상황에서 출혈과 함께 싸늘하게 식어가는 몸에 온기를 공급하고 절대적 안정을 취하게 할 유일한 방법이었는지도 모른다.

> 화살에 맞아 화살촉이 뽑히지 않는 경우. 목단 뿌리껍질 1푼과 흰 소금 2푼을 곱게 갈아 1방촌시씩 술에 타서 복용한다. 하루 세 번 하면 빠져나온다. 또한 괄루括樓〔하늘타리〔天叱月乙〕〕를 상처에 붙이면 곧장 빠져나온다.

금창으로 피가 안으로 흐르며 멎지 않는 경우. 포황과 당귀를 가루 내어 하루에 세 번 복용한다.

또한 목단의 뿌리껍질을 갈아 세 자밤을 복용한다. 그러면 바로 오줌으로 피가 나온다. 흔히 보는 모란꽃의 뿌리다.

금창으로 인한 출혈을 멈추고 빨리 낫게 하는 (방법.) 석회를 볶아 달걀흰자와 반죽하여 탄알 크기의 환을 만든다. 이것을 숯불에 벌겋게 구워 가루를 낸 다음 상처에 붙인다. 바로 상처가 낫는다.

금창 치료하는 … 또 다른 방법. 석회로 처매주면 통증이 신속히 멎는다. 석회가 없으면 숯을 써도 된다.

〔무릇 심하게 쇠붙이에 찔리거나 베이면 짠 음식이나 음료수를 먹지 말아야 한다. (안 그러면) 피가 많이 흐르게 되어 죽는 경우가 있다. 억지로 마른 음식을 먹어야 한다.〕

칼, 창, 화살 등에 의한 상처는 우선 지혈을 해야 한다. 상처에는 혈관 손상 등으로 인해 어혈이 만들어지므로 그 어혈을 제거하는 약도 써야 한다. 출혈로 인한 기운 손상을 회복시키기 위해 기혈氣血을 길러주는 약물을 처방하기도 한다. 《향약구급방》에는 박힌 화살을 뽑는 방법, 지혈을 하는 방법, 통증을 진정시키는 방법, 빠져나온 창자를 집어넣는 방법 등이 기술되어 있다. 그뿐만 아니라 지혈이 잘되게 하는 전제로서 소금이 들어간 짠 음식이나 음료를 먹지 말라는 주의사항도 있다. 삼투 현상으로 혈액을 통해 체내의 수분이 몸 밖으로 더욱 빨리 배출되는 것을 우려한 경험적 조치로 해석된다.

'최초의 외과 의사'라고 불리던 후한 말기의 의사 화타華佗(?~208)는 마비산麻沸散이라는 마취 효능을 가진 약물을 사용해 환자를 마취시킨 뒤 환부를 절개하거나 복부의 창자를 꺼내 씻어냈다고 한다. 그렇지만 화살을 맞은 장수 포지아를 소의 배에 집어넣었다는《원사》의 기록에서 볼 수 있듯이 동아시아 의학 전통에서 외과 치료는 크게 발전하지 않았다. 그러다가 19세기, 외과 의사 화타의 부활이 이루어지는 듯했다. 1804년 일본 의가 하나오카 세이슈華岡靑洲가 자신이 개발한 내복용 전신 마취제 마비산을 활용해 세계 최초의 전신마취 수술에 성공했던 것이다. 서양 의학이 본격적으로 도입되기 이전에 사용되던 마취술이었고 상당수 의가들에게 전파되기도 했지만 거기까지였다. 메이지 신정부가 독일 의학의 도입을 주도하면서, 마비산을 활용한 하나오카의 마취술은 역사의 뒤안길로 사라졌다.[10] 조선은 보다 극적이었다. 갑신정변 당시 깊은 자상刺傷을 입어 출혈이 심각했던 민영익(1860~1914)을 눈앞에 두고 조선의 의관들은 속수무책이었다. 그의 생명을 살려낸 것은 미국인 의료 선교사 호러스 알렌Horace N. Allen이었다. 수많은 의관들이 지켜보는 가운데 진행된 그의 집도는 서양 의학을 시술하는 병원의 설립을 추동하며 서양 의학이 조선에 공식 유입되는 결정적인 계기가 되었다.

조선의 의관들은 왜《향약구급방》이나 기타 의서에 실려 있는 외상 처치를 시도하지 않았을까? 여러 가지 이유가 있었을 것이다. 한 가지 분명한 사실은《향약구급방》에 실려 있는 금창 처치법에 대한 설명이 지나치게 단순하다는 것이다. 어떤 이유로 이런 약물들이 선택됐는지, 어떤 기전으로 작동하는지, 어떤 과정을 통해 낫게 되는지에 대해서는 구체적으로 설명하지 않았다. 전문 지식으로 무장한 채 생사의 고비에 있는 환자를 마주한 의료인을 설득하기엔 너무 빈약하다. 물론 현대 의학의 외과수술이 상상을 초월하는 수준으로 발달한 탓에 반대급부로 동아시아 의학 전통에 엄존했던 외과수술 치료 연구가 외면되어온 것은 사실이다. 대만의 이건민李建民 교수 등 일부 연구자들이 동아시아 의학 사 속의 외과수술에 대한 연구를 지속하고 있지만 더 많은 자료의 발굴 과 분석이 필요하다.

오래된 외과수술용 봉합사, 상백피

금창으로 배가 찢어져 창자가 나온 경우. 뽕나무 껍질로 촘촘하게 꿰매고 겉에 닭 볏 피를 바른다.

금창으로 배에서 창자가 나와 들어가지 않는 것을 치료하는 (방법.) 밀〔참밀 [眞麥]〕 다섯 되를 물 아홉 되에 넣고 넉 되가 되게 달인다. 헝겊으로 걸러 찌꺼기는 버리고 차갑게 식힌다. 그 물을 입으로 뿜어주면 장이 점점 들어 간다. 그다음에는 등에 뿜어준다. 이 과정은 뭇사람들이 보지 않도록 해야 한다. 옆 사람과 (이 과정에 대해) 말을 하지 않아야 하며 아울러 환자로 하 여금 (이 과정에 대해) 알지 못하도록 해야 한다. 만약에 환자가 알게 되면 창자가 바로 들어가지 않는다. (그럴 때는) 환자를 자리에 눕히고 누운 자리 의 네 귀퉁이를 들고 흔들어준다. 그러면 곧 창자가 저절로 들어간다. 열흘 안에는 배부르게 먹지 말고 조금씩 자주 먹어야 한다. 또한 환자가 놀라지 않게 해야 한다. 놀라면 목숨을 잃는다.

몸 밖으로 나온 창자를 다시 배 속에 넣는 방법이 특이하다. 밀 다섯 되를 달인 물을 식혀서 입으로 뿜어주라는 것이다. 주변 조직을 수축시키기 위함이다. 이때 주변을 조용히 시킴은 물론 환자가 이 상황을 알지 못하게 해야 한다. 자칫 환자가 흥분하면 복부 압력이 상승해 창자가 들어가지 못함은 물론 더 빠져나올 수 있기 때문이다. 그래도 안 되면 환자를 안정적으로 눕게 하고 깔고 있는 자리를 천천히 움직여준다고 했다. 이후에는 뽕나무 껍질로 만든 실을 봉합사로 사용해 꿰맨다. 내장을 넣고 회복하는 사후 조리도 중요하다. 워낙 심각한 부상이라 회복 기간이 길 것이다. 봉합 후에도 열흘 안에는 음식을 배불리 먹어서는 안 된다. 복근이 팽팽해지면 근조직의 접합이 어려워지기 때문일 것이다. 감정적으로 놀라거나 하는 것도 복근의 움직임을 요란스럽게 해서 자연스러운 회복을 방해한다고 보았다. 봉합사의 사용은 수술이 시행된 것을 보여주는 강력한 증거로 볼 수 있다.

뽕나무를 뜻하는 상桑은 동방의 성스러운 신목神木을 뜻하는 '약叒'과 나무 '목木'을 합친 글자라고 한다. 누에가 먹는 나무인 뽕나무가 신목처럼 효능이 뛰어나기 때문에 이 둘을 구별하기 위해 사용한 것이다. 봉합사는 수술·외과적 처치에 따른 봉합이나 결찰에 널리 사용되는 것으로 뽕나무 껍질이 봉합사로 쓰였다는 말은 생소하게 들리기도 한다. 지금은 용도에 따라 각종 실·선이 분류되어 사용되고, 재질에 따라 견사, 나일론, 폴리에스테르가 쓰이고 은이나 스테인리스 등 금속선도 쓰인다. 최근에는 천연접착제로 홍합에서 추출한 물질이 봉합용으로 주목받고 있다. 거친 파도 속에서도 바위틈에 단단히 붙어 있는 홍합의 모습에 착안한 것으로 이 물질은 소금물 속에서도 접착력이 매우 강하고 유연하며, 독성이 없어 염증을 유발하지 않고 흉터가 빨리 아물어 수술이나 상처 봉합에 적합하다고 한다.[11] 상백피로 시작된 수술과 봉합의 역사는 여전히 현재 진행형이다.

금창 치료 약물, 우수마발 牛溲馬勃

금창으로 피가 멎지 않는 경우. 포황 가루를 붙이면 바로 멎는다.
또한 쑥〔줄기가 가는 쑥〕을 찧어 붙인다. 그러면 바로 멎는다.
또한 질경이풀을 찧어 붙인다.
또한 연뿌리를 찧어 붙인다. 역시 효과가 있다.

금창 치료하는 (방법.) 방금 캔 뽕나무 뿌리껍질을 태워 재로 만들어 말똥에 개서 상처에 붙인다. 여러 번 바꿔 붙이면 효과가 신묘하다.
또한 방금 눈 말똥을 뜨겁게 데워 상처에 싸맨다. 하루에 세 번 해주면 효과가 있다.

지혈에는 부들, 쑥, 질경이, 연뿌리, 목단피, 백작약 뿌리를 찧어 붙이는 방법을 수록했다. 동시에 내복하는 것도 이 약재들을 사용했다. 부들과 쑥은 지혈 효과가 뛰어나고 흔하게 구할 수 있는 약초다. 질경이는 차전자 車前子라고 하는데, 수레 앞에 여기저기 돋아 있는 식물로 역시 어디서나 얻을 수 있는 약재다. 차전자와 함께 목단피, 백작약, 당귀는 모두 혈과 관련된 약재로 혈을 북돋워 생성하는 역할을 하고 출혈을 멎게 하는 데에도 작용한다. 한편 통증을 줄이기 위해 파를 한 줌 달여 상처 부위에 적셔주기도 했다. 특히 태워서 재로 만들어 사용하는 방법이 자주 보이는데, 백작약이나 석회, 사람의 똥이나 월경포가 그런 방법으로 가공된다. 상백피 태운 가루를 다시 말똥에 개어 붙이는 방법도 있다. 불에 태워 재를 쓰는 것은 지혈과 함께 감염을 예방하고 균을 억제하는 데 도움이 된다. 또 방금 싼 말똥을 뜨겁게 데워 상처에 싸매라는 것은 전쟁 중 말의 부산물을 사용할 기회가 많은 것과도 관련이 있어 보인다.

차전자가 흔한 식물의 용례로 쓰이면서 우수마발牛溲馬勃과 관련이 된 것은 흥미로운 이야기다. 우수마발은 본디 당송팔대가 중 한 명인 한유韓愈(768~824)의 〈진학해進學解〉라는 글에서 언급되는데, "옥찰玉札, 단사丹砂, 적전赤箭, 청지靑芝 같은 좋은 약과 우수牛溲, 마발馬勃, 망가진 북의 가죽 같은 형편없는 약까지 모두 아울러 적시에 사용하고 버리지 않는 것이 훌륭한 의사"라고 했다. 값비싼 좋은 약이든 길거리에서 발에 채이듯 흔한 것이든 적시적소에 활용하는 의사의 자세를 높이 평가한 말이다. 바로 여기서 우수는 질경이[車前草]의 이칭이고 마발은 말불버섯으로 둘 다 매우 흔하고 값싼 식물 약재였다. 그것이 흔하고 천한 약재라는 점에서 소 오줌, 말똥이라는 뜻으로 전와된 것으로 보인다. 실제로 우수는 우뇨牛尿와도 통용되었다.

조선의 정약용(1762~1836)도《마과회통麻科會通》서문에서 "내가 본디 의약에 어두워서 약재를 잘 가려서 취사선택하지 못하고, 우수마발과 같은 가치 없는 것들까지도 모두 이 책에 수록함을 면치 못했다"라며 우수마발을 언급했다. 그뿐만 아니다. 국문학자 양주동(1903~1977)이 수필 〈면학의 서〉에서 '나는 1인칭, 너는 2인칭, 그외 우수마발이 다 3인칭'이라는 표현을 써서 더욱 유명해졌다. 우수마발은 이제 온갖 잡동사니를 포괄하는 3인칭 일반으로까지 문학적 영역이 확장된 것이다.

화살촉이나 대나무 끝에 찔린 경우

고려시대의 고달픈 군역 엿보기

화살촉이나 뾰족한 나무 조각에 찔리는 경우는 《향약구급방》에 수록
된 각종 질환 중에서도 유독 시대상을 반영한다. 현대의 외상 영역과 유
사하게 볼 수도 있겠지만 그렇게 놓고 보면 앞서 언급한 〈금창〉과 내용
이 겹친다. 굳이 비유하자면 여기 〈화살촉이나 대나무 끝에 찔린 경우〉
의 내용은 극히 드문 특수 상황으로 현대의 총상과 비견될 만하다. 다만
총상의 경우 응급 수술이 필요할 정도로 생사를 넘나드는 상황인 데 비
해 여기서는 그러한 긴장감이 느껴지지 않는다. 어쩌면 외과술은 사대
부가 접근할 수 있는 영역이 아니었기에 당장 할 수 있는 처치법 정도만
을 제시해둔 것이 아닌가 싶다. 조선시대에 편찬된 일기 저작 《묵재일기
默齋日記》에서 저자 이문건李文楗(1494~1567)이 일상 질환 대부분은 스스
로 대처하면서도 외과적 처치가 필요한 종기 치료만큼은 의원을 불렀던
것처럼 말이다.

군역의 고려 사회, 일반인의 응급처치

화살촉이 (박혀서) 나오지 않는 경우. 백렴[가위톱풀[大刀叱草]], 반하[씻어서 미끈거리는 것을 제거한 것]를 같은 양으로 가루 낸 다음 술로 1방촌시씩 하루에 세 번 복용한다. 30일 정도 되면 (화살촉이) 나온다.

화살촉이 배에 박혀서 나오지 않는 것을 치료하는 처방. 팥을 푹 삶은 물 두되와 술을 차례대로 먹는다.

독화살에 맞은 것을 치료하는 처방. 생지황 뿌리의 즙을 달여서 고膏로 만든 다음 매번 반 숟가락씩 뜨거운 물에 타서 먹는다.

화살촉이 박혔다면 우선 화살촉부터 제거해야 한다. 응급 상황이므로 사대부가 처치할지 말지를 구분하는 것은 중요하지 않을 수도 있다. 그러나 가볍게 박혀 있는 정도라면 그대로 뽑아내면 되겠지만 인용문에서처럼 화살촉이 몸에 박혀 빠져나오지 않고 근육이 금속을 물고 있다면, 함부로 손을 댔다가는 더 큰 손상이 발생할 수도 있다. 전문가의 손길이 필요하다. 사대부와 같은 일반인은 당장 해가 되지 않을 정도의 조치만을 할 수밖에 없다. 백렴이나 반하를 사용해 살을 메워 외부 물질이 밀려나오게 하거나 부기를 빼줌으로써 염증 반응을 줄이거나, 팥(적소두)을 사용해 열독·어혈이 뭉치지 않게 하면서 장기에 문제가 발생하지 않도록 할 뿐이다.

독화살에 맞았을 때의 처치법에서는 생지황 즙을 고膏로 만들어 뜨겁게 복용하라는 내용에서 약의 농도를 높여 전신에 퍼뜨리려는 맥락을 읽어낼 수 있다. 그렇다면 당시 독화살에 활용했던 독은 무엇이었을까? 생지황이 치료제로 활용되고 있고 이것이 해독에 효과적이었다고 가정한다면 부자나 오두와 같은 신열辛熱한 성미의 약물이었을 수 있다. 독에 대해서는 추가 연구가 필요하다.

일상적인 외상의 처치법: 정성과 효험 사이의 언저리

금창, 수독水毒과 대나무 끝에 찔린 것, 옹저, 열독을 치료하는 (방법.) 찹쌀 석 되[찹쌀[秥米]. 멥쌀은 골라냄]를 단오 49일 전에 사기그릇에 담아 찬물에 담근 다음 하루에 두 번씩 손으로 가볍게 헹궈서 물을 갈아준다. 단옷날이 되면 가볍게 씻어서 물을 갈아준 다음 꺼내서 그늘에 100일 동안 말린다. (그 찹쌀을) 생명주 주머니에 넣고 바람이 잘 통하는 곳에 걸어두었다가 필요할 때 쓸 만큼 골라서 검게 볶고 곱게 가루를 낸 뒤 찬물로 고처럼 개어서 붙이고 그 위를 비단으로 감싸서 고정한다. 만약 금창에 실수로 물이 닿아 고름이 생기고 크게 부으면 급히 이 고를 붙이고 싸서 고정하는데, 세 식경쯤 지나면 부은 곳이 가라앉고 고름이 생기지 않으며 상처가 아문다[움직이지 않도록 해야 한다]. 옹종, 독종의 경우에는 처음 생겼을 때 붙이면 하룻밤 만에 사그라진다.

이는 대나무에 찔린 경우뿐 아니라 금창, 수독, 옹저, 열독 등의 광범위한 외상을 치료하는 처방이다. 상당히 오랜 기간 정성을 들여 만들 것을 제시하고 있다. 단오 49일 전부터 매일같이 찹쌀을 씻어 그늘에서 100일 동안 말린다고 했는데, 단오(5월 5일), 49일(7×7), 100일(10×10)에 상수학적인 의미를 부여하고 있다. 복잡한 일련의 과정을 거쳐 '찹쌀'이라는 평범한 소재를 특별하게 만들고 있는 것이다. 효과를 언급하며 금창에 물이 닿은 경우에는 세 식경, 옹종이나 독기로 부은 경우에는 하룻밤을 언급하고 있다. 신뢰감을 높이기 위한 장치임이 분명하다.

대나무 가시가 살 속에 박혀 나오지 않는 경우. 우슬의 뿌리·줄기를 찧어 붙이면 곧장 상처 위로 나오고 상처가 이미 아물었어도 빠져나온다. 또 불에 태운 녹각을 가루 내고 물에 개어 붙이면 곧장 나오는데, 오래된 것이라도 하룻밤을 넘기지 않는다.

대나무 가시가 박혀 나오지 않는 경우에 우슬의 뿌리·줄기나 불에 태운 녹각을 활용하여 치료하는 방법을 소개하고 있다. 우슬이나 녹각을 외용으로 쓰는 것은 약리적인 내용으로 해석해내기 어렵다. 혹시 쇠무릎(우슬)이나 사슴뿔에서 느껴지는 튼튼하게 솟아오르는 의미를 취해 박혀 있는 가시가 솟구쳐 나오기를 바란 것은 아닐까? 중세의 각종 본초서에 약물을 외용하는 수많은 사례가 실려 있지만 그것을 모두 전통 의학의 약리학적 지식으로 읽어내는 데에는 한계가 있다. 외치의 영역에는 원리적인 해석보다 직관적이고 쉽게 처치할 수 있는 정보가 필요했을 법하다.

온갖 부스럼

이번 항목에서는 온갖 종류의 피부질환에 대한 대처법을 소개한다. 화상, 동상처럼 분명한 원인과 뚜렷한 특징을 지니는 피부질환의 경우 기초적인 정보만 알고 있더라도 식별해내기 어렵지 않다. 한편《향약구급방》에 수록된 치료법 가운데 가장 큰 비중을 차지하는 것은 약물을 내복하는 것이 아닌 체표에 외용하는 방법인데, 피부질환에도 주로 나온다.

《향약구급방》은 전문 의가가 아닌 사대부로 독자를 상정하고 있다. 표리냉열을 살피지 않더라도 파악할 수 있는 병증에 대한 대처법을 소개하겠다는 것이《향약구급방》의 목표다. 굳이 영양 결핍, 의복 불량, 위생 상태의 부적절, 항생제의 부재 등을 꼽지 않더라도, 병증의 현재 상황 및 진행 경과 식별의 용이성, 부착·도포·세척 등 약물 활용의 편의성 등을 고려할 때, 피부질환은《향약구급방》의 주요 소재로 선정되기에 충분하다.

◇ 목처럼 깊이 뿌리박힌 종기, 정창 – 중1 정창丁瘡
◇ 등창, 옹종, 부스럼, 젖멍울 – 중2 발배·옹저·절·유옹發背·癰疽·癤·乳癰
◇ 장에 생긴 옹종 치료법 – 중3 장옹방腸癰方
◇ 동상 – 중4 동창凍瘡
◇ 위중한 피부질환, 악창 – 중5 악창惡瘡
◇ 옻독 – 중6 칠창漆瘡
◇ 끓는 물에 덴 화상 – 중7 탕화창湯火瘡
◇ 단독 은진 치료법 – 중8 단독은진방丹毒癮㾦方
◇ 손가락에 발생한 종기, 대지창 – 중9 대지창代指瘡
◇ 손발에 깊이 박힌 옹종, 표저 – 중10 표저瘭疽
◇ 뼈에 발생한 종기, 부골저 – 중11 부골저附骨疽
◇ 이, 옴, 빈대, 벼룩이 일으킨 피부병 – 중12 선개과창癬疥蝸瘡

못처럼 깊이 뿌리박힌 종기, 정창

종기에도 활용된 뜸 치료

여러 가지 원인에 의해 피부에 발생한 화농성 질병을 한의학 용어로 창양瘡瘍이라고 한다. 보통 종기라고도 부른다. 창양이 발생하면 해당 부위의 피부가 붉어지고 주변 조직이 부어오르며 열이 나고 통증이 일어난다. 화농이 심해지면 피부가 문드러지고 터지면서 고름이 나오고 전신 증상이 발생하기도 한다.

창양은 발병 위치와 증상에 따라 절癤, 정丁·疔, 옹癰, 저疽 등으로 구분된다. 먼저 절은 피부의 가장 얕은 부분에서 발생하는 것으로 대개 3센티미터 정도의 크기이며 쉽게 화농이 되고 궤파되며 또 수렴된다. 정은 빠른 속도로 위급하게 진행되는 급성 화농성 피부질환으로 얼굴, 손, 발 등에서 많이 발생한다. 옹은 피부와 살 사이에 발생하는 급성 화농성 질환으로 발현 부위가 광택이 있고 부드러우며 꼭지가 없다. 크기는 대개 6~9센티미터 정도다. 체표에 생기면 외옹外癰, 장부 안에 생기면 내옹內癰이라고 부른다. 일반적으로 힘줄이나 뼈를 손상시키지 않으며 함몰되지도 않는다. 저는 꼭지가 있는 유두저有頭疽와 꼭지가 없는 무두저無頭疽로 나뉜다. 유두저는 피부가 두터운 곳, 목 뒤, 등에 다발한다. 좁쌀 모양의 꼭지가 있으며 안쪽으로 깊어지거나 주변으로 확산된다. 고름이 차서 궤파된 모습이 연꽃 봉오리나 벌집과 같다. 무두저는 뼈나 관절 부위에 많이 발생한다. 부어오르지만 피부색이 변하지는 않는다. 통증은 뼛속을 파고든다.

《향약구급방》에서는 여러 가지 창양 중 정창을 가장 먼저 언급한다. 가장 빠르게 또 위급하게 진행되는 질환이기 때문일 것이다. 조선의 국왕 스물일곱 명 가운데 열두 명이 종기를 앓았다. 종기로 말미암아 상당 기간 고통으로 신음했던 임금도 있고, 심지어 사망에 이른 임금도 있었다.[12] 세종의 맏아들 문종은 등에 난 종기, 발배發背로 목숨을 잃었다. 주지하다시피 문종의 죽음은 동생(세조)의 왕위 찬탈과 단종의 폐위로 이어졌다. 조선의 르네상스를 꿈꿨던 정조의 사망 역시 등에 발생한 종기로부터 비롯됐다. 정조가 세상을 떠나기까지는 불과 24일밖에 걸리지 않았다. 왕궁에 상주하던 어의들에게 집중 관리를 받던 국왕조차 종기로부터 자유롭지 못했으니 《향약구급방》 의학의 치료 대상이었던 고려의 일반 사람들의 상황이 어땠을지는 말할 필요가 없을 것이다. 요즘에는 창양으로 목숨이 위협받는 일은 크게 줄어들었다. 살균, 소독이 일상적으로 이루어질 뿐 아니라 항생제를 쉽게 사용할 수 있고, 무엇보다도 음식과 영양 공급이 충분히 이루어지기 때문이다. 모든 질병에 대항할 만한 능력을 갖추고 있다고 자신할 수는 없겠지만 외부 감염에 대한 인체 내부의 면역 기능과 외부 환경의 통제 능력은 일정 수준 이상에 도달해 있다고 보아도 무방할 것이다.

정창의 종류

정창에는 삼꽃을 보지 말아야 한다. 보면 죽는다. 또한 삼밭에 들어가지 말아야 한다.

정창에는 열세 종이 있다. 그중 화정火丁만은 뜸을 떠서는 안 된다.

정창에는 열세 종류가 있다고 한다. 정창은 조금 특별한 종기다. 우선 글자부터가 재미있다. 정丁은 '못'이다. 못처럼 그 뿌리가 깊은 모양이다. 그래서 쉽게 낫지 않고 오래 가는 끈덕진 종기다. 〈정창〉이라는 편장 제목 옆에는 이 병을 앓을 경우 삼꽃[麻花]을 보지 말아야 하고, 삼밭에도 들어가지 말아야 한다는 대전제가 제시되어 있다. 삼과 정창이 무슨 관련이 있기에 이런 지침을 중요하게 제시했는지 우리로서는 갈피를 잡기 어렵다. 다만 곧게 쑥쑥 자라는 삼대가 못처럼 깊은 뿌리를 가진 정창과 유사한 느낌을 불러일으켰으리라는 추측이 가능하다. 삼꽃을 보거나 가까이하는 것이 이 병을 악화시킨다고 생각했는지도 모른다. 목화가 도입 정착되기 이전까지 의생활에 가장 널리 사용된 삼은 친근하고도 익숙한 삭물이었을 것이다. 주변에 널린 것이 삼밭이었으니 삼의 생장 과정을 유리알을 들여다보듯 훤히 알고 있었을 것이다. 이런 접근 방식을 통해서만 그들의 삶 속에서 정창과 삼이 어떤 관계였을지 추정할 수 있을 뿐이다.

어제정창魚臍丁瘡의 끝, 머리[頭] 부분이 허옇고 참을 수 없이 아픈 경우를 치료하는 (방법.) 먼저 침으로 종기 꼭지와 주변 사방을 찔러 구멍을 낸다. 백거(흰 부루)를 찧어 즙을 내서 구멍에 떨구어주면 낫는다.

또한 정창의 끝, 머리[頭] 부분이 검정콩만 해지면 대침으로 종기 중앙과 주변 사방을 찌른다. 이어서 섣달에 잡은 돼지 머리뼈를 태운 재를 달걀흰자에 개서 바른다. 하루에 세 번 갈아준다.

'어제정창'은 그 명칭마저 흥미롭다. '어제'는 엄지 쪽 손바닥의 도톰한 살 부위를 말한다. 물고기 뱃살처럼 생겼다고 해서 붙여진 이름이다. 손바닥을 조금 오므려 보면 영락없이 물고기 배 모양이다. 실제 중국 수대에 편찬된 의서 《제병원후론諸病源候論》에서는 어제정창에 대해 그 모양이 물고기 배처럼 길쭉하고 두툼하게 부어 있어 그런 이름을 붙였다고 설명한다(《제병원후론》〈정창병제후丁瘡病諸候〉). 《향약구급방》에서는 꼭지, 곧 창두의 색깔로 병의 깊이를 판별하고 있는데, 좀 덜한 것이 흰색, 좀 더 심한 것이 흑색으로 나타난다고 하며 그에 따라 서로 다른 치료법을 소개하고 있다. 흰색 어제정창은 백거(흰 부루)를 쓰고, 검정콩 모양으로 생긴 정창은 돼지 머리뼈를 태운 재를 달걀흰자에 개서 바른다고 했다. 백거는 청열해독의 기능이 있고, 돼지 머리뼈를 태운 재는 진물과 농양을 흡수해 건조하게 유지하는 데 도움이 된다. 돼지라는 동물을 사용한 것은 오행의 북방 수水 기운에 해당하는 성질을 활용한 것으로 볼 수도 있다.

《향약구급방》은 열세 가지 정창을 모두 소개하고 있지 않다. 《비급천금요방》에 따르면 이들은 마자정麻子丁, 석정石丁, 웅정雄丁, 자정雌丁, 화정火丁, 난정爛丁, 삼십육정三十六丁, 사안정蛇眼丁, 염부정鹽膚丁, 수세정水洗丁, 도겸정刀鎌丁, 부구정浮漚丁, 우구정牛拘丁이다(《비급천금요방》〈정종丁腫〉). 이들 열세 가지 정창은 내용도 많고 변별하기도 어려워 대략 다섯 가지로 구분되기도 하는데 화정, 석정石丁, 수정水丁, 마정麻丁, 누정縷丁이 바로 그것이다. 위 구분은 조선 명종 대의 명의 임언국任彦國

(1490?~1540?) 본인의 치료 경험과 통찰에 따른 분류다. 누정은 임언국이 새롭게 발견해 추가한 것으로 그 과정을 다음과 같이 적고 있다.

> 옛날 누정縷疔에 대한 설이 없었던 것은 그것을 형용할 재주가 없었기 때문이다. 나는 신묘년(1531) 이후로 치료한 사람이 많게는 수만 명에 이르지만 누정 환자는 1년에 혹 한두 명 볼 수 있었는데, 앓고 있는 종기를 자세히 살펴보니 정녕 실 가닥이 물건을 뚫은 것 같고 경련이 일었다. 때문에 나는 마음으로 그 이치를 깨달아 그 이름을 지목하여 '누정縷疔'이라고 했다. 《치종지남》〈누정縷疔〉

위 인용문은 고려시대 의서 《향약구급방》에 수록된 열세 개 정창이 조선 전기에 이르러 다섯 개 정창으로 단순화되면서도 실제 경험에 부합하는 새로운 병명이 추가되며 하나의 기준으로만 판단하기 어려운 양상임을 여실히 보여준다.

이 위중한 병을 어떻게 치료할까?

정종은 차가운 독기가 오랫동안 맺혀서 된 것이다. 바로 치료하지 않으면 그 뿌리가 화살촉처럼 맥으로 들어가 뽑아낼 수 없게 된다.
정창은 손, 발, 얼굴, 입, 광대뼈 주위에 잘 생긴다. 구슬처럼 검고 그 속에 모래가 있는 것처럼 아픈 것이 가슴까지 미친다.
음식과 방사를 절대로 삼가야 한다. 만약 절제하지 않으면 대엿새 지나 눈에 섬광이 보이거나 정신이 혼미해지며 죽게 된다.

우선 정종에 대해 차가운 독기가 오랫동안 쌓여서 생긴 병이라고 규정하고 있다. 이어 신속히 치료하지 않으면 화살촉이 살을 파고드는 것처럼 더욱 깊은 곳, 맥脈으로 들어가 뽑아낼 수 없는 지경이 된다고 했다. 맥은 피부[皮], 살[肉], 혈맥[脈], 힘줄[筋], 뼈[骨] 순으로 인체의 깊이를 표현하는 동아시아 의학 체계 속에서의 한 부위를 말한다. 체표, 곧 가장 겉에 있는 피부부터 점점 신체 깊은 부위로 들어가면서 나타나는 인체 구조의 명칭이다. 피부가 가장 얕은 곳이고, 뼈가 가장 깊은 곳이다. 맥은 힘줄이나 뼈보다는 얕지만 피부나 살보다는 깊은 곳에 위치하고 있어 가볍게 볼 수만은 없다. 까딱 잘못하면 위중하고 위급한 병이 된다.

심각한 질병에 걸맞게 먹는 것뿐 아니라 성행위 역시 삼가야 한다고 조심시키고 있다. 고려시대에도 '식색食色'의 절제를 질병 치료의 기본으로 여기고 있다. 병을 앓고 있는 중에 함부로 과식하거나 심지어 과음까지 하는 것은 회복의 길을 스스로 막아버리는 것이다. 성행위 역시 마찬가지다. 양생법에서는 어떠한 보양식도 성행위를 근신하고 독방에서 혼자 잠을 자는 것보다 못하다고 말한다. 외부의 새로운 것을 가져와 보충하기보다 내부의 정精을 잘 간직하며 새나가지 않도록 하는 것이 더 효과적이라고 믿었던 것이다.

무릇 정종은 … 또 다른 방법. 독주근獨走根〔일명 마두령으로 향약명은 말슨 아배[勿叱隱阿背]이고 말슨달아[勿叱隱提阿]라고도 한다. 그 열매가 조금 갈라져 있어서 이름을 이렇게 지었다. 잎은 마 잎과 같다〕을 갈아 식초에 개서 붙인다. 그러면 바로 뿌리가 뽑힌다. 정종 치료에 아주 좋다.

냉창, 열창, 정창, 표저 등 일체의 헐고 붓는 것을 치료하는 방법. 맥반석

麥飯石〔붉은색을 띤 차돌[粘石]〕을 속까지 벌겋게 구운 후 식초에 담그기를 부스러질 때까지 반복하고 이것을 간 것 2푼. 삭조 줄기와 잎을 태워 재로 만든 것 2푼, 겨울에는 삭조의 마른 줄기나 뿌리를 써도 된다. 쥐똥, 암컷 참새 똥 각각 1푼을 간 것. 진한 식초 1푼과 돼지기름 2푼으로 위의 네 가지 약이 고르게 섞이도록 한다. 창의 끝, 머리[頭] 부분에 붙인다. 먼저 뜸을 14~21장 뜨고 침으로 딱지를 제거하여 속살이 드러나게 한 다음 약을 붙인다. 종기 주변에 고루 바르고 난 다음 기름종이로 덮어준다. 하루에 두 번 바꿔준다.

만약 뜸을 뜨지 못하면 창의 끝, 머리[頭] 부분을 침으로 찔러 피를 빼내고 기가 통하게 한 뒤에 약을 붙여도 좋다.

이 밖에 《향약구급방》에서는 환부에 바르는 약으로 도꼬마리 태운 재, 독주근 가루를 갈아 식초에 개서 붙이거나 맥반석과 삭조 줄기와 잎을 태워 재로 만든 뒤 쥐똥과 암컷 참새 똥을 섞어 식초 그리고 돼지기름에 개어 붙이는 방법을 소개하고 있다. 바르는 약을 쓰기 전에는 침으로 딱지를 제거하거나 피를 빼주는 조치를 시행하기도 했다. 화정火疔을 제외한 모든 경우에 뜸을 떠야 한다고도 했다. '창瘡'은 염증과 진물을 기본적으로 동반하는 것이어서 열을 진정시키고 창독을 풀어주는 본초를 주로 사용했다. 도꼬마리, 삭조는 대표적인 청열해독약이다. 이들을 태워서 재를 사용한 것은 진물을 흡수해 상처를 빨리 아물게 하는 효과를 겨냥한 것이요, 식초를 포함시킨 것 역시 살균과 함께 뿌리가 딱딱하고 깊은 정창의 병의 뿌리까지 침투하기 위한 방법일 것이다. 식초는 단단한 것을 연하게 만들어주는 역할을 한다. 돼지기름은 약의 효과를 오래 지속시키기 위한 완충제로 사용되었을 것이다.

약으로 정창 치료하기

무릇 정종은 모두 뜸을 300~400장 뜬다. 그 후 뿌리, 줄기, 잎이 같은 색깔인 도꼬마리 전초를 태운 재를 진한 식초에 개서 붙인다. 재가 마르면 바꿔준다. 불과 열 번이면 (정종의) 뿌리가 빠지며 신기하게 좋아진다.

증상이 심한 경우 도꼬마리 전초를 찧은 즙을 어린아이 오줌과 섞어 하루에 세 번, 한 되씩 복용한다.

손진인孫眞人이 말했다. "정종을 치료하는 처방이 천여 가지가 있으나 모두 도꼬마리를 태워 식초에 개서 붙이는 방법만 못하다. 특별히 이것을 기록하여 후세에 전한다." 나 또한 이 방법을 써서 치료한 사람이 많다.

우리 집에 양보良甫라는 종이 정창이 났다. 도꼬마리를 태운 재로 치료하고, 형개 달인 물을 복용했더니 6~7일 만에 뿌리가 빠지고 나았다. 종이 말했다. "형개 달인 물을 마시기 전에는 가슴이 답답했습니다. 마시고 나니 상쾌해졌습니다."

또한 정종으로 곧 죽을 것 같은 상황을 치료할 때는 국화 잎 한 줌을 찧어 즙을 내 한 되 복용한다. 입에 들어가자마자 살아난다. 신묘한 효과가 있다. 겨울에는 국화 뿌리를 쓴다.

정창 치료에서 눈길을 끄는 점은, 모든 처치의 기본으로서 먼저 상처 부위에 뜸을 뜨는 것이다. 뜸을 300~400장 뜨는 것은 종기를 쉽게 뿌리 뽑기 위한 사전 조치인 셈이다. 뜸을 뜬 다음에는 도꼬마리 태운 재를 바른다. 심한 경우 도꼬마리 즙을 오줌과 함께 복용하라고 한다. 이 시점에서 약왕 손사막이 한 번 더 소환된다. 손사막은 정창에는 뜸을 뜬 후 도꼬마리를 식초에 개서 발라주는 것이 최상이라고 했다. 도꼬마리 치료법의 탁월함을 보증하고 있는 것이다.

이 구절을 좀 더 분석해보면 흥미로운 점이 확인된다. 먼저 마지막에 첨부된 "나 또한 이 방법을 써서 치료한 사람이 많다"라는 문장은 손사막의 말인지 《향약구급방》 저자의 말인지 특정하기가 어렵다. 《비급천금요방》에는 "정종 치료법이 천 가지나 되지만 모두 이 방법에 미치지 못한다", 그리고 "늘 이 약을 제조하여 사람을 구완했는데 낫지 않는 경우가 없었다"라고만 나올 뿐 《향약구급방》의 문장은 실려 있지 않다 (《비급천금요방》〈정종〉). 그렇지만 두 문장이 의미상 서로 통해 《향약구급방》 저자의 말이라고 단정하기는 쉽지 않다. 그런데 다음 문단에서 형개 달인 물로 '우리 집 노비 양보'의 정창을 치료해준 이야기가 등장하는 것이 심상치 않다. 손사막의 도꼬마리 치료법에 이어 집안 노비 양보를 치료한 사례를 언급함으로써 저자가 손사막의 치료법으로 많은 환자를 치료했다는 뉘앙스를 풍기고 있는 것이다. 이렇게 보면 "나 또한 이 방법을 사용하여 살린 사람이 많았다"라는 말의 화자話者는 《향약구급방》의 저자일 가능성이 다분하다.

노비 양보가 한 말은 직접화법으로 제시되어 있다. "형개 달인 물을 마시기 전에는 가슴이 답답했습니다. 마시고 나니 상쾌해졌습니다." 고려시대 인물의 말을 직접화법으로 들을 수 있는 드문 예다. 환자 본인의 말로 전하는 치료 효과의 증언이기도 하다. 앞서 버섯 중독으로 사경을 헤매던 여종이 생오이 즙을 넘기고 난 다음에 "아찔하고 답답한 상황에서 생오이가 입으로 들어오니 한 줄기 찬 기운이 목구멍을 뚫어주었고 그제야 살 것 같았다"라고 한 것도 같은 맥락이다. 《향약구급방》의 저자는 이처럼 치료법의 신뢰성을 높이기 위한 특별한 장치를 마련하고 있다. 동서고금을 막론하고 의사에 대한 신뢰는 치료 경험을 통해 치료 효과에 확신을 주는가에 달려 있다. 여기 보이는 저자의 말, 환자의 말은 《향약구급방》에서 가장 구체적인 인물의 사례이기에 흥미로운 부분이다. 천 년 전 고려시대 《향약구급방》의 느낌이 우리에게 더욱 생생하게 전해지는 이유다.

약을 성질을 좀 더 자세히 살펴보자. 도꼬마리는 팔다리가 당기고 떨리며 아픈 경우나 간장의 열기를 내려 눈을 밝게 하는 데 사용된다. 달이거나 가루 내어 먹는다. 삭조는 뼈를 붙여주는 나무라는 뜻의 접골목接骨木이라 불릴 정도로 상처 회복을 돕는 효능이 있다. 한편 냉창, 열창, 정창, 표저에 두루 쓰는 약으로 맥반석, 삭조, 쥐똥, 참새 똥의 혼합 처방을 소개하고 있다. 물론 먼저 상처 부위에 뜸을 뜨는 것은 기본이다. 맥반석은 무엇인가? 본문에서는 맥반석을 '붉은색을 띤 차돌'이라고 설명하고 있다. 암석에 보리밥 알갱이가 붙은 것 같아 맥반(곧 보리밥)이라는 이름이 붙었다는 점이 재미있다. 요즘은 찜질방이나 목욕탕에서 달걀을 구울 때 사용하는 돌로 알려져 있지만, 약석藥石의 일종으로 철액鐵液과 함께 종기, 피부소양 등에 사용되었다. 마지막 구절에서는 곧 죽을 것 같은 증상에 국화 잎을 즙 내어 한 되 복용하면 신기한 효과를 본다고 했다. 《증류본초》는 국화 잎만을 수록했지만 《향약구급방》은 겨울에는 뿌리를 쓴다는 말을 추가했다. 작은 부분이지만 국화 잎을 구할 수 없는 겨울철에 사용할 팁을 던져준 셈이다. 디테일에서 활용 가치를 높여주는 《향약구급방》식 전략으로 봐도 되겠다.

'창'과 '상', 시대에 따른 질병 이름의 변화

《향약구급방》에는 '창'으로 표기된 병증 명칭이 많이 수록되어 있다. 금창, 정창, 동창, 악창, 칠창, 탕화창 등등. 지금은 일반적으로 동상, 화상으로 부른다. 시대에 따라 냉창은 동상, 열창은 화상으로 변경된 것으로 이해된다. 질병 이름이 '창'에서 '상'으로 바뀐 것도 현대 한국어 정착 과정의 한 양상으로 볼 수 있다.

창이 '상'으로 통일된 것은 어쩌면 서구 의학을 먼저 받아들여 용어를 번역한 일본 학자들의 영향일지도 모르겠다. 일본어에서는 한자의 사용을 간소화하거나 통일하는 경우가 있다. 예컨대 '첨단尖端'을 '선단先端'으로 곧잘 쓰는데 둘 다 '센단(せんたん)'으로 발음되므로 굳이 복잡한 글자를 따로 써야 할 이유가 없는 것이다. 동창凍瘡은 도오소오(とうそう), 동상凍傷은 토오쇼오(とうしょう), 화창火瘡은 카소오(かそう), 화상火傷은 카쇼오(かしょう)로서 의미나 발음에 큰 차이가 없어 하나로 통일된 것이 아닐까 한다.

등창, 옹종, 부스럼, 젖멍울
고려시대 사람들의 목숨을 위협하던 질병, 종기

옹저癰疽는 피부에 발생한 화농성 질환인 창양瘡瘍의 일부다. 종기로 통칭된다.《향약구급방》의 설명에 따르면 피부가 얇고 넓게 자리 잡은 것이 옹癰, 피부가 두껍고 안쪽에 콩알처럼 자리 잡은 것이 저疽다. 피부와 살 사이에 이물감이 느껴지다가 모공이 살짝 함몰되거나 좁쌀처럼 날카로운 끝이 돋아나며 발생한다. 빙 두른 주위가 붓고 가렵고 아프기까지 하다. 초기에 대처하지 못해 악화되면 벌겋게 열이 나며 밤낮으로 아프다가 고름이 잡힌다. 고름이 터져 배출되면 낫는다. 옹은 발병 위치에 따라 경옹頸癰, 액옹腋癰, 제옹臍癰 등이 있다. 함몰되지 않기 때문에 옹종癰腫이라 부르기도 한다. 젖멍울이라 불리는 유옹은 발병 원인, 치료법 등이 일반적인 옹과 달라 별도로 구분된다. 저는 꼭지가 있는 유두저와 꼭지가 없는 무두저로 구분된다. 이번 장에서 소개하는 발배發背는 유두저의 일종으로 등창이라고도 불린다.

《향약구급방》에서 제시하는 종기 치료법은 상당히 자세하다. 발생 초기에 붓고 가렵고 아프면 뜸을 뜬다. 청국장을 바른 뒤 뜸을 뜰 수도 있다. 살이 터지도록 뜸을 떠서는 안 된다. 유방에 발생한 종기는 버드나무 뿌리껍질을 빻아 따뜻하게 덥힌 뒤 주머니에 담아 찜질한다. 열감과 통증이 심해지면, 사람의 똥과 달걀을 섞어 붙이거나 수컷 참새의 똥, 사람의 똥을 태워 만든 재 등을 식초에 타서 바른다. 맥반석과 같은 돌을 녹각, 백렴, 식초와 함께 달궈 깨뜨린 뒤 곱게 갈아 붙이거나 아교와 황단을 녹인 뒤 닭털로 발라줄 수도 있다. 회향초, 석위 등의 약물도 복용한다. 고름이 충분히 형성되었다고 판단되면, 침으로 찔러 고름을 배출하기도 한다. 단 억지로 종기를 터뜨리지 않는다. 닭 날개털을 태운 가루, 모추, 여실, 규자 등의 약물을 복용하거나 돼지비계에 섞은 실 태운 가루, 백합 뿌리 등을 발라 구멍이 생겨 고름이 흘러나오도록 한다. 고름이 흘러나오면 사람의 젖에 섞은 밀가루를 붙여 흡수한다.

다양한 외용약과 내복약을 소개하고 있어 대처법 확보에 상당히 고심했던 것으로 보인다. 문제는 발병 원인이 누락되어 있다는 점이다. 왜 종기가 발생했으며, 치료의 정확한 타깃이 무엇인지에 대해서는 언급하지 않은 채 대증 치료법을 소개하는 데만 집중하고 있다.

피부, 혈, 그리고 내부의 오장五臟

피부에서 발생한 문제는 기본적으로 피부에서 해결되어야 한다. 해당 부위에 뜸을 뜨고, 사람의 똥이나 수컷 참새의 똥을 바르는 것은 모두 피부의 문제를 해결하기 위함이다. 피부 문제를 약물 복용으로 해결하는 것은 어떻게 설명되어야 할까? 회향초나 석위를 복용하면 '죽어가는 사람을 살릴 수 있다', '뛰어난 효과가 있다'라는 상투적인 설명 이외에 그 기전에 대한 설명은 제시하지 않았다. 그런데 발배 치료 약물로 제시된 초결명과 감초 하단에 다음과 같은 문장이 이어진다.

발배를 치료하는 (방법.) 초결명〔결명은 초결명과 석결명이 있어 초결명이라 했다. 석결명은 생전복[鮑甲] 껍데기다〕날것 한 되를 짓찧어 부수고, 감초 한 냥도 부순다. 물 석 되를 넣고 달여 두 되를 취한다. 따뜻하게 두 번 나누어 복용한다. 대개 혈血이 정체하면 종기[癰]가 생긴다. 간장은 혈이 머무는 장기다. 결명은 간장 기운을 조화롭게 하고, 원기元氣를 손상시키지 않는다.

피부에 발생한 종기인 발배, 발배를 일으키는 주요 원인으로 꼽히는 혈의 정체, 혈이 머무는 내부 장기인 간장, 간장 기운을 조절하는 약물인 결명자가 순차적으로 소개되고 있다. 발배-혈-간장-결명자로 이어지는 '연쇄 사슬'에서 주목되는 점은 피부 문제를 신체 내부의 장기인 간장과 연관시키고 있다는 것이다. 몸의 겉과 속, 머리와 몸통, 감정과 육체 등을 비슷한 속성을 지닌 것끼리 연결 짓는 것은 동아시아 의학의 대표적인 관점이다. 피부와 간장 사이를 매개하는 것은 혈이다. 종기가 생겨 빨갛게 부어오르고, 열이 나며, 고름이 터지는 과정은 모두 혈을 중심으로 설명된다. 동아시아 의학에 내재된 고유한 설명 방식이다.

약이 된 똥, 그리고 침과 뜸

또한 옹종·발배 초기나 이미 며칠이 지나 종기의 기세가 화끈거리고[炘熱] 독기가 왕성해 밤낮으로 아파 여러 약을 써도 효과가 없을 때 사용하는 방법. 달걀 한 개, 방금 배출한 사람 똥의 끝부분 달걀 크기. 위의 두 약물을 서로 잘 섞이도록 반죽한다. 약한 불로 적당히 볶은 다음 떡을 빚는다. 환부 끝, 머리[頭] 부분의 크기에 맞춰 종이 위에 놓은 뒤 환부에 붙인다. 묵은 비단[故帛]으로 덮어두면 흔들리면서 김이 빠져나간다. 하룻밤 지나면 안정된다. 여러 날 앓은 경우에는 사흘 동안 붙여둔다. 하루에 한 번씩 바꿔주면 낫는다.

손진인孫眞人이 말하기를, "이 처방은 내용물이 더러워서 귀한 사람에게는 사용할 수 없다. 그러나 병을 치료하는 데 있어서는 다른 어떤 처방도 이 처방에 미치지 못한다. 이외의 다른 모든 처방은 도리어 재발하게 하니, 의원들은 설명[儀注]을 갖춰두어야 한다"라고 했다.

귀한 사람에게는 사용할 수 없다는 이 처방의 주된 구성 약물은 '똥'이다. 그것도 방금 싼 똥이다. 똥과 함께 섞는 것은 가장 귀한 음식 중 하나인 달걀이다. 가장 더러운 것과 가장 귀한 것을 뒤섞은 오묘한 처방이다. 똥과 달걀을 반죽해 떡을 빚고 환부 위에 깔아둔 종이에 올린 채 하룻밤을 보낸다. 하룻밤 지나면 안정된다니 어쨌든 천만다행이다.

그런데 하필이면 왜 똥일까? 《향약구급방》에서 최고 권위자로 인정받는 손진인의 말이 인용된 것으로 보아 한반도뿐 아니라 중국에서도 사용되던 처방임에 분명하다. 중국 명대의 의가 이시진李時珍 역시 똥으로 옹종과 발배를 치료한다고 했으며 그 효능을 여러 가지 독, 그중에서도 열독熱毒을 풀어주는 것으로 규정하고 있다《본초강목》〈인시人屎〉). 똥은 옹저의 독기가 치성해 벌겋게 부어오르면서 밤낮으로 아플 뿐 아니라 어떤 약도 듣지 않을 때 사용하는 오랜 약물이자 최고의 약물이었던 것이다. 이경록의 분석에 따르면《향약구급방》에는 방제 하나당 1.37개의 약물이 활용되고 있으며, 식초, 꿀, 소금, 당귀, 쑥 등 일상의 식재료가 치료 약재로 빈번히 사용되고 있다.[13] 방제 하나당 8.66개의 약물을 활용하고 있는, 비슷한 시기에 편찬된 궁중 의서《어의촬요방》과는 확연한 차이를 보인다.[14] 전문 약재의 수급에 어려움을 겪을 수밖에 없는 민중을 위해 적은 약물만으로 치료할 수 있어야 했다. 귀천을 가리지 않고 가장 효과 좋은 약물 하나를 고르려는《향약구급방》저자의 고민은 '사람의 똥'으로 만들어진 위의 처방에도 녹아들어 있다.

《향약구급방》에 수록된 초기 옹저 치료법에서 가장 강조되는 것은 뜸이다. 저자는 독기毒氣가 몸속으로 들어가는 것을 막기 위해 뜸을 사용한다고 밝혔다. 종기가 발생하면 해당 부분이 붉어지면서 열이 나고 통증이 일어난다. 염증 반응이 시작된다. 뜸은 열기를 더해주는 치료법이다. 뜸을 통해 주입된 열기는 혈액과 림프액의 흐름을 가속화해 염증 부위에 쌓인 손상된 조직, 죽은 세균, 바이러스 파편 등을 배출하고 새로운 조직의 회복을 돕는다. 전체 염증 기간을 단축시키는 것이다.[15] 침 역시 옹저 치료의 도구로 소개된다. 그러나 고름을 터뜨리는 단순한 역할을 수행할 뿐이다. 조선 전기 종기를 전문적으로 치료하던 치종의治腫醫 임원준任元濬이 보여주는 전문 혈자리의 활용 또는 곡침曲針·봉침鋒針을 활용한 피부 절개, 종기의 적출, 뿌리 절개 등의 내용은 소개되지 않는다.

《향약구급방》의 종기 치료법 그리고 효과

옹종[癰]을 치료하는 또 (다른 방법.) 아직 옹종이 터져나올 머리[頭]가 없을 경우 구멍이 생기도록 하는, 신선이 건네준 효과가 있는 처방. 모추茅錐〔모향茅香 중에서 처음 생겨난 잎〕하나, 끝이 바른 온전한 것을 쓴다. 물에 넣고 달여 10여 차례 끓어오르도록 한 뒤 복용하면 바로 터진다. 만약 두 개 줄기를 사용하게 되면 두 개 구멍이 생긴다. 또 하나를 잘라 둘로 쓰더라도, 두 개의 구멍이 생긴다. 일찍이 시험해보았더니 믿을 만하다.

《향약구급방》에는 군데군데 저자의 목소리가 묻어 있다. 주석, 사례 등은 저자가 자신의 견해를 전달하는 작은 장치들이다. 인용문의 원 출처는 《유우석전신방劉禹錫傳信方》 또는 《도경본초》, 《증류본초》 등으로 추정된다. 다만 끝에 붙어 있는 "일찍이 시험해보았더니 믿을 만하다"라는 문장은 위의 출처들에서는 보이지 않아 저자의 목소리로 추정된다. 《향약구급방》〈정창〉에 등장했던 "나 또한 이 방법을 사용하여 살린 사람이 많다"와 동일한 맥락이다.

개입을 통해 저자는 치료 효과를 강조한다. 《향약구급방》에서는 "좋다[良, 佳]", "바로 낫는다[卽愈]" 등과 같이 효과를 직접적으로 제시하는 문장, "잠시 뒤에 깨어난다[須臾蘇]", "한나절이 지나면 살아난다[半日而活]" 등 치료 효과를 확인할 수 있는 시간을 제시하는 문장, "농이 나오면서 곧 사그라진다[卽膿出便消]"와 같이 구체적인 경과 및 효과를 소개하는 문장이 다수 등장한다. 심지어 전체 치료법 관련 조문 중에서 치료 효과를 소개하고 있는 조문이 절반을 넘기기도 한다. 저자는 왜 이런 장치를 둔 것일까? 혹시 질병의 원인, 병리 기전, 치료 원칙, 치료법에 대한 설명을 충분히 제공하지 못해 독자들이 의심할 것을 염려했던 것은 아닐까? 사실 이런 문장들은 치료 효과를 경험한 사람들의 목소리를 전달하기 위한 장치다. 실제 치료 효과만큼 그 처방의 효용성을 설득할 수 있는 것은 없다.

《향약구급방》에 실려 있는 연호, '원가元嘉'

또 다른 (방법.) 회향초茴香草를 짓찧어 즙을 내고, 한 되씩 하루에 서너 번 복용한다. 그 찌꺼기는 부은 곳에 붙인다. 이것은 다른 나라의 신기한 처방이다. 원가元嘉(424~453) 말년부터 사용되기 시작해 죽을 사람을 살렸다.

원가元嘉는 중국의 연호다. 원가라는 연호가 사용된 시기는 동한東漢 한충제漢沖帝 145년, 남조南朝 송문제宋文帝 424~453년이다. 인용문의 원가는 둘 중 어느 시기를 지칭하는 것일까?

인용문의 출처라 할 수 있는 중국 의서 《비급천금요방》, 《증류본초》에는 '원가'가 아닌 '영가永嘉', 《외대비요》에는 '영가'가 아닌 '원가'로 기재되어 있어 혼란을 가중시킨다. 다행히 송대 교정의서국의 교정을 거치지 않은 《손진인천금방孫眞人千金方》에는 '영가'가 아닌 '원가'로 적혀 있다. 《향약구급방》의 여러 문장이 《손진인천금방》을 따르고 있는 만큼 '원가'라고 표기되어 있던 것이 분명하다.

이시진에 따르면 송대의 의가 소송蘇頌은 이 문장이 《범왕방范汪方》에서 유래한다고 기록했다(《본초강목》〈회향茴香〉). 《범왕방》은 동진東晉의 신하 범왕范汪(309~374)이 앞 사람들과 자신의 경험을 정리해 편찬한 저작이다. 따라서 원가는 범왕보다 앞선 145년일 수밖에 없다. 다만 《증류본초》에서는 《범왕방》이 아닌 고방古方으로 그 출처가 적혀 있어 확언할 수는 없다(《증류본초》〈회향자懷香子〉).

종기, 세균, 혈

단순한 종기의 경우 치료가 필요하지 않을 수도 있으며, 보통 따뜻한 찜질을 해주면 쉽게 화농이 되므로 병변의 고름이 쉽게 배출되어 증상을 완화시킬 수 있다. 종기가 완전히 곪아서 물렁물렁해지기 전에 고름을 짜내려 하면 염증이 악화될 수 있다. 다양한 종류의 세균이 종기를 일으킬 수 있지만 가장 흔한 원인균으로는 포도알균(staphylococcus)이 지목되고 있다. 포도알균이 가장 흔한 원인균이므로, 일반적으로 페니실린penicillin이나 1세대 세팔로스포린cephalosporin 계열의 항생제가 일차적으로 사용된다. (《서울대학교병원 N 의학정보》,〈종기〉)

현대 의학에서는 종기의 발병 원인을 다양한 종류의 세균으로 지목하고 있다. 미생물, 세균의 존재가 알려지기 전까지는 누구도 세균이 종기를 유발할 수 있다는 사실을 알지 못했다. 《향약구급방》의 저자 역시 마찬가지였다. 고려 민중뿐 아니라 종기로 사망한 수많은 조선의 국왕들 역시 세균의 존재를 알지 못한 채 《향약구급방》 등의 의서에 실린 치료법을 따랐다. 세균을 사멸시킬 수 있는 페니실린, 이른바 항생제가 개발된 것은 20세기의 일이다. 어린아이들이 읽는 《소학小學》에도 아침에 일어나 세수하고 양치질하라는 문장이 나오지만, 비누를 사용해 피부에 있는 포도알균의 수를 줄이겠다는 것은 생각조차 할 수 없는 일이었다. 관개 시설의 부족으로 머리 감기, 샤워, 목욕뿐 아니라 빨래도 마음대로 하지 못했으니 머리, 목, 등, 겨드랑이, 사타구니 등은 그야말로 세균의 서식지였다. '위생의 시대' 이전에 종기는 조선인들과 늘 함께하던 질환이었다.

앞서 이야기한 "혈이 정체하면 종기[瘤]가 생긴다"라는 문장에서 볼 수 있듯 《향약구급방》의 저자는 종기가 생겨나 부어오르고, 열이 나며, 통증이 발생하는 일련의 과정을 '혈'을 매개로 설명하고 있다. 그에 입각한 여러 가지 치료법 역시 어느 정도 효과를 보였을 것이라 생각한다. 다만 세균의 존재를 알기 전, 체표에 발생한 증상을 중심으로 대처 방안을 고심했던 몸에 대한 사유이자 접근방식이었다.

장에 생긴 옹종 치료법

큰 병은 전문가에게

옹癰이란 피부와 살 사이에 발생하는 급성 화농성 질환을 지칭한다. 체표에 생기면 외옹外癰, 장부 안에 생기면 내옹內癰이라고 부른다. 이번 장에서 소개하는 장옹腸癰은 피부가 아닌 장부 안에 발생한 화농성 질환으로 현대의 충수돌기염이나 대소장의 염증, 농양을 지칭한다. 복막염을 야기할 수도 있기에 오늘날에도 응급을 다투는 질환이다.

개복수술이 불가능했던 당시 배 속에서 발생한 질환은 함부로 다룰 수가 없었다. 촌각을 다투는 만큼 약물을 활용하더라도 전문적인 치료 처방이 투입되어야 한다. 그런 까닭에 《향약구급방》의 독자층에게는 진단, 처방 등의 면에서 진입장벽이 있는 질병임에 분명했다.

신중하게 접근해야 하는 질환, 장옹

살생하는 것을 꺼려하여 주석하지 않았다. 아울러 옹癰을 치료하는 것을 덧붙인다.

제목 〈장옹〉 옆에는 위와 같은 설명이 붙어 있다. '살생하는 것을 꺼린다[惡傷物命]'라는 구절은 《향약구급방》에 총 여섯 번 등장한다. 그중 다섯 가지는 치료에 사용하는 약물이 오골계, 게, 좀벌레, 지렁이, 쇠똥구리 등 살아 있는 생명을 해치는 것이기에 자세한 내용을 적지 않는다는 의미로 쓰였다(〈떨어져 다친 것, 눌려 다친 것, 부러져 다친 것, 맞아 깨진 것〉 참조).

그러나 〈장옹〉 편에 등장하는 위 구절은 다른 네 가지와 다른 맥락으로 읽힌다. 먼저 본문에 '장옹'에 대한 별다른 치료법을 소개하지 않고 있고 폐옹肺癰의 치료법 중에도 살아 있는 생명을 해치는 약물이 사용되고 있지 않은 점을 고려할 경우 위 문장을 잘못 기입된 것으로 보거나 본래 수록되어 있던 치료법이 생명을 해치는 약재를 포함하고 있어 누락시킨 것으로 볼 수도 있다.

다소 억지스럽지만 '살생하는 것을 꺼린다'는 구절을 장옹과 관련시켜 풀이해볼 수도 있다. 이때 감안해야 하는 것은 '장옹'이라는 병이 《향약구급방》의 독자로 상정된 사대부가 대처하기에는 위중하고 또 응급 상황이라는 점이다. 즉 살생의 대상을 '장옹을 앓는 환자'로 본다면 이 문장은 사대부들이 어설프게 접근했다가 환자를 해칠 수 있음을 경고하는 내용으로 읽힐 수도 있다. 실제로 《비급천금요방》에서는 장옹에 대한 지식이 부족한 의사가 잘못 치료할 경우 사람을 죽일 수 있다고 우려한다(《비급천금요방》 〈장옹〉).

폐옹을 치료하는 중세의 전문지식

폐옹으로 피고름을 토하는 증상을 치료하는 처방. 의이인 세 홉을 찧어서 큰 잔으로 물을 두 잔 넣고 한 잔이 될 때까지 달인 뒤 찌꺼기를 제거하고 따뜻하게 두 번 나누어 먹는다.

폐옹을 치료할 때 토하게 한 뒤 보폐배농산補肺排膿散을 복용한다. 황기 두 냥을 찧어서 고운 가루로 만든 뒤 석 돈씩 중간 크기 잔의 물로 6할이 될 때까지 달여 따뜻하게 복용한다. 하루에 서너 번씩 복용한다.

또 폐옹으로 기침을 하고 숨이 가빠서 잠을 자지 못하는 경우. 첨정력甛葶藶 두 냥 반을 종이에 싸서 붉은색이 돌 때까지 볶고 찧어서 가루를 만든 뒤 석 돈씩 중간 크기 잔의 물로 6할이 될 때까지 달인다. 수시로 따뜻하게 복용한다.

〈장옹〉 본문에서는 장옹이 아닌 폐장에 발생한 화농성 질환인 폐옹에 대한 치료법을 소개하고 있다.

먼저 '의이인'은 율무를 지칭한다. 《고려사》에 1078년 송나라로부터 들여왔다는 기록이 보이는데 이후 각지에서 재배되면서 곡물로 활용된 것으로 보인다. 이규보의 《동국이상국집》을 포함한 각종 고사나 시 등에서 언급되고 있다. 보폐배농산은 《향약구급방》에서 흔치 않은 이름을 지닌 처방이다. '폐장을 보충하고 농을 배출한다[補肺排膿]'는 처방 명칭을 통해 그 효능을 짐작할 수 있다. 약물 구성은 황기 하나로 매우 단순하다. 분명하게 기재된 처방의 효능과 단순한 약물 구성으로 미루어볼 때 당대의 지식인이었던 사대부라면 충분히 활용했을 것이라 기대된다. 이 처방은 조선 중기에 편찬된, 누구나 알고 있어야 할 일용 지식을 다룬《고사촬요敀事攝要》에 상비 처방으로 소개되어 있지는 않다. 그렇지만 이름이 명시된 처방 자체가 많지 않았던 고려 시기에 '보폐배농산'이라 이름 붙은 처방이 등장하고 있는 만큼 이 처방이 기성 약품의 형태로 고려 혜민국이나 약점 등에서 거래되지 않았을까 추론해본다. 첨정력甛葶藶은 정력자葶藶子라는 약재를 효능에 따라 기원 식물을 구분하여 붙인 이름이다.《향약구급방》〈소변을 보지 못하는 경우〉,〈부종〉 등에서는 소변을 배출시키는 효능을 지닌 정력자가 소개되어 있다. 여기서 말하는 정력자는 첨정력이 아닌 고정력苦葶藶의 씨앗이다. 첨정력을 폐옹 치료에 활용한 예는 992년에 간행된《태평성혜방》에서 확인되지만, 본초학적인 효능 구분이 이뤄진 것은 1116년에 간행된 본초 저작《본초연의本草衍義》부터다. 그렇다면《향약구급방》의 독자로 지목된 고려의 지식인, 사대부 역시 첨정력과 고정력을 구분할 정도의 약물 지식을 갖고 있었다고 봐야 하지 않을까?

폐옹은 폐장에 화농성 질환이 발생한 것이다. 지금의 질병으로 말하자면 폐렴이라 할 수 있다. 몸을 투시해 볼 수 있는 엑스레이가 없던 시절에는 폐장에 농이 찼는지를 확인할 방법이 없었다. 기침만 하거나 숨을 가쁘게 내쉬는 천식 증상만 가지고는 폐옹이라 진단할 수 없다. 분명 기침을 심하게 하다가 피고름을 토하는 것을 보고 폐장에 농이 차 있다고 판단했을 것이다. 이런 상황이라면 전문적인 의학 지식이 없어도 육안으로 확인할 수 있으니 관련된 약재를 구해 조치하는 처치법이 수록되어 있는 것이다.

동상

혹한의 시련은 예나 지금이나

동창凍瘡은 현대의 '동상'이다. 일부에서는 동창과 동상은 같은 질병이라고도 말하지만 시대에 따른 질병에 대한 인식 차이를 고려하면 동일하다고 볼 수만은 없다.

현대적인 관점에서 동상은 추위에 노출되는 바람에 생리적 보상 기전이 작동하지 않아 조직이 손상된 것을 말한다. 일반적으로 표재성 손상과 심부 손상으로 구분되며, 동상의 정도와 손상된 조직의 깊이에 따라 표재성 손상은 1~2도, 심부 손상은 3~4도로 세분된다. 부분적인 피부 동결·발적·부종은 1도, 피부 전층이 손상되면서 발적·부종과 함께 수포가 발생하면 2도, 피하층까지 동결되며 자줏빛 또는 출혈성 수포, 피부 괴사가 발생하면 3도, 피부전층·피하층·근육·인대까지 동결되며 초기에는 붉거나 파랗다가 점차 검은색으로 변하기 시작하면 4도다.

한편 '창瘡'은 앞서 〈정창〉에서 살펴보았듯이 피부에 발생하는 화농성 질병으로, 피부에 부스럼이 돋거나 피부가 문드러지는 양상을 보이는 질환을 통칭한다. 결국 《향약구급방》이 편찬되던 중세에는 단순 피부 손상이 아닌 '창'이라는 증후가 드러나 감지되기 시작하면 동창으로 진단되었다고 볼 수 있다. 이러한 관점을 숙지한 채 중세 사회의 동상 치료를 살펴보자.

중세의 동상 연고, 돼지기름 그리고 꿩의 뇌

꿩의 뇌를 바르면 좋다.

또 다른 (방법.) 돼지기름을 바른다.

"동상에 걸린 군병들이 줄지어 늘어섰고, 비장들이 (돼지기름을 먹은) 무명천을 잘라서 환부를 싸매주었다." 병자호란을 배경으로 하는 김훈의 소설 《남한산성》에 나오는 문장이다. 이 장면은 영화 〈남한산성〉에서 그대로 재연됐다. 지금의 바셀린처럼 끈적거리는 돼지기름이 과거에는 보습제이자 동상 치료 연고로 사용됐던 것이다.

동상에 꿩의 뇌를 바르는 조치는 12세기, 중국 송대에 간행된 《성제총록聖濟總錄》의 치뇌고雉腦膏라는 처방과 유사하다. 원 처방에는 황납, 청유 등도 포함되어 있으나 여기서는 꿩의 뇌만을 쓰도록 하고 있다. 송의 최신 의학 정보를 수용한 뒤 간략화·현지화한 사례로 볼 수 있다. 편찬자는 이 처방의 핵심을 꿩의 뇌라고 판단한 듯하다. 하필이면 왜 꿩의 뇌였을까? 아마도 화려한 모습을 지닌 새, 꿩이 화火의 속성을 지니고 있는데 그중 가장 높은 위치에 있는 뇌에 동창을 치료할 수 있는 화기

火氣가 어려 있다고 생각한 것은 아닐까?

한편 꿩의 뇌 곁에는 오골계, 게, 좀벌레, 지렁이 등과 달리 '살생하는 것을 꺼린다'라는 구절이 적혀 있지 않다. 어쩌면 이 무렵 꿩은 이미 식재료로 널리 활용되면서 그 꿩의 뇌도 식재료의 부산물로 취급되고 있었을지도 모르겠다.

낙소와 가자근, 의학 지식의 토착화

또 다른 (방법.) 낙소落蘇의 뿌리, 줄기, 잎을 진하게 달여 (동상 부위를) 담근다. 〔낙소는 가자근茄子根이다.〕

낙소를 바르는 조치는 《비급천금요방》, 《성제총록》 등에서도 확인된다. 그런데 이들 중국 의서에서는 모두 '낙소'가 아닌 '가자근'으로 적혀 있다. 《향약구급방》에서는 대체로 한자어 약재 명칭 뒤에 향약의 명칭을 주석으로 기입한다. 이번에는 반대로 '낙소'를 전면에 내세운 뒤 한자어 약재명을 주석으로 기재했다. 《향약구급방》 독자들에게 가자근보다 낙소가 익숙했기에 등장한 표기 방식일 것이다.

비슷한 사례가 《향약구급방》의 약물 정보를 별도로 정리한 〈방중향약목초부方中鄕藥目草部〉 남칠藍漆에서도 확인된다. 본래 약재 명칭은 남등근藍藤根인데 남칠이라는 명칭이 먼저 대두된 것이다. 이어 "《본초本草》에서는 신라新羅[新ㅅ]에서 난다고 했다"라는 설명이 따라 나온다. 모두 중국의 의학 지식이 한반도에 토착화한 모습을 보여주는 예시라 할 수 있다.

위중한 피부질환, 악창

특정하기 어려운 중세의 피부병

악惡은 '심각하다' 또는 '위중하다'는 뜻이다. 창瘡은 화농성 피부질환을 통칭하는 한의학 용어 창양瘡瘍의 준말로 악창은 심각한 또는 예후가 나쁜 피부질환을 일컫는다. 〈악창〉 본문에서는 악창 외에 진버짐[濕癬], 백독창[白禿], 풍단風丹, 두창頭瘡, 열창熱瘡 등이 소개되어 있는데 각각에는 눅눅함, 머리가 벗겨짐, 붉게 올라옴, 머리에 드러남, 뜨거움 등의 의미가 내포되어 있다. 병리 기전에 대한 설명 없이 발병 위치, 병증의 속성에 의해 불리고 있을 뿐 이들이 왜 악창으로 구분되는지에 대한 설명은 없다. 다만 '오래도록 낫지 않아' 악창이 되었다고만 나온다.

여러 가지 피부질환을 포괄하는 질병, 악창을 현대의 특정 질병 명칭과 대응시키면 그 정체를 보다 분명히 규정할 수 있지 않을까? 두창痘瘡을 천연두, 대풍창大風瘡을 한센병(Hansen's disease)으로 연결하는 것처럼 말이다. 그러나 안타깝게도 악창은 다양한 증상을 보이는 여러 가지 피부질환을 아우르고 있어, 현실적으로 특정 질환과 연관 짓는 것이 거의 불

가능할 것으로 보인다.

한약은 달여서 먹는 방법으로만 사용되는가: 《향약구급방》의 외용 치료법

《향약구급방》의 전체 문장을 치료법 중심으로 구분하면 610개 조문이 된다. 그중 치료 도구로 약물을 사용하는 조문은 501개다. 약물을 사용해 병증을 치료하는 조문 중에서 약물을 외용하는 방식으로만 사용하는 조문이 271개, 약물을 내복하는 방식으로만 사용하는 조문이 224개, 약물을 외용 또는 내복의 방식으로 사용하는 조문이 5개, 기타의 방법으로 사용하는 조문이 1개다.

오랜 기간 낫지 않은 심한 부스럼을 치료하는 (방법.) 마치현[쇠비름[金非陵音]]의 잎을 찧어서 붙이는데 두세 번 정도면 된다.
마치현은 서른여섯 종의 풍병風病으로 인해 부스럼이 생기는 것을 치료한다. 가마솥에 마치현을 달여 맑은 물만 취한 뒤 밀랍 석 냥을 넣고 다시 달여 고膏를 만들어 환부에 붙인다. 복용해도 된다.

심한 부스럼이 온몸에 퍼지는 경우. 물속의 부평[물고기밥[魚食]. 작고 둥근 잎이 물 위에 뜸]을 진하게 달인 뒤 그 물에 몸을 담가 한나절 목욕을 하면 효과가 매우 좋다.
또 다른 (방법.) 복숭아 잎을 달인 탕에 몸을 담가 씻은 뒤, 몸을 (옷가지나 이불로) 따뜻하게 덮어 땀을 내면 낫는다. 복숭아나무 껍질을 써도 좋다.

첫 번째 인용문에서는 약물을 고로 만들어 환부에 부착하는 치료법을, 두 번째 인용문에서는 약물을 달여 목욕하는 방법을 소개하고 있다. 약물의 외용은 다양한 방식으로 이루어진다. 대표적인 것이 약물을 환부에 고정하는 부착과 환부에 바르는 도포다. 《향약구급방》에 수록된 약물 외용 치료법을 정리해보면 부착[壓·封·傅·付·貼·着]과 도포[塗·搋]가 각각 81회와 53회, 점적[滴] 18회, 삽입[納·內·入] 17회, 세척[洗·注·灌注] 16회, 찜질[熨] 15회, 담금[浸·漬] 11회, 감싸기[裹·封·籠] 10회 등이다. 이외에 훈증[薰], 주입[灌], 목욕[浴] 등도 활용되고 있다.

정리하자면 《향약구급방》은 주로 약물을 활용한 치료법을 수록하고 있으며 내복보다 외용 방법을 더 많이 소개하고 있다. 이처럼 《향약구급방》에서 약물을 외용하는 치료법을 많이 소개하는 이유는 이 책의 치료 대상 병증이 피부, 눈·코·입·귀, 생식기 등 육안으로 확인할 수 있는 위치에서 발생한 병증이기 때문이다.[16]

경험을 통한 지식의 확대 재생산

〈악창〉 본문에서는 마치현, 우슬, 구맥, 부평, 도엽, 번루, 돼지기름, 염교, 황벽피, 난발, 쌀밥, 대나무 잎, 동벽토 등 다양한 약물들을 악창 치료 약물로 소개하고 있다.

심한 부스럼이 온몸에 퍼지는 경우. 물속의 부평〔물고기밥. 작고 둥근 잎이 물 위에 뜸〕을 진하게 달인 뒤 그 물에 몸을 담가 한나절 목욕을 하면 효과가 매우 좋다.

어른이나 아이가 갑자기 심한 부스럼을 앓아 사람을 알아보지 못하는 경우에는, 대나무 잎을 태워서 달걀노른자에 섞어 바르면 좋다. 죽순 껍질도 쓸 수 있다.

또 위에서 옹저를 치료하는 처방 중 백맥반석법을 사용하여 환부에 바르면, 열성 부스럼을 치료하는 데 효과가 탁월하다.

동아시아의 약물학 이론은 중국 금·원시대 이후 비약적으로 발전했다. 개별 약물의 특정 효능에 대한 지식이 축적됨에 따라 약물이 지닌 향기·맛·색깔 등의 특성, 효능 발현 위치, 치료 병증과의 연관성 등을 종합한 약물 이론이 재구성되기 시작했다. 그리고 왜 이 약물이 사용되어야 하는지, 이 약물이 어떻게 효능을 발현시키는지 등을 설명하기 시작했다. 위의《향약구급방》인용문에서 확인할 수 있듯, 그 이전의 약물 지식은 대개 'A가 B에 효과가 있다'는 식의 단순한 정보의 집성이었다. 그러다 보니 개별 약물의 효능 지식을 수용하는 과정에서 활용 가능한 질병 대상을 확대한다든지 비슷한 방식으로 활용할 수 있는 약물을 추가하는 등의 지식 변동이 어렵지 않게 이루어져왔다. 그 내용을 집대성한 것이 바로 송대에 편찬된 약물학 저작《증류본초》이며,《향약구급방》에 실린 약물 관련 정보는 대체로《증류본초》에 수록된 개개 약물의 효능을 토대로 구성되어 있다.

마치현은《증류본초》에서는 주로 이질과 복통을 치료하는 약물로 활용됐지만《향약구급방》에 이르러 악창으로 그 치료 영역이 변경되었다. 인사불성이 될 정도로 심각한 피부질환을 치료하는 대나무 잎은《향약구급방》을 통해 죽순 껍질로도 그 효능을 대체할 수 있는 것으로 알려지게 됐으며, 앞서 발배·옹저 등의 치료에 활용되던 맥반석 외용 치료법은 이제 열창에도 적용되면서 적용 대상 병증이 확장되었다. 물론 이러한 약물 지식의 확장 기반에는 실제 경험이 놓여 있을 것이다.

 또한 열성 부스럼에 진물이 흐르는 경우. 동쪽 벽의 마른 흙을 곱게 갈아 붙인다. 흙이 축축해지면 다시 붙이며 마를 때까지 하면 낫는다.〔동쪽 벽의 마른 흙은 동이 틀 때 양기가 먼저 비추는 곳의 것을 쓴다.〕

 동쪽 벽의 마른 흙을 선택한 이유를 주석에서 설명하고 있다. 이를 통해 병증과 약물을 바라보던 당시 사람들의 사고를 엿볼 수 있다. 예컨대 열창 중에서도 진물이 흘러내리는 증상에 동쪽 벽의 마른 흙을 바르는 것은 진물을 흡수하는 드레싱의 의미가 있으며 또한 양기가 먼저 비추는 곳의 소재이기에 새살이 돋게 하는 '생生'의 의미도 내포한다. 다만 안타깝게도 이와 같은 약물 선택 이유 또는 효능 발현 기전을 '친절히' 설명하는 부분이 매우 적다.

 어린아이의 머리, 얼굴, 몸에 열성 부스럼이 생긴 경우. 난발亂髮 한 덩어리〔달걀 크기만 한 것〕와 삶은 달걀노른자를 준비한다. 이 두 가지를 무쇠냄비에 넣고 섞은 뒤 숯불 위에서 졸인다. 처음에는 바싹 마르다가 잠시 후에 머리카락이 타면서 액이 나오는데, 잘 저어서 그 액을 사기그릇 안에 둔다. 이 액을 부스럼에 바르고 곧장 고삼〔향약명은 너삼[板麻]〕 가루를 뿌린다. 《유우석전신방》에 이르기를, 아들을 낳았는데 해산하는 중에 열성 부스럼이 생겨서 밤낮으로 울고 젖을 먹지도 잠을 자지도 않아 어떤 약도 효과가 없었다. 이것을 썼더니 곧 나았다.

약물 경험의 단순한 축적이나 간혹 등장하는 설명만으로는 분명 독자들의 신뢰를 얻지 못할 것이다. 인용문에 실려 있는 당대唐代의 대문호 유우석劉禹錫의 치험 사례는 분명 위 처방에 대한 독자들의 신뢰를 얻기 위한 장치였을 것이다.

옻독

가깝고도 먼 소재, 옻

예부터 옻은 가구·식기 등의 가공 재료, 식재료, 약물 등으로 활용되어 왔다. 《고려사》에는 송과 주고받은 예물 중에 옻이 포함되어 있는 기사·수레의 등급을 규정하면서 붉은 옻칠을 한 것과 검은 옻칠을 한 것을 구분하는 기사 등이 기재되어 있어 옻이 중요한 가공 재료로 취급되어 왔음을 확인할 수 있다.

다만 옻에는 치명적인 약점이 있었으니 바로 옻독이다. 옻독에 대한 민감성은 개개인마다 다르지만 붉게 피어나는 발진, 참을 수 없는 가려움, 온몸이 탱탱 붓는 부종 등은 그 당사자에게 잊을 수 없는 경험을 선사하기도 한다. 그런 측면에서 옻독은 흔한 증상이었을 뿐 아니라 시급히 해결해야 할 일상의 문제이기도 했다.

중세의 옻독 치료법

옻독에는 칠고漆姑〔향약명은 옻의어미[漆矣於耳]〕를 진하게 달여 (그 물로) 씻으면 효과가 매우 좋다.

또 다른 (방법.) 쇳물을 따뜻하게 해서 씻으면 좋다.

또 다른 (방법.) 마른 연〔향약명도 같다〕 잎 한 근을 물이 절반으로 줄 때까지 달인 뒤, 그 물로 씻는다.

옻독을 치료하는 첫 번째 약재 이름은 '칠고'다. 이름 자체가 옻과 관련되어 있다. 그것에 대응하는 향약 명칭 역시 '옻의어미'다. 옻의 역사가 오래된 만큼 그에 대응하는 지식 또한 오래됐을 것이며 그 효능 또한 상당 기간에 걸쳐 검증됐으리라 추정된다.

현대의 동아시아 의학 전통에서는 열기를 식히면서 해독하는[淸熱解毒] 방법으로 옻독을 치료한다. 칠고 역시 그 성질이 약간 차가운[微寒] 편이다. 그렇지만 이와 같은 방식으로 모든 약물의 효능이 설명되지는 않는다. 쇳물이나 연잎으로 옻독을 치료할 수 있는 이유는 무엇일까? 옻독으로 인해 계속해서 올라오는 피부 증상을 '목기木氣'로 상정한 뒤 그것을 '금기金氣'로 억제하기 위해 쇳물로 씻으라고 했던 것은 아닐까? 연잎은 연못의 물을 정화시킬 수 있다. 혹시 연잎으로 피부를 중화시키겠다는 동류상감의 접근법은 아닐까? 분명 이들 약재를 활용해 옻독을 치료했던 사람이 있었을 것이다. 그리고 그런 경험이 해당 치료법을《향약구급방》으로 인도했을 것이다. 그렇지만 왜 이 약물들이 선택됐고 또 치료 효과가 있는지에 대한 설명은 여전히 부족하다.

고려 사회의 익숙한 소재, 신약으로 재조명!

최근 들어 옻나무는 암 치료 물질로도 각광받고 있다.

전통 의학을 활용한 신약 개발 과정은 과거 특정 질병이나 증상 치료에 효과가 있었다는 기록에서 출발해 여러 가지 방법으로 실험을 하고 또 임상시험을 하면서 그중에 포함된 특정 성분을 확인하고 검출해내는 방식으로 이루어진다. 하지만 옻의 경우 옻이 어혈을 치료한다는 효능에 대한 전제와 암의 병리 기전에 어혈이 중요한 역할을 한다는 가설을 연계한 뒤 옻의 항암 효과를 확인하는 방식으로 실험이 설계됐다. 실제 옻에서 추출한 여러 가지 플라보노이드 성분은 임상적으로도 어느 정도의 항암 효과를 보여주고 있다. 전통 의학과 현대 과학의 만남이 빚어낸 성과인 만큼 말라리아를 치료했던 청호-아르테미니신에 버금가는 전통 의학 기반 치료제가 나오길 기대해본다.

끓는 물에 덴 화상

화기를 잡는 것이 관건

이 장의 원제목 〈탕화창湯火瘡〉은 끓는 물에 데어 창瘡, 즉 부스럼이 나거나 헐어버린 피부 병변을 말한다. 앞의 '탕湯'을 떼고 '화창火瘡'이라 부르기도 한다. 화창은 해당 병증의 발병 원인이 '불'이라는 것과 그 증상이 화火의 속성을 지니고 있다는 것을 의미한다. 현대에는 탕화창이나 화창보다 화상火傷이라는 단어가 귀에 익다. 화상은 불에 상해를 입었다는 의미로 피부 손상은 물론 뜨거운 액체나 물건, 화염, 일광, 전기, 화학물질 등에 의해 손상을 입은 모든 경우를 포괄한다. 일반적으로 침범 깊이에 따라 표피층만 손상된 1도 화상, 표피층과 진피층까지 손상된 2도 화상, 표피와 진피 그리고 피하지방층까지 손상된 3도 화상으로 구분된다. 앞의 〈동창〉에서도 언급했듯이, 탕화창 혹은 화창은 단순 피부 손상이 아닌 화상을 입고 '창'이라는 증후가 드러나 감지되기 시작한 이후부터 진단된다고 볼 수 있다.

끓는 물에 덴 데는 버드나무 가지에 돼지기름이라

　탕화창 혹은 화상에 대처하는 방식은 이렇다. 먼저 화상을 입힌 물질이나 조건을 빨리 제거한다. 손상 부위에서 재감염이 일어나거나 탈수증이 발생하지 않도록 예방한다. 이어 피부에 발생한 상처가 빨리 아물고 손상된 피부 조직이 회복될 수 있도록 조치한다. 이를 위해 화상 이후 체내에 잔류하고 있는 열기를 제거하고 손상된 조직 부산물을 배출하면서 새살이 돋아나 상처를 아물게 하는[斂瘡生肌] 약물을 화상 부위에 도포하거나 복용한다. 침이나 뜸을 활용하기도 한다. 화상을 입은 부위에 침을 산자散刺하거나 뜸으로 가볍게 열 자극을 주면 회복 능력이 촉진되어 흉터는 적게 남으면서 피부가 재생된다.

　끓는 탕에 데어 헌 데는 버드나무 껍질을 절편으로 잘라 섣달 잡은 돼지의 기름과 함께 달여 찌꺼기를 버리고 바른다. 통증을 멎게 하고 차도를 빨리 보는 데는 이 약보다 좋은 것이 없을 뿐 아니라 흉터도 안 남긴다.
　또 끓는 탕에 데어서 헌 경우, 화기에 상한 초기에는 찬물에 대는 것을 삼가야 하는데, 찬물에 열기가 안으로 몰려 근골을 상하기 때문이다.

　위 인용문에서는 화상을 입었을 때 찬물을 상처에 대는 것을 삼가라고 한다. 언뜻 들으면 잘못된 내용인 것 같다. 가볍게 화상을 입었다면 찬물로 그 열기를 식혀줄 수 있다. 하지만 화상 정도가 심한 경우에는 찬물을 피하는 것이 좋다. 열기를 식히지 못할 뿐 아니라 오히려 열기가 바깥으로 나오지 못하도록 차단하는 장벽으로 작용할 수도 있다.
　탕화창의 치료법으로 제시된 것은 버드나무 껍질과 돼지기름을 함께 달인 뒤 환부에 발라주는 것이다. 유백피柳白皮라고 불리는 버드나무 줄기나 뿌리의 껍질은 종창을 삭여주고 독을 풀어주면서 습濕을 원활하게 돌게 해주는 효능이 있다. 유백피에 포함된 살리신Salicin 성분은 열을 내려준다. 돼지기름은 약효 외에 약물의 접착력을 강화하는 효과도 있는 것으로 이해된다. 특히 음기가 가장 많이 쌓인 납월臘月, 즉 음력 섣달에 잡은 돼지를 쓴다는 점에서 화기를 제어하려는 의도를 담고 있는 듯하다. 돼지는 찬 성질을 띠며 소·개·양·돼지·닭 오축五畜 가운데 수水에 해당한다. 농경사회에서 음력 12월인 납월은 한 해를 마무리하며 육류와 작물을 갈무리함으로써 다음 해에 쓸 음식, 약료, 에너지 자원 등을 비축해두는 중요한 달이었다. 이 시기에 도축이 이루어지는 것은 농경 주기상 (가축을 먹일) 양식이 부족한 때를 앞두고 있었기 때문이기도 하다.《향약구급방》에는 납월에 준비해둔 돼지기름, 돼지비계, 돼지 피, 돼지 머리뼈를 활용하는 사례가 여럿 등장한다. 참고로 조선시대에는 3월 3일 삼짇날, 4월 8일 석가탄신일, 5월 5일 단오, 7월 7일 칠석, 9월 9일 중양절 등에는 절기 및 풍속에 맞는 약초를 채취하거나 특별한 음식이나 약물을 만들어 갖춰 썼다. 가장 추운 시기인 납월에는 납설수臘雪水로 인진환茵蔯丸 같은 납약臘藥을 만들어 이듬해의 무병을 도모하기도 했다.

처음에 외용할 마땅한 약이 없을 때는 따뜻한 물에 재를 개어 붙이거나 숯가루를 물에 섞어 붙인다. 그런 연후에 적합한 약물을 (구해서) 붙인다.

또 다른 (방법.) 파초의 즙을 내서 붙인다.

또 다른 (방법.) 계화풀〔경천景天인데 쇠비름처럼 잎이 두껍다〕을 붙인다.

또 다른 (방법.) 백렴〔가위톱풀〔大刀吡草〕〕 가루를 붙인다.

또 끓는 탕에 문드러져 헌 경우. 호마〔깨〔荏子〕〕를 진흙처럼 곱게 찧어 붙여 통증을 멎게 한다.

버드나무 껍질 외에도 화상에 당장 쓸 약이 없을 땐 재나 숯가루를 소금물 또는 물에 섞어 쓸 수 있다고 말한다. 계화, 백렴, 들깨, 파초를 제시하기도 했는데 계화와 백렴에는 열을 내리고 독을 풀어주는 효능이 있다. 특히 백렴은 창양으로 인한 부종을 수렴시키고 살을 돋우는 작용도 한다. 바나나와 유사하게 생긴 파초는 옹저癰疽, 종독腫毒, 화상을 다스리는 효능이 있다. 당나라 때 한반도에 들어온 파초는 잎이 아름다워 관상용이나 그림의 소재로 애용됐다. 회화로는 정조대왕의 〈파초도芭蕉圖〉와 김홍도의 〈초원시명蕉園試茗〉이 잘 알려져 있다.

단독 은진 치료법

붉어지고 가려운 피부에 썼던 온갖 치료

여기서는 단독丹毒, 은진癮疹, 골화단骨火丹, 요조화단尿竈火丹 등의 피부질환을 다룬다. 화단火丹이라고도 불리는 단독은 피부가 화끈 달아오르면서 주사朱砂를 바른 것처럼 빨갛게 되는 급성 감염 질환이다. 초기에는 붉은 반점이 작게 나타나다가 점차 선홍색을 띠며 확장되어간다. 병변 부위가 피부 표면에 융기되어 있으며 경계가 뚜렷하다. 주로 아랫다리와 머리 부위에 잘 생긴다.

단독은 코나 귀, 두피의 손상, 피부 찰과상, 독충의 교상 등 다양한 요인에 의해 유발되며, 그 종류가 수십 가지에 이른다. 그중 골화단은 뼈가 노출되는 단독으로 주로 팔뚝 부위에 발병한다. 요조화단 혹은 요조단尿竈丹은 무릎 위에서 시작해 넓적다리를 거쳐 배꼽까지 붉어지며 주로 어린아이에게서 발생한다. '요조尿竈'는 소변을 의미하는 '뇨尿'와 아궁이에서 불을 때는 부엌을 의미하는 '조竈'로 이루어진 단어로, 비뇨기 및 생식기계가 위치한 하복강이나 골반강 부위를 상징적으로 나타낸다.

도교 및 연단술의 영향을 받은 용어로 여겨진다.

은진은 흔히 두드러기라 불린다. 피부나 점막 혈관의 투과성이 증가하면서 혈액 중의 혈장 성분이 조직 내에 축적되어 피부가 붉거나 흰색으로 부풀어 오르고 심한 가려움을 동반하는 피부질환이다. 유사한 다른 표현으로 풍양風痒, 풍소風瘙, 풍소은진風瘙隱疹, 풍은진風癮疹 등이 있다. 풍風은 병인으로서의 풍사風邪를 의미하기도 하지만, 증상이 신속하게 발생한다거나 여기저기 돌아다니면서 나타난다거나 건조하고 가렵다거나 딱지가 생기고 떨어진다거나 하는 등의 증상 양태를 설명하는 접두어이기도 하다.

가려움에도 이열치열?

갑자기 맹렬한 (또는 풍으로 인한) 가려움증 및 두드러기가 생겨서 긁으면 헐고 진물이 나오며 처음엔 가렵다가 나중엔 통증이 있는 경우를 (치료하는) 방법. 돌을 뜨겁게 달구었다가 약간의 물에 던져 넣고 소금 몇 홉을 넣어 그 뜨거운 열기의 물에 담가 씻는다.

위 인용문은 이번 장에 소개된 첫 번째 치료법이다. 돌, 물, 소금만으로 구성된 처방이라는 점에서 눈길을 잡아끈다. 이 처방의 치료 대상 병증은 갑작스럽게 가려워 긁으면 헐고 진물이 나오는 가려움증과 두드러기다. 이 증상은 처음에는 가렵다가 나중에는 아프기까지 한다. 내용상 벌겋게 달궈진 돌을 물에 넣고 소금을 첨가한 뒤 그 물로 환부를 씻어내는 외용 처치법으로 파악된다.

벌겋게 달군 돌을 물에 넣으면 돌의 특정 성분이 물에 녹거나 돌의 열기가 물의 물리적·화학적 성상을 바꿀 수도 있다. 다만 위 처방에서는 돌이 특정되지 않았다. 이 처방의 원 출처로 여겨지는 《증류본초》에서도 일반적인 돌을 사용한다고 기재하고 있을 뿐이다(《증류본초》〈소석燒石〉). 그렇다면 이 처방의 효과는 소금에서 비롯된 것일까? 소금은 오래전부터 활용된 식재료이자 약물로 일체의 독기毒氣, 특히 피부의 풍독風毒을 치료한다고 알려져 있다(《증류본초》〈식염食鹽〉). 원문 중에 기재된 '약간의 물[小水]'은 소변으로 풀이할 수도 있다. 소변은 성질이 차고 서늘하다. 어혈을 제거하고 화기를 내리는 데 신속한 효과가 있어 해독약으로 주로 사용된다. 피부질환 치료에 사용될 뿐 아니라 특히 인도 의학에서는 수술 후 사용하는 소독약으로 활용됐다. 빨갛게 달궈진 돌덩어리가 차가운 액체를 만나면 그 열기를 액체에 전이시킬 것이고 이 과정을 거친 뜨거워진 액체는 이열치열以熱治熱 또는 이독치독以毒治毒의 의미로 독기를 제압할 수 있게 된다. 이런 까닭에 돌, 물/소변, 소금이 함께 가공된 이 처방은 창종을 수렴시키고 진물을 말려주는 염창거습斂瘡祛濕의 효능이 있다.

한편 벌겋게 달궈진 돌을 가려움증이나 두드러기를 앓고 있는 피부에 대입해볼 수도 있다. 벌겋게 달궈진 돌을 물/소변에 넣는 행위를, 가려움을 일으킨 피부 열기를 식히는 치료로 치환시키고 있는 것이다.

이러한 약물 제조 및 가공 방법은 낯선 것이 아니다. 달궈진 금석金石을 물에 넣거나 금석을 물에 끓여 만든 침철수沈鐵水, 철액수鐵液水 등으로 창독瘡毒을 제어하는 사례는 정창, 칠창漆瘡, 호랑이에 물렸을 경우[虎咬], 물건을 잘못 삼켰을 경우[誤呑珠瑠鐵而鯁] 등에서도 확인된다. 정창에서는 철액을 마시면 독기가 깊이 유입되지 않는다는 설명을 보태기도 했다. 이처럼 금석을 달궈 가공하는 방식은 도교의 연단술, 특히 외단술外丹術에서 유래한 것으로 보인다. 서양의 연금술이 의화학 전통으로 이어져 근대 화학의 성립에 이바지했듯이 동아시아의 연단술은 의약醫藥 가공기술인 포제법炮製法 및 화약火藥 제조 기술의 발전에 기여했다.

《향약구급방》의 일관된 치료법: 약 하나로 병 하나 고치기

단독丹毒의 치료 원칙은 발열성 피부 감염 질환인 창양瘡瘍과 동일하다. 단독을 특정 연쇄상 구균에 의한 감염이라고 인지할 경우 항생제를 운용할 수 있다. 다만 외부 인자의 침습이 아닌 인체 내부 국면의 어그러짐으로 이해할 경우에는 접근법이 달라질 수 있다. 이를테면 단독의 발생 기전을 혈열血熱이 명문命門에 쌓여 생겼거나 습열濕熱과 풍열風熱이 화火로 변한 것으로 간주한다면 일차적으로 열을 내려주고 독을 풀며 혈액 순환을 바로잡아주는 청열해독清熱解毒, 양혈화어凉血化瘀 치료법을 활용할 수 있다. 은진의 경우 이를 혈관의 투과성이란 관점에서 접근하면 항히스타민제를 쓸 수 있다. 또 다른 접근법은 비위脾胃나 창자의 문제로 인해 야기된 상황으로 이해하는 것인데 비위의 부담을 덜어주면서 증상 양상에 따라 풍風, 열熱 또는 습濕을 해소하는 전략을 취할 수 있다.

하지만 《향약구급방》에서는 이러한 전문적인 접근법이 아닌, 쉽게 구할 수 있고 다루기도 쉬운 한두 가지 약물로 구성된 단방들을 제시한다.

갑자기 맹렬한 (또는 풍으로 인한) 가려움증 및 두드러기가 생겨서 긁으면 헐고 진물이 나오며 처음엔 가렵다가 나중엔 통증이 있는 경우 … 또한 백방으로도 차도가 없을 경우. 상륙 뿌리〔자리공〕를 찧어 무르게 하고 식초를 넣고 진흙처럼 익어 문드러질 때까지 달인다. 이를 비단으로 싸서는 비단 위에 따뜻한 돌을 댄 채 (환부를) 다림질한다. 식으면 갈아준다.

일반적으로 단독에 쓰는 단방. 생지황, 대두 잎, 부평, 물속의 말류〔말[馬乙]〕, 번루 등 하나를 찧어 붙인다.

또 다른 방법. 삭조 달인 물에 술을 조금 넣고는 씻는데 아주 신묘한 효험이 있다.

피부 은진을 치료하는 (방법.) 질려 이파리를 달인 물에 씻으면 좋다.

〈단독은진방〉 본문에서 단독 및 은진을 치료하기 위해 소개하는 약물로는 상륙과 식초, 생지황, 콩잎인 대두엽, 개구리밥인 부평, 말류, 번루, 말오줌나무인 삭조, 술, 달래, 뽕나무 껍질인 상백피, 질려가 있다. 자리공이라 불리는 상륙은 창종을 다스리고 뭉친 것을 풀어주며, 생지황은 열을 내려주고 진액을 생성해준다. 부평은 발한 작용을 하면서 발진의 생성 및 소멸 과정이 순조롭게 진행되도록 돕고, 삭조는 풍사風邪를 몰아내고 습사濕邪를 없애면서 혈액순환을 촉진해 어혈을 제거한다. 상백피는 폐의 열을 내려주고, '가시'가 있는 것이 특징인 질려[白蒺藜/刺蒺藜]는 울체된 간장 기운을 풀어 가려움증을 그치게 한다. 뭉친 것과 어혈을 풀어주는 효능도 있다. 마름쇠를 쏘아대는 무기인 '질려포蒺藜砲'라는 명칭이 여기서 나왔다. 소산小蒜이라 불리는 달래는 종창을 가라앉히는 효과가 있는데 독충에 물린 데 쓴다.

손가락에 발생한 종기, 대지창

고난한 삶이 묻어난 고려시대 사람들의 손을 어루만지다

대지창代指瘡은 우리말로 생손앓이 또는 생인손이라고 한다. 보통 손가락 끝에 종기가 나서 곪는 증상을 말하는데, 손발톱 밑에 가시나 이물질이 박힌 것을 제때 치료하지 못하고 오래되어 생긴 병증이다.

이 증상은 먼저 붓고 열이 심하게 나고 아프다. 색은 검지 않지만 손톱 모서리가 딱딱해지며 고름이 생긴다. 심한 경우 손톱이 모두 빠진다.

대지창이라는 병명에 대한 《향약구급방》의 설명이다. 농경시대 논밭일을 하던 사람들에게는 흙과 돌, 나무와 잡초의 부스러기와 까끄라기 등이 손발에 침투하는 일이 다반사였다. 이물감과 함께 붓고 열이 나는 증상으로 시작해 심하면 손톱이 모두 빠지기도 한다. 대지창과 함께 다음 장에 소개되는 표저瘭疽는 모두 손가락에서 병이 발발한다는 특징이 있다. 표저는 독기가 장으로 퍼져 생명이 위험할 수도 있어 대지창보다 훨씬 중증이지만, 독자들이 이해하기 편하게 배치한 것으로 보인다.

대지창에는 누런 꿀과 송진을 합쳐 불에 녹여서 싸매준다. 매우 효험이 좋다.

또 다른 (방법.) 지유〔오이풀[茈茱]〕를 달인 물로 씻는다.

또 다른 (방법.) 감초를 달인 물에 담그고 씻는다.

대지창은 해독을 하는 감초, 열을 내려주는 오이풀을 달여 상처를 씻거나 담가주는 비교적 간단한 방법으로 해결된다고 했다. 또 꿀과 송진을 섞어 용해하여 손가락을 골무처럼 싸매주면 좋은 효과를 본다고 하니 이 역시 적용에 별 어려움이 없다.

손발에 깊이 박힌 옹종, 표저

손가락을 잘라내야 하는 병에 대한 대처법

표저瘭疽는 손발에 쌀알이나 콩알만 한 것이 생기고, 뿌리가 있으며, 통증이 속으로 뻗치는 점이 특징인 피부질환이다. 몸의 깊은 곳까지 파고든다는 점이 강조된다. 앞서 언급한 정창과 같이 몸속 깊이 독이 퍼지면 사망에 이를 수 있는 위중한 질병이다.

몸속 깊숙이 들어온 독기, 그 위중함을 알라

또 다른 (방법.) 불에 달군 쇠로 지져서 숯처럼 되도록 태운다. 혹은 뜸 100장을 뜬다. 혹은 아욱 뿌리를 찧어 즙을 내어 마신다. 혹은 남청을 찧어 즙을 내서 마신다. 혹은 황룡탕을 복용한다. 이런 방법으로 그 열 기운을 없애야 한다.

표저 치료법으로 정창 치료에 쓰였던 뜸을 뜨는 방법이 소환된다. 병증 정황은 정창보다 심각해 보인다. 위 인용문에서는 불에 달군 쇠로 살이 숯처럼 되게 지진다고 한다. 몸속 깊은 부위에 자리 잡은 병의 뿌리를 발본색원하고자 한 것이다. 외용약만으로는 치료가 어렵다고 판단했는지 몸 전체에 영향을 주는 내복약도 소개하고 있다. 아욱 뿌리나 남청을 찧은 즙을 마신다고 했다. 모두 염증을 가라앉히고 독을 풀어주는 약재들이다. 아욱은 일찍부터 식용으로 사용됐으니 그 뿌리를 쉽게 구할 수 있었을 것이다. 남청 즙 역시 염료를 만드는 원 식물, 쪽풀의 즙이므로 어렵지 않게 구할 수 있었을 것이다. 마지막으로 표저에 황룡탕을 마시는 법을 소개했는데, 아마도 최후의 그리고 최고의 해독법으로 제안된 것 같다.

중국 남쪽 사람들은 이 병에 걸리면 손가락을 잘라서 독을 제거한다. 이 표저는 초기에 손가락에 잘 생기기 때문이다. 〔어떤 책에서는 그 증상이 대지창과 비슷하다고 한다.〕

중국 남쪽 지방에서는 이 병이 더 깊어지기 전에 손가락을 잘라 진행을 막는다고 《향약구급방》 저자는 기재하고 있다. 《비급천금요방》에 동일한 조문이 수록된 것으로 보아 중국의 남쪽 지방은 광동, 광서 등을 가리키는 것으로 보인다. 내부 장기로 퍼지기 전에 극단적인 조치를 취하는 것으로 파악된다. 《향약구급방》에 굳이 이 문장을 추가한 것은 표저의 심각성을 강조하려는 의도였을 것이다.

황룡탕, 해독의 핵심 처방이 되다

황룡탕법. 〔사람의 똥을 태워 말려 물에 넣은 다음 찌꺼기는 버리고 헝겊으로 걸러서 쓴다.〕

황룡탕은 이름부터 독특하다. 그 제조법을 살펴보면 사실 똥을 가공한 것이다. 그럼에도 황룡탕이라는 멋들어진 이름이 붙여진 까닭은 무엇일까? 똥의 색이 황색이기 때문이라는 단순한 연상이 가장 먼저 떠오를 수 있다. 좀 더 설명의 언어를 동원해보자. 땅은 하늘과 대비를 이루며 모든 것을 받아들이고 수용하며 두텁게 다독인다. 또 하늘과 바다 사이, 중앙에 위치하고 있으며 누런 황색을 띠고 있다. 그래서 오행을 따질 때 땅은 중앙토中央土, 상징 색으로는 황색을 배치한다.

다섯 가지 장기 중에서 비장과 위장[脾胃]으로 대표되는 소화기관은 몸의 한가운데에 위치한다. 땅에서 지기地氣를 받고 자라난 동식물을 받아들여 소화시키므로 역시 중앙토에 해당한다. 음식물은 그 자체가 땅기운 덩어리다. 온갖 색깔을 가진 음식물은 비장과 위장, 소화기관을 거치면서 본래의 자기 색깔인 황색으로 되돌아간다. 모든 영양분이 흡수된 뒤 남은 찌꺼기의 색깔인 것이다. 그 과정에서 원래의 음식이 지니고 있던 모든 독도 해소된다. 한편 똥은 천지라는 대우주와 몸이라는 소우주의 순환 경로를 두 번이나 겪은 오묘한 산물이기도 하다. 후자의 의미에서 똥을 바라볼 때 그 작용 역시 신묘하게 변화하는 '용'이라는 이름을 붙여도 어색하지 않다. 그래서 황룡탕이라는 이름이 채택된 것은 아닐까?

현대에는 혈액 중의 적혈구나 지방을 소화시키기 위한 담즙이 장에서

대사 작용을 거쳐 스테르코빌린stercobilin으로 변화됐기 때문에 대변의 색깔이 갈색을 띤다고 설명한다. 이것은 《향약구급방》과는 유리된 기계론적인 신체관 또는 화학적인 세계관에 입각한 해설이다.

손가락이 갑자기 붓고 아픈 것(병명은 대지창: 생손앓이)을 치료하는 (방법.) 고운 황토[黃泥]를 물에 개어 손가락을 싸맨다. 〔두께는 1촌 정도로 한다. 손가락을 뜨거운 재 속에 넣고 지져서 말린다. 피부가 쪼글쪼글해지면 낫는다.〕

가벼운 증상인 대지창 치료법에 고운 황토[黃泥]를 물에 개서 환부를 싸맨다고 한 것은 땅 그 자체, 흙을 그대로 사용하는 것이다. 황룡탕에 비하면 거의 날것을 바로 사용하고 있다.

뼈에 발생한 종기, 부골저

넓적다리 상처를 통해 뼈가 드러났을 때의 치료법

엉덩이 관절과 같은 큰 관절과 넓적다리에 종기가 생긴 뒤, 넓게 부어 오르면서 손을 대기만 해도 울고 전신에 오한과 발열이 동반된다는 부골저附骨疽에 대한 《향약구급방》의 설명은 현대의 화농성 골수염과 유사하다. 화농성 골수염은 외상 또는 상기도 감염 등으로 체내에 유입된 황색포도알균과 같은 세균들이 장골(longbone) 뼈 끝부분에 자리한 가는 혈관들에서 나타나는 느린 혈류 속도에 의해 감염을 일으켜 발생하는 것으로 알려져 있다. 항생제 페니실린 개발 이후 화농성 골수염으로 인한 사망률은 지속적으로 감소했지만 진단이 늦거나 부적절한 치료를 받을 경우 관절운동 제한, 절뚝거림, 양측 다리 길이의 불일치, 잘못된 골 성장 등의 만성적인 후유증을 초래할 수 있다.[17] 항생제가 없었던 고려시대에 《향약구급방》의 저자는 이 병증에 대해 어떻게 인식했으며 또 어떤 방식으로 대처하고자 했을까?

부골저의 발병 위치와 치료법

〈부골저〉 본문에서 넓적다리를 의미하는 단어 '비각脾胳'의 '비脾'는 엉덩이에서 이어지는 넓적다리 또는 넓적다리뼈를 가리키는 '비髀'와 통용된다. '전膊'의 오기일 수도 있다. 《의례儀禮》에서는 희생犧牲의 앞발 부위를 비노臂臑, 뒷발 부위를 전각膊胳이라고 한다. 그리고 관련 주석에서 '비髀'의 아래를 '전膊', '전膊'의 아래를 '각胳'이라고 설명한다. 모두 엉덩이에서 넓적다리까지 이어지는 부분을 가리킨다. 사람의 신체부위를 지칭하는 단어는 동물의 그것과 통용됐으므로 비각은 엉덩이로부터 이어지는 넓적다리 부위다.[18]

부골저가 오랫동안 잘 낫지 않고 나은 뒤에도 재발하여 뼈가 상처 입구를 통해 드러날 경우, 돼지 쓸개와 추엽楸葉을 찧어 단단히 싸맨다.

부골저가 낫지 않고 재발하여 뼈가 상처 입구를 통해 드러나는 경우 사용되는 약물은 돼지 쓸개와 추엽이나. 돼지 쓸개는 신선한 쓸개즙을 그대로 사용하거나 햇볕에 말렸다가 사용한다. 소염 및 살균 작용이 있다고 한다. 추엽은 만주개오동나무의 잎이다. 종기를 사그라지게 하고 독을 뽑아내며[消腫拔毒] 고름을 배출시키고 살을 채우는[排膿生肌] 효능이 있는 것으로 알려져 있다. 만주개오동나무는 바둑판, 악기, 의자 등의 공예품을 만드는 데 사용됐던 만큼 주변에서 구하기 쉬운 약재라 추천됐을 것이다.

《향약구급방》에 기재된 전문 의서, 대방大方의 존재

초기에는 누로음자漏蘆飮子, 오향연교탕五香連翹湯으로 소통시켜 설사시킨 후에 내소승마탕內消升麻湯을 쓴다. 부골저가 꽁무니나 둔부에 있을 때는 내탁강활탕內托羌活湯을 쓰고, 넓적다리 안쪽에 있을 때는 강활방기탕羌活防己湯을 쓰며, 넓적다리 바깥쪽에 있을 때는 탁리황기탕托裏黃芪湯, 황련소독음黃連消毒飮을 쓴다. 고름이 터진 후에 오랫동안 낫지 않을 때는 섬여고蟾蜍膏, 적출원赤朮元, 평기산平肌散을 써야 한다. (《동의보감》〈부골저〉)

부골저가 처음 생겨서 아플 때에는 그곳을 침으로 찢어내고 쇄골碎骨을 빼내어 모두 제거한다. 침으로 찢은 후에 쇄골이 서너 혹은 두세 개가 나오면, 다시금 자주 침을 놓아 치료하고 끓인 소금물에 담가 씻는다. 나으려 할 때에 피부와 살이 부드러우면 쉽게 낫지만 딴딴하면 치료하기 힘들다. 부어서 헌 지 오래된 경우에는 창구의 사방 둘레 부분에 깊게 침을 놓아 나쁜 피를 뽑아낸 후, 단지는 붙이지 말고 끓인 소금물에 담가 씻어주기만 해서 서서히 치료한다. (《치종지남》〈부골저〉)

부골저는 (엉덩이 관절과 같은) 큰 관절의 연결 부위와 넓적다리에 잘 생긴다. 처음에 생겼을 때 눌러보면 뼈 부분에 반응하며 아프다. 며칠이 지나면 거죽과 살이 점차 땅기면서 살이 찐 것처럼 넓게 부어오른다. 어린아이는 손을 가까이 대기만 해도 운다. 어른이나 어린아이 할 것 없이 팔다리에서 열이 심하게 나며 추웠다 열이 났다 한다. 소변은 붉으면서 노랗고 대변은 막혀서 잘 나오지 않는다. 외용으로는 침이나 뜸을 쓴다. 내복으로는 약을 복용한다. 마땅히 대방大方을 검토하는 것이 적절하다. (《향약구급방》〈부골저〉)

첫 번째 인용문은《동의보감》, 두 번째 인용문은《치종지남》, 세 번째 인용문은《향약구급방》에서 유래한 부골저 치료법이다. 항생제가 없던 시절의 세균 감염에 대한 치료법인 셈이다.《동의보감》에서는 시기와 부위에 따라 사용해야 할 여러 가지 방제를 제시하고 있으며,《치종지남》에서는 침으로 해당 부위를 헤쳐 뼛조각을 제거할 것, 자침 이후 사혈법을 실시할 것을 제시하고 있다.《동의보감》에 수록된 방제나《치종지남》에 수록된 침구 치료법 모두 실제 운용을 위해서는 전문적인 지식과 기술이 요구된다. 한편《향약구급방》에서는 별다른 치료법을 제시하지 않은 채 침구나 약물 치료를 진행하되 '대방大方'을 살펴볼 것을 제안하고 있다.

《향약구급방》에 기재된 '대방'이라는 표현은 그 당시에도《동의보감》과 같은 종합 의서 또는《치종지남》과 같은 전문 의서가 존재했음을 시사한다. 급한 경우 앞서 제시한 돼지 쓸개와 추엽을 활용한 치료법을 사용할 수도 있었지만 병증의 위중도에 비해 그 내용이 너무도 간단하고 단순했다. 결국《향약구급방》의 저자가 염두에 둔 독자층이 누구인지, 그중에 수록된 의학 지식의 위상은 어느 수준인지를 여실히 보여주는 구절이라 할 수 있다.

이, 옴, 빈대, 벼룩이 일으킨 피부병

고려시대의 기생충성 피부질환

1950년 한국전쟁 때 미군은 DDT(Dichloro Diphenyl Trichloroethane)를 살포했다. 지금은 중추신경을 침범하거나 암을 유발하는 독성 물질로 알려져 사용이 금지되어 있지만 당시에는 '기적의 약'으로 간주되며 온몸에 뿌려졌다. DDT는커녕 샤워도 자유롭게 하지 못했던 고려시대와 조선시대에는 사람의 몸이 머릿니, 옴, 진드기, 빈대, 벼룩 등의 서식지였으며 이들 벌레가 선창, 개창, 과창 등의 피부질환을 일으켰다. 현미경이 없어서 육안으로만 질병 현상을 관찰하던 시절의 일이다.

개창·선창·과창 대 옴·피부사상균증·접촉성 피부염

개창疥瘡의 증상은 옴(scabies)에서 나타난다. 옴은 옴 진드기가 일으키는 전염성이 매우 강한 피부질환이다. 밤에 심해지는 가려움증이 특

징적이다. 옴 진드기는 주로 야간에 사람 피부의 가장 겉 부분인 각질층
에 굴을 만들고 이때 진드기에서 나오는 분비물이 알레르기 반응을 유
발해 가려움증이 나타난다(《서울대학교병원 N 의학정보, 〈옴〉》). 선창癬瘡의
증상은 피부사상균증에서 나타난다. 피부사상균증은 피부진균증이라고
도 하며 곰팡이에 의해 발생하는 모든 피부 질병을 의미한다. 발병 위치
에 따라 모발에 발생하는 두부 백선, 얼굴 및 전신에 발생하는 안면 및
체부 백선, 서혜부나 음부 주위에 발생하는 완선, 손가락 또는 발가락에
발생하는 수족부 백선, 손톱 및 발톱에 발생하는 조갑 백선 등으로 구분
된다. 선창 중 백독창白禿瘡과 비창肥瘡은 두부 백선, 아장풍鵝掌風과 각
습기脚濕氣는 수족부 백선, 회지갑灰指甲은 조갑 백선, 원선圓癬과 자백전
풍紫白癜風은 체부 백선에 해당한다. 과창瘑瘡의 증상은 접촉성 피부염
및 기타 습진 또는 한포진(Dyshidrosis)에서 나타난다. 접촉성 피부염은
외부 물질과의 접촉에 의해 생기는 모든 피부염을 말한다(《서울대학교병원
N 의학정보》, 〈접촉성 피부염〉).

> 과창을 치료하는 (방법.) 돼지기름을 달여 향이 나오면 우선 환부에 붙인다.
> 벌레가 다 나오면, 학슬鶴虱, 건칠乾漆, 무이蕪荑 등의 살충약을 붙인다.

위 인용문에 보이듯《향약구급방》에서는 과창을 치료하기 위해 돼지
기름을 달여 환부에 붙이는 방법을 취한다. 벌레들이 고소한 냄새를 풍
기는 돼지기름 쪽으로 이동하기를 바랐던 것으로 보인다. 이어지는 문
장에서는 벌레가 다 나오면 학슬, 건칠, 무이 등의 살충약을 붙인다고
했다. 사실 개창, 선창, 과창을 일으킨 옴 진드기나 곰팡이의 존재를 육
안으로 확인할 수는 없다. 이 피부 병증을 앓던 사람들의 몸에서 이, 빈

대, 벼룩 등 육안으로 확인할 수 있는 벌레들이 존재했기에 위와 같은
설명과 그에 해당하는 치료법이 제시된 것으로 보인다. 몸에 서식하던
벌레들이 돼지기름을 향해 줄줄이 이동하는 광경이라니!

고려 문인 이규보는 〈슬견설〉에서 머릿니 역시 피[血]와 기운[氣]을 지
닌 생명체로, 미물이지만 죽임을 당하는 것을 싫어한다고 역설한 바 있
다. 머릿니와 개의 생명 가치를 동등하게 매긴 이규보는 머릿니가 유발
한 지긋지긋한 가려움을 어떻게 해결했을까?

《향약구급방》의 외용제, 쪽과 머리카락 태운 재

선창을 치료하는 (방법.) 쪽 앙금[藍澱]을 바른다.

《순자荀子》〈권학勸學〉에 나오는 '푸른색은 쪽풀에서 나오지만 쪽풀
색보다 푸르다'라는 문장의 주인공, 쪽풀은 《향약구급방》에도 여러 차
례 등장한다. 음식·고기·약물 중독을 해독하기 위해, 스스로 목을 맨 사
람의 숨통이 트이도록 하기 위해, 손가락이 문드러지게 하는 열기를 제
거하기 위해, 귀에 들어간 벌레를 제거하기 위해 사용되는 쪽풀은 모두
생즙을 복용하는 것으로 소개된다. 이번에 치료하는 대상은 피부질환이
다. 선창의 증상은 피부가 두터워지면서 하얀 인설鱗屑이 일어나고 진
물이 흐르는 것이다. 즙을 복용하는 정도에 그쳤던 다른 치료법과 달리,
선창에 대한 쪽풀 활용법은 앙금[藍澱]을 만들어 도포하는 방식으로 소
개되고 있다. 쪽 앙금을 만드는 방법은 다음과 같다.

먼저 쪽풀과 가지를 구덩이나 항아리에 넣은 뒤 물을 부어 7일 동안

우려낸다. 거기에 석회를 넣고 수십 차례 휘저어 굳힌다(《천공개물天工開物》〈남정藍淀〉). 쪽으로 만든 즙의 주된 효과는 혈 중의 열기를 식히고 [淸熱凉血] 해독하는 것이다. 선창 이외의 피부질환에도 쪽의 효과가 나타날 것으로 기대되었다. 오늘날에도 피부가 민감한 사람들은 쪽물로 염색한 의복을 찾는다.

과창 등 이름 없는 창증[無名瘡]을 치료하는 (방법.) 머리카락 약간을 참기름에 넣고 약한 불로 머리카락이 녹을 때까지 달인다. 황벽피黃蘗皮〔곱게 가루 낸 것〕, 송지松脂〔곱게 간 것〕, 도인桃仁〔곱게 간 것〕, 마두령馬兜鈴〔곱게 가루 낸 것〕 같은 양을 위의 기름에 넣고 다시 약한 불로 달인다. 아교처럼 만들어 붙이면 신묘하다.

《동의보감》에 수록된 여러 가지 악창을 치료하는 처방 중에 황랍고黃蠟膏가 있다. 황랍고는 참기름, 황랍, 송진을 같은 양으로 녹여서 엉기게 한 뒤 붙이는 것인데 그중에 기름진 머리카락을 태운 재를 섞어서 붙이면 더욱 좋다는 설명이 부기되어 있다(《동의보감》〈제창諸瘡〉). 이 방제는 머리카락을 참기름에 넣고 녹여 붙이는 《향약구급방》의 치료법과 유사하다. 특히 황랍고의 출처로 속방俗方이 기재되어 있는 것은 《향약구급방》의 의학 지식이 민간에 유통되다가 《동의보감》 편자들에 의해 채집됐음을 시사한다.

8 얼굴부터 가슴까지의
성가신 통증들

눈병, 코피, 치통, 이명 등 눈·코·입·귀에서 발생한 문제가 모두 생명과 직결되는 것은 아니다. 그러나 감각기관의 질병은 곧장 일상생활에서 불편함을 주므로 빠르게 해결될 필요가 있다.

이번 항목에서 가장 눈길을 끄는 것은 눈·코·입·귀 등 감각기관 외에 심복통, 곧 명치의 문제가 포함되어 있다는 점이다. 《향약구급방》 전체 목록을 통틀어 직접 언급되는 내부 장기는 장옹방腸癰方의 창자와 여기 심복통心腹痛의 심장이다. 장옹방에서는 정작 창자가 아닌 폐장에 자리한 화농성 질환인 폐옹을 소개하는 반면, 여기서는 심장을 본격적으로 언급하고 있다. 다만 동아시아 의학 전통에서 심장을 이야기할 때 가장 많이 언급되는 정신, 이른바 신神과 관련된 문제 또는 대처법은 나오지 않는다. 그저 몸의 중심, 명치에 발생한 불편 증상만을 언급할 뿐이다.

◇ 코피 – 중23 비뉵鼻衄
◇ 눈에 생긴 병 – 중24 안眼
◇ 귀에 생긴 병 – 중25 이耳
◇ 입과 입술에 생긴 병 – 중26 구순口脣
◇ 목구멍이 붓고 막히는 증상 – 상16 후비喉痺
◇ 혀가 붓고 입안이 허는 증상 – 상17 중설·구창重舌·口瘡
◇ 잇몸과 이뿌리가 붓고 문드러지거나 벌레 먹은 증상 – 상18 치감닉齒蚶䘌
◇ 명치가 아픈 심복통 – 중15 심복통心腹痛

코피

코피도 치료해야 할 질병인가

이번 장에서는 코 관련 질환과 대처법을 설명하고 있지만 특히 코피에 집중하고 있다. 《향약구급방》의 저자가 주로 참고했던 것으로 여겨지는 《비급천금요방》이나 《태평성혜방》에서는 코가 막혀 숨이 통하지 않는 증상, 코에 종기가 생기는 증상, 콧속이 허는 증상, 덧살이 생긴 증상 등 다양한 코 관련 증상을 소개하지만, 《향약구급방》에서는 덧살을 치료하는 처방만을 소개한다. 분명 《향약구급방》의 저자는 코피에 주목했다. 코피로 인한 과다 출혈이 목숨을 위협할 수 있다고 본 것일까?

코피 치료 처방과 플라세보를 활용한 코피 치료

코피를 (치료하는) 방법. 포황〔향약명은 부들망치 위의 누런 가루[蒲槌上黃粉]〕가루를 콧속에 불어 넣으면 즉시 멎는다.

2004년 5월에 대전 여산 송씨 문중 묘역에서 발굴된 송효상宋效尙 (1400?~1440?), 이른바 학봉장군 미라의 기관지와 식도, 위장관에서 포황이 발견됐다. 현재까지 알려진 연구에 따르면 학봉장군은 각혈 또는 토혈을 동반하는 질병을 앓았고 이 질병은 다량의 출혈을 반복적으로 수반하는 기관지 확장증일 가능성이 높다고 한다.[19] 《향약구급방》에서도 포황은 지혈을 위한 약물로 가장 먼저 제안된다. 폐질환 이후 구강 출혈과 비강 출혈도 발생했을 수 있으므로 이를 치료하기 위해 포황을 코에 불어 넣었던 것으로 여겨진다.

　　코피를 (치료하는) … 또 다른 방법. 산치자山梔子〔몸체가 둥글면서 작은 것이 산치자다. 몸체가 크면서 긴 것은 복시치자伏尸梔子인데 약으로 사용하지 않는다〕를 많고 적음을 따지지 않고 약성藥性이 남아 있도록 태운 뒤〔너무 심하게 태워 흰 재로 만들지 않는다〕 가루 낸다. 코로 흡입하면 바로 낫는다. 옛날에 어떤 사람이 코피를 너무 심하게 흘렸다. 죽게 되어 염斂을 했음에도 코피가 여전히 그치지 않았다. 우연히 한 도인道人이 문 앞을 지나다가 집안사람들의 곡소리를 듣고 그 연유를 물었다. 그러고는 "약이 있으니 사용하면 곧바로 살아날 것입니다"라고 했다. 주머니에서 이 약 반 돈을 꺼내 콧속에 불어 넣자 코피가 바로 그쳤고 한참이 지나 되살아났다. 이어 이 처방을 전해주고 떠나갔다.

　　또 다른 (처방.) 모화茅花〔향약명은 띠[置伊存]〕를 사용한다. 없으면 그 뿌리로 대신한다. 매번 큰 한 줌 정도 복용하되 약재를 잘라 물 두 사발이 한 사발이 되도록 진하게 달여 두 번 나누어 복용한다.

　　송나라 어사御史 임차중林次中이 초주楚州에 있을 때 항상 어느 친구와 어울렸는데 오랫동안 자리에 나오질 않았다. 누군가가 그 연유를 묻자 "며느리가 코피를 흘리다가 거의 죽게 생겼기에 며느리를 구완하느라 손님을 맞이하지 못한다"라고 했다. 그 자리에 있던 한 손님이 "마침 약이 있으니 서둘러 모화를 크게 한 줌 꺾어 진하게 한 사발이 되게 달이시오"라고 말했다. 그러고는 주머니 속에서 작은 붉은 알약 두 알을 꺼내 모화 달인 물과 함께 삼키도록 했다. 한 차례 복용하자 바로 좋아졌다. 나중에 사람들이 묻자 "이것은 모화의 효능이었을 뿐이오. 붉은 알약은 향기 나는 주사로 만든 알약[朱砂丸]이었소. 모화의 효능을 믿지 않을까 걱정했을 뿐이오"라고 답했다. 이것으로 징험을 삼을 수 있다.

코피 치료에 사용된 포황, 산치자, 냉수, 마늘, 모화, 향묵, 백반은 주변에서 구하기 쉬운 약물들이다. 너무 평범한 약물들이라 그런지 산치자 그리고 모화와 관련된 치료 사례, 의화醫話 두 가지를 본문에 삽입했다. 모화를 사용한 사례는 매우 흥미롭다. 의사는 환자 가족과 주변 사람들이 모화의 치료 효능을 믿지 않을까 걱정하며 향기 나는 붉은 알약을 환자의 입에 넣었다. 모두 붉은 알약에 주목했고, 그것 때문에 환자가 살아났다고 생각했다. 마치 오른손으로 현란한 손기술을 선보이다 왼손으로 순식간에 카드를 바꿔 채는 마술사의 손놀림 같다. 환자 주변 사람들을 설득하기 위해 플라세보 효과를 적극 활용하고 있지만 의사는 분명 모화의 지혈 효능을 믿고 있었다.

코피 치료법 소개를 위해 선택된 두 사례는 모두 중국의 이름난 유교 지식인이자 사대부였던 소식蘇軾과 심괄沈括이 저술한 《소심양방蘇沈良方》에서 유래했다. 《향약구급방》의 저자는 왜 의사가 아닌 사대부가 지은 저작에서 치험 사례를 빌려왔을까? 혹시 의사보다 사대부가 생산해

낸 의학 기록이 더 신뢰받고 있었던 것일까?《향약구급방》의 저자는 이 책의 독자를 전문적인 의료인이 아닌 사대부로 상정하고 있다. 그러므로 고려의 사대부들이 의학 지식을 보다 친밀하게 여기고 실생활에서 사용할 수 있게 하기 위한 장치로 전문 의가의 저작이 아닌 사대부의 저작《소심양방》을 선택했다는 주장은 충분히 설득력이 있다.

코피, 피, 혈액

아이들끼리 싸움질이 시작됐다. 툭탁거리다가 어느 순간 빨간 코피가 터지면 '으앙' 하는 울음과 함께 다툼이 끝난다. 몸에 간직되어 있던 빨간 액체인 피[血]가 새나오는 것, 그것은 바로 승리의 징표이자 두려움의 상징이었다.

혈액(blood)은 온몸에 산소와 영양소를 공급하고 이산화탄소와 노폐물을 회수하는 체액이다. 혈장, 적혈구, 백혈구, 혈소판 등의 세포로 이루어져 있다. 붉은색을 띠는 것은 적혈구 속의 철분이 산소와 결합했기 때문이다.

고대 서양 의학에서 가장 중요한 치료법 중 하나는 인위적으로 혈액을 배출시키는 사혈瀉血이었다. 2세기 로마 의학자 갈레노스는 "모든 질병의 내적 원인으로 두 가지를 꼽을 수 있다. 혈액 과잉과 소화 불량이 바로 그것이다"라고 주장하며 혈액 과잉을 경계했다.[20] 이 전통은 후대에도 계속 이어졌다. 심지어 19세기에는 남성들 사이에서 여성의 월경을 모델로 삼은 정례적인 사혈이 유행하기도 했다. 반면《향약구급방》에서는 코피를 많이 흘리면 정신을 잃거나 죽어가는 것이라 간주하고 있다. 따라서 즉시 코피를 멎게 하는 것이 치료의 주된 목표였다.

동아시아 의가들은 무엇을 걱정했던 것일까? 단순히 서구에 없던 혈액 부족, 허虛에 대한 병리 의식을 지니고 있어서였을까? 동아시아 의학은 의식, 감정, 기억 등을 담당하는 신神이 사람 몸의 주인이라고 여겼으며, 이 신이 심장에 간직되어 있다고 생각했다. 심장을 길러주는 것을 피라고 보았기 때문에 피가 부족해지는 일이 발생하면 결국 신이 정상적인 정신 작용을 수행하지 못하게 된다고 추론했다(《동의보감》〈신神〉). 코피가 터짐과 동시에 울음이 터져나오는 것, 코피를 시급히 멎게 하려는 것은 모두 생명 위협에 대한 공포이자 대응이었음이 분명하다. 캐나다의 역사학자 재컬린 더핀은 혈액에 대해 신비로운 생명력이라는 고대의 개념과 하나의 물질일 뿐이라는 과학적 개념의 중간 정도 지위를 점하고 있다고 평가한 바 있다.[21] 이 주장은 동아시아 의학에도 그대로 적용될 수 있다.

눈에 생긴 병

고려시대 사람들의 시각으로 눈병 치료하기

이번 장의 제목은 〈안眼〉으로 눈과 관련된 논의를 싣고 있다. 한편 《향약구급방》 원문 맨 앞에 실려 있는 목록(목차)에서는 '안'이 아닌 눈 관련 질환이라는 의미의 '안병眼病'으로 기재되어 있다. 실제 본문에서는 눈에서 발생할 수 있는 여러 가지 질환을 다루고 있어 '안병'이라는 제목이 더 적절해 보인다. 본문에 기재된 눈과 관련된 질환을 분류해보면 눈이 붉게 충혈되거나 아픈 증상, 외상에 의한 눈동자의 손상, 비정상적인 눈물의 배출, 시력 저하, 눈에 탁한 것이 끼는 증상, 눈에 무언가가 들어가 불편한 증상 등이다.

눈의 충혈 증상을 치료하던 점안액

눈이 충혈되고 아픈 경우를 치료하는 (방법.) 사람 젖〔반 홉〕, 옛 동전[古錢]

열 개. 위의 약재들 중, 구리그릇 안에서 젖을 이용하여 동전의 색이 변하도록 간다. 약한 불에 달여 걸쭉해지면 바로 자기그릇 속에 담아둔다. 매번 구리 젓가락 끝에 약간씩 묻혀서 눈초리에 매일 3~5번 떨어뜨린다.

풍風으로 인해 눈이 충혈되는 증상을 치료하는 방법. 황벽피, 죽엽, 고동전 다섯 개. 이상을 물에 달이다가 소금을 약간 넣고 진하게 달인 다음, 천으로 걸러서 찌꺼기를 버리고 (남은 약물로) 눈을 씻는다.

눈에 생긴 적백예막을 치료하는 (방법.) 수컷 참새의 똥을 곱게 갈고 사람 젖[人乳汁]과 섞어서 간 다음, 안쪽 눈초리에 떨어뜨리면 예막이 저절로 사라진다.

〈안〉에는 점안액으로 활용되는 외용약이 다수 소개된다. 눈에 발생한 증상을 당장 완화시키기 위해서는 외용제 사용이 선행되어야 한다. 문제는 안전성이다. 눈을 자극하거나 독성으로 작용될 만한 약재를 피해야 함은 백번 상소해도 부족함이 없다.

그래서인지 몰라도 자주 등장하는 약재에 눈이 간다. 그중 하나는 구리가 함유된 옛 동전, 그릇, 젓가락이고 다른 하나는 젖이다. 여러 약재를 활용하면서도 굳이 동전을 함께 달일 것을 언급하는 것을 보면 단순히 구리의 기운을 담으려는 것만은 아닌 듯하다. 더욱이 약을 만들 때 구리그릇에서 갈거나 달이고 구리 젓가락으로 찍어 바르라는 것을 보면 구리 소재의 효능에 관심을 가질 수밖에 없다. 지금은 구리가 항균 작용을 하는 것으로 알려져, 살균제로 활용하거나 항산화 효능을 목적으로 한 의약품 등에 활용되고 있다. 현대의 화학 지식을 활용해 약리 작용을 검증한다거나 용해되는 구리 성분을 측정할 수는 없었더라도 반복적인 경험을 통해 실제 효능을 인지했을 가능성이 크다.

또 빈번하게 등장하는 젖은 오래된 동전, 참새 똥, 행인, 좀벌레의 일종인 반대좀과 같은 소재와 섞여 활용되었다. 동전은 구리를 사용하기 위함으로 이해하더라도 참새 똥이나 행인은 자극성이 있는 소재이고 반대좀 역시 벌레를 찧어 활용하는 것이기에 섣불리 눈에 넣을 엄두가 나지 않는다. 그렇다면 인체에 친화적이라 볼 수 있는 젖이 다른 소재의 자극성이나 독성을 완화하기 위해 활용된 것은 아닐까?

풍독風毒으로 인해 갑자기 충혈되면서 눈이 붓고 깔깔하고 아픈 증상을 치료하는 (방법.) 황벽피 한 냥과 상백피를 사용한다. 이 두 가지 약재를 물 석 되와 함께, 두 되로 졸아들도록 달인 후에 천으로 걸러서 찌꺼기는 버린다. (약이) 식은 뒤 (눈에) 떨어뜨리되 (양을) 많이 한다.

눈을 갑자기 부딪혀 눈알이 튀어나왔지만 안대眼帶는 아직 끊어지지 않은 경우를 치료하는 (방법.) 곧바로 눈꺼풀 속으로 밀어 넣는다. 다만 깜짝 놀라도록 만져서는 안 된다. 눈 사방 가장자리에 고약을 바르는 것이 좋다. 또는 생지황을 잘게 찧어 두껍게 바르되 바깥바람이 들어오지 않도록 해야 한다. 만약 속에 죽은피가 있으면 침針으로 뽑아낸다. 치료가 된 이후에는 풍열風熱을 다스리는 약을 오랫동안 복용하며 오장五臟의 기운을 눌러주고 잘 길러준다. 그렇지 않으면 열기가 위쪽으로 치솟아 오른다. 만약 안대가 끊어졌다면 눈동자의 손상을 치료할 수 없다.

《향약구급방》에서 눈의 충혈, 부종, 깔깔함, 통증의 원인으로 지목한 것은 풍風이다. 현대 의학에서 지목하는 외부 자극, 감염, 알레르기, 피로 등을 언급하지는 않으며 외부 요인인 풍을 중심으로 관련 증상의 발병을 파악하고 있는 것이다. 그런데 두 번째 인용문에서는 외상으로 눈을 다쳐 눈알이 튀어나온 경우 고약과 생지황을 바른 뒤 다시 풍열을 다스리는 약물을 사용할 것을 권하고 있다. 그러면서 오장을 잘 다스려 열기가 위로 솟구쳐 오르지 못하게 해야 한다고 덧붙인다. 이러한 논의는 눈 관련 질환의 발생을 단순히 외부에서 들어온 풍만의 자극이 아닌 몸 내부의 문제와도 관련지어 바라보았음을 시사한다. 이와 같은 문제의식을 갖고 있었기에 눈 가장자리에 고약 등을 발라 외부 자극을 막고, 침으로 사혈을 하고, 풍열을 다스리는 약물을 내복하는 등 다양한 방법을 제안하고 있는 것이다.

눈병 치료를 위해 가져온 중세 의학 전문가의 글

심존중沈存中의 《양방良方》에 수록된 안질을 치료하는 방법. 끓는 물을 구리그릇에 가득 채우고, 손으로 이 물을 떠서 눈을 찜질한다. 눈을 꼭 감고 떠서는 안 되며, 손으로 눈을 비벼서도 안 된다. 단지 뜨거운 물을 떠서 (눈을) 적시고, 뜨거운 물이 식으면 곧 그만둔다. 만약 안질이 있는 경우에는 하루에 서너 번 적시고, 안질이 없는 경우에는 하루에 한두 번 적시면 눈이 밝아진다. 이 방법은 눈의 충혈 증상 및 눈꺼풀 부근이 가려운 증상을 가장 잘 치료한다. 나는 열여덟 살 때부터 밤을 새워 작은 글자를 썼는데, 눈병으로 극심한 고통을 겪은 게 무릇 30년이었다. 이 방법을 사용하면서 드디어 완전히 나았다. 추밀樞密인 소흥종邵興宗이 눈이 침침해져서 고생했는데, 이 방법을 사용하자 이듬해부터는 마침내 등불 아래서 잔글자를 볼 수 있게 되었다. 대체로 혈血이 온기를 얻으면 영기榮氣가 피어오르니, 눈을 풀자면 오로지 혈을 잘 영양營養해야 한다. 만약 풍사를 받거나 냉기를 쏘이면, 집에 돌아와 (눈을) 적셔주면 매우 유익하다.

풍風으로 인해 눈이 충혈되고 까끌거리며 가려운 경우를 치료하는 처방. 단풍잎 적당량. 위의 약재를 물로 푹 물러지게 달이고 찌꺼기를 버린 다음 식혀서 눈을 씻으면 두세 번이 안 되어도 낫는다. 《신상서방愼尙書方》에 나온다.

〈안〉에는 출전을 언급한 부분이 두 번 나온다.

첫 번째 인용문에서는 송나라 심괄('존중'은 자)의 의서에 쓰여 있는 눈이 충혈되거나 가려울 때 구리그릇에 뜨거운 물을 담은 뒤 눈을 감고 그중에 담그는 치료법을 제시하고 있다. 단순한 치료 정보의 제공을 넘어 심괄 본인과 소흥종이라는 사람에게 적용해 효험을 본 사례까지 소개함으로써 신뢰도를 끌어올리고 있다. 사실 혈이 따뜻한 기운을 받으면 눈에 잘 공급되어 불편함이 해소될 수 있다는 설명은 전문적인 내용이라 일반 독자가 받아들이기 어려울 수도 있다. 그래서인지 송나라 유명 지식인의 글을 그대로 옮겨옴으로써 그 권위를 활용해 사대부 독자들을 설득하고 있다.

두 번째 인용문에서는 눈이 충혈되고 까끌거리며 가려운 증상에 단풍나무 잎을 달인 물로 씻어내는 치료법을 소개하면서 그 출전이 《신상서방》이라 밝히고 있다. 《신상서방》은 고려시대에 활동한 신안지愼安之의 경험방서로 추정된다. 신안지의 아버지 신수愼脩는 송나라에서 건너온 인물로서 의술에 정밀했으며 신안지 역시 의약에 능숙했다고 한다(《고려사》〈열전〉). 이들의 출신으로 미루어볼 때 이 방법은 송나라에서 효험을 본 의학 지식이 고려에 건너온 것일 수도 있다. 그렇지만 해당 내용이 중국의 다른 의서들에서는 검색되지 않는다. 그런데 후대에 편찬된《향약집성방》에서는 위 내용의 출전을 고려나 조선의 경험으로 추정되는 《본조경험本朝經驗》으로 명시했다.《의방유취醫方類聚》에서는 고려의 의서로 확인되는《비예백요방備預百要方》을 출전으로 언급하면서 동시에 《향약구급방》과 마찬가지로《신상서방》에 기록된 내용이라고도 명시했다. 어쩌면《향약구급방》에 수록된 단풍나무를 활용한 안과 처치법이 한반도 고유의 의학 지식일 수 있겠다는 생각도 든다. 혹시 송나라에서 건너온 의학 전문가가 고려 땅에서 새로운 방법을 도출해낸 것은 아닐까?

눈 속 티끌 처치법에 담긴 중세의 사유체계: 물리적으로 접근할 것인가, 유감론적으로 접근할 것인가

눈 속 티끌 처치법에서는 어떤 것이 들어갔는지에 상당히 주목한다. 일반적인 티끌 외에 벼 까끄라기, 보리 까끄라기, 모래 등이 들어간 상황을 상정해가며 각각에 맞는 처치법을 제시하고 있는 것이다. 이물질의 종류에 따라 각각의 처치법을 소개하는 것은 매우 생소하다. 눈을 씻어주거나 안약을 넣어서 배출시키면 그만인 일상의 불편함에 지나지 않을 수도 있는데 말이다.《향약구급방》에 실린 이런 증상들에 대한 처치법은 이 책이 '응급 상황'보다 '1차 의료' 혹은 '가정의학'의 성격을 띠고 있음을 드러내는 주요 근거가 된다.

눈에 티가 들어가서 까끌거리고 아파 눈을 뜨지 못하는 경우의 치료. 양이나 사슴의 힘줄 끝을 쪼개서 입에 넣고 잘 씹었다가 눈 속에 넣고 가볍게 문지른다. 서너 차례 문지르고 꺼내봤을 때 티가 힘줄에 붙어 나오면 그친다. 만약 아직 나오지 않았다면 다시 문질러서 티가 나올 때까지 한다. 이후에는 꿀을 눈초리에 넣어주면 좋다. 티가 나오지 않아서 여러 번 문지르느라 눈이 아프면 하루 건너서 문지르는 것이 좋다. 힘줄이 없으면 상근백피도 좋다.

또한 풀 *까끄*라기나 모래 등의 티가 눈에 들어가서 나오지 않는 경우에는, 좋은 먹을 갈아서 새 붓으로 눈동자에 깊이 흘려주면 좋다.

또한 벼 *까끄*라기가 눈에 들어갔을 때에는 산 굼벵이[蠐螬]〔(향약명은) 부배야기[夫背也只]〕를 쓴다. 새 베로 눈 위를 덮고 굼벵이로 베 위를 문질러주면 *까끄*라기가 저절로 나와 베에 붙는다.
또한 보리 *까끄*라기가 눈에 들어가서 안 나올 때에는 대맥〔(향약명은) 보리[包衣]〕 달인 물을 눈 속에 부어 씻어주면 좋다.
또한 모래와 풀이 눈에 티로 들어갔을 때에는 반대좀〔생물의 생명을 손상시키는 것은 꺼려하므로 여기서는 더 자세히 설명하지 않는다〕과 사람 젖을 사용한다. 또한 누에 똥 한 개를 물과 함께 삼키면 곧장 나온다.

또 다른 방법. 소금과 메주를 각각 조금씩 푼 물 속에서 눈을 뜨고 있으면 곧장 나온다.
또 다른 방법. 시룻번 태운 재를 소량의 물에 타서 마시면 곧장 나온다.
또 다른 방법. 양하심蘘荷心을 찧어낸 즙을 눈초리에 넣으면 곧장 나온다.

《향약구급방》에서 소개하는 눈에 들어간 티끌 처치법은 크게 두 가지다. 하나는 물리적인 도구를 활용해 직접 제거하는 방법이고, 다른 하나는 동류상감의 논리에 기반한 유감론적인 접근법을 활용해 제거하는 방법이다. 첫 번째 인용문에서는 양이나 사슴의 힘줄 끝을 부드럽게 만들어 그것으로 직접 문질러 티끌이 붙어 나오게 하는 방법을 제시하고 있다. 두 번째 인용문에서는 풀 까끄라기나 모래 등이 들어갔을 때 좋은 먹을 새 붓에 묻혀 눈동자 깊이 찍어주는 방법을 제시하고 있다. 이들은 모두 부드러운 힘줄 섬유에 걸리게 한다거나 뾰족하고 부드러운 새 붓의 끝에 묻힌 먹의 점성에 붙어 나오게 하기 위함이다. 안전하기만 하면 충분히 활용할 수 있는 방법일 것이다.

반면 이어지는 인용문에서는 벼 까끄라기가 들어갔을 때는 새 베로 눈을 덮은 뒤 굼벵이로 베 위를 문질러준다거나, 보리 까끄라기가 들어갔을 때는 보리 달인 물로 씻는다거나, 모래나 풀이 들어갔을 때는 반대좀과 젖을 활용하거나 누에 똥을 물로 삼키게 하는 등의 치료법을 소개하고 있다. 중세인의 유감적인 사유가 담긴 치료법이다. 이해를 도모하기 위해 서로 어떻게 연결되는지 그 접점을 찾아내야만 한다. 분명 볏짚 속에 사는 끈적한 굼벵이가 벼 까끄라기를 제거하고, 보리 달인 물이 보리 까끄라기를 씻어내며, 풀이나 종이를 먹는 반대좀과 풀을 먹어치울 것을 기대하고 있다. 또 매일같이 뽕잎을 먹은 누에가 똥을 배설하듯 누에의 똥을 먹으면 눈에 들어간 티끌이 자연스럽게 배출되리라 기대하고 있다. 억측 같지만 중세의 고려는 아마도 이런 정도의 의학 지식이 자연스럽게 통용되던 사회였을 것이다.

귀에 생긴 병

귓병을 치료하는 기발한 방법들

이번 장에서는 귀 질환과 함께 그와 관련된 처치법을 소개한다. 《향약구급방》에서 다룰 만한 귓병의 흔한 증상과 치료법으로는 어떤 것들이 있을까?

귓병의 종류와 치료

귀가 갑자기 부어오를 경우. 괄루括樓 뿌리 생것을 씻어 칼로 하나를 깎아 뾰족하게 해서 귓속에 넣을 수 있도록 만든다. 이를 돼지기름으로 3~5차례 끓인 후, 차가워지면 귓속을 막는다.

귀가 어두워진 것을 치료하는 방법. 피마자[萆麻子]〔100개, 껍질을 제거한 것〕와 대추〔15개, 껍질과 씨를 제거한 것〕를 찧거나 갈아 환丸을 만들어 귀에 넣는다. 20일이면 좋아진다. 거북의 오줌을 귓속에 떨어뜨려도 차도가 있다.

칼로 찌르는 듯한 귓속 통증을 치료하는 (방법.) 이것은 풍독風毒이 머물러 맺힌 탓이다. 마땅히 황개자黃芥子를 쓰는데 곱게 갈아 식초와 섞어서 납작하고 작은 조각을 만들어 귀 앞 맥박 뛰는 데 붙인다. 그리고 그 납작한 조각 위에 쑥으로 뜸을 뜨는데, 그 따뜻하고 뜨거운 기운이 너무 뜨거워져 피부를 상하게 하지 않도록 한다. 아플 정도로 뜨겁다고 느껴지면 조각을 떼어내, 조금 후에 다시 붙여 뜸을 뜬다. 통증이 사라질 때까지 한다.

정이聤耳로 인해 나오는 고름을 치료하는 홍면산紅綿散. 백반白礬을 구워 하얀 재로 만든 후, 매번 한 돈에 연지燕脂 1자字를 넣고 고르게 간다. 솜으로 말아 만든 개비로 약을 귓속에 넣어 바닥에 이르면 고름을 흡수하고 바로 (치료되어) 마른다.
그리마[집게벌레[螻蛄]처럼 생겼고, 길고 가느다란 다리가 아주 많다]가 귀에 들어간 경우를 치료하는 (방법.) 볶은 마자麻子를 자루에 가득 담은 후 귀를 여기에 눕혀 이를 베개로 삼는다.
지네가 귀에 들어간 경우를 치료하는 (방법.) 구운 돼지고기로 귀를 감싸면 곧장 (지네가) 나온다.

위 인용문에서 볼 수 있듯이 《향약구급방》에서는 귀가 갑자기 붓거나 부스럼이 생긴 경우, 귀가 잘 안 들리는 이롱耳聾 증상이 발생한 경우, 칼로 찌르는 듯한 통증이 있는 경우, 귀에서 고름이 흘러나오는 정이聤耳 증상이 발생한 경우, 귀에 벌레가 들어간 경우 등 다양한 질환들을 소개한다. 이롱은 귀가 어두워진 상황으로 후천적인 가역적 난청을 이른다.

대개는 노쇠해지면서 발생하는 경우가 많아 신장의 정精이나 기운을 채워주는 방법을 사용하지만 막힌 것을 제거하는 치료법으로 미루어볼 때 귀가 붓거나 부스럼 등이 발생해 소리가 잘 안 들리는 상황인 것으로 추정된다. 칼로 찌르는 듯 귀가 아픈 것에 대해서는 풍독風毒에 의한 것이라고 설명한다. 질병 증상의 특성을 토대로 역으로 발병 원인을 규정한 셈이다. 정이聤耳는 이농耳膿이나 이습耳濕으로 불리기도 하는데, 귀에 진물이나 고름이 흐르거나 피고름이 나오는 증상이다. 현대의 급성 및 만성 중이염, 즉 고막과 달팽이관 사이 중이강에 염증이 생기는 세균성 감염 질환과 유사하다. 정이는 고름의 빛깔에 따라 여러 가지 이름으로 분류되기도 한다. 자연과 훨씬 가까웠던 중세에는 귀에 벌레가 들어가는 일이 흔했을 것이다. 대표적으로 지네와 그리마를 언급하고 있으며 이외의 것은 기타 충虫으로 대별하고 있다.

처치법으로는 한두 가지 약물로 구성된 간단한 방제를 제시하고 있다. 귀가 갑자기 부어오를 때는 괄루 뿌리를 돼지비계에 끓여 귓속을 막거나, 귀가 막혀 소리가 잘 들리지 않을 때는 피마자와 대추를 갈아 환을 만들어 귀에 넣는다. 괄루 뿌리는 농을 배출해 부은 증상을 가라앉히고, 피마자 역시 붓고 아픈 증상을 진정시킨다. 심한 통증에는 귀 앞쪽 맥박이 뛰는 곳에 황개자를 이용해 뜸을 뜬다. 황개자는 외부에서 들어온 풍독風毒에 의해 부은 증상을 치료한다. 뜸을 뜨는 위치는 혈자리 청회聽會에 해당하며 그 주변의 이문耳門, 청궁聽宮과 함께 중이염 치료를 위한 주요 혈자리다. 정이를 치료하는 약물로는 고백반과 마른 연지로 구성된 홍면산을 제시하고 있다. 백반 혹은 고백반은 진물을 거둬들이고 피부질환인 창양瘡瘍을 수렴시킨다. 여성용 화장품의 재료로 사용되는 연지는 달걀과 주사朱砂로 만들거나, 아니면 잇꽃이라 불리는 홍화로 만든다. 홍화는 어혈을 몰아내고 피를 길러내는 효능이 있어 진통 효과도 낸다. 벌레가 귀에 들어갔을 때는 벌레를 유인해내는 치료법을 사용한다. 달래나 산초를 직접 접촉시키는 자극요법, 볶은 삼씨나 구운 돼지고기 혹은 복숭아 잎으로 꾀어내거나 쫓아내는 향기요법, 구리그릇을 두드려 유인하는 음향요법, 갈대 줄기를 응용하는 음압요법이 그것이다. 그리마, 지네, 충蟲을 유인하는 매개 약물을 각각 다르게 제시한 것으로 보아 경험을 토대로 각 벌레의 특성을 잘 파악하고 있었던 것으로 보인다.

'문화사'의 양면성:
수레 굴대에 바르는 기름 그리고 거북 오줌을 활용한 치료법

(꼬물거리는) 벌레가 귓속에 들어간 경우를 치료하는 (방법.) 산초[椒] 한 돈을 가루 내어 식초 반 잔에 한참 동안 담가뒀다가, (이를) 조금씩 귓속에 떨어뜨리면 벌레가 스스로 나온다.
또 다른 (방법.) 쪽을 빻아 즙을 똑똑 떨어뜨리면 바로 (벌레가) 나온다.
또 다른 (방법.) 구리그릇을 귓가에서 두들기면 곧장 벌레가 나온다.
또 다른 (방법.) 갈대 줄기를 통해 아주 힘껏 (귓속을) 불면 곧장 나온다.

또한 정이聤耳로 인해 피고름이 나오는 경우의 방법. 수레 굴대에 바르는 기름으로 귓속을 막아두면 피고름이 모두 나오면서 낫는다.

귀가 어두워진 것을 치료하는 방법. 피마자[100개, 껍질을 제거한 것]와 대추

〔15개, 껍질과 씨를 제거한 것〕를 찧거나 갈아 환丸을 만들어 귀에 넣는다. 20일이면 좋아진다. 거북의 오줌을 귓속에 떨어뜨려도 차도가 있다.

거북의 오줌을 받는 법. 옻칠한 상자에 두고 기르는데, 밤이 지나면 오줌이 생긴다. 또한 종이 심지에 불을 붙여 거북의 꼬리에 갖다대도 (거북이) 오줌을 지리게 되니, 재빨리 받아서 쓴다.

현대 독자들이 보기에 《향약구급방》의 여러 치료법 중에는 추가 설명이 필요한 것들이 있다. 이를테면 귀에 들어간 벌레를 유인하는 방법으로 구리그릇을 두드리는 것을 제시하는데, 꼭 구리여야 하는지 궁금하다. 또 정이로 피고름이 나올 때 수레 굴대에 바르는 기름인 차할지車轄脂를 쓴다든지, 이롱에 거북의 오줌[귀뇨龜尿]을 쓰는 것도 낯설다. 과학적인 분석에 관심이 있는 독자라면 곤충의 행동 양태에 영향을 끼치는 구리 음파의 특정 주파수나 파형, 혹은 차할지나 귀뇨에서 특정한 효과를 내는 어떤 생화학 성분을 찾으려 할지도 모른다. 의료사나 문화적 양상에 관심이 많은 독자라면 특정한 처치법을 쓰게 된 계기나 저변의 논리적 사유를 추론해보고자 할 것이다. 이러한 질문들과 관련 연구는 분명 《향약구급방》을 이해하는 데 도움이 된다. 과거의 의학적 활동을 과학적 분석으로 정당화하거나 의료 행위의 문화적 다양성을 드러냄으로써 동아시아 의학 전통의 의미를 되짚어볼 기회를 가질 수 있기 때문이다. 하지만 이런 접근법은 의도와 무관하게 종종 '과학 대 문화'의 양단논법 아래 중세 동아시아 의학을 문화라는 이름으로 주변화하거나 타자화할 위험성을 안고 있다.

예를 들면 이롱에 귀뇨를 쓰는 논리는 무엇인지와 같은 질문은 당시 역사 행위자, 특히 《향약구급방》의 저자에게는 중요한 문제가 아닐 수 있다. 적지 않은 의서, 특히 경험방서는 "왜?"에 대한 설명이 없거나 소략하는 정도에 머물며 약물의 적응증과 효능 위주의 설명 그리고 약물을 실제로 마련하는 방법에 더 초점을 두고 있다. 《향약구급방》은 귀뇨를 쓰는 논리가 무엇인지 설명하지 않으며 오히려 거북의 오줌을 얻는 방법 두 가지를 소개하면서 내용을 보완한다. 조선의 의서 《급유방及乳方》 (1749)에서는 연잎 위에 거북이를 놓고 눈을 뜰 때 급히 거울로 햇빛을 비춰 깜짝 놀라게 하거나, 돼지의 뻣뻣한 털로 거북이의 콧구멍을 찌른다거나, 거북의 꽁무니를 불로 지지는 등의 세 가지 방법을 제시하기도 했다. 명나라의 《본초강목》에서도 귀뇨를 귀가 먹은 병, 말을 잘 못하는 병, 소아 구루병에 쓰거나, 머리 염색할 때 유도제로 활용한다고 말하면서, 귀뇨는 능히 "구멍으로 달리고 뼈를 통하게 한다[走竅透骨]"라며 약물의 효능을 포괄적으로 기술하고 있을 뿐이다. 이러한 성질은 거북의 생태적 특성에서 추리한 것이 아니라 인체에 응용했을 때의 효과를 근거로 인체 내 작용을 기술한 것이다. 덧붙이자면, 북아프리카의 유목민들은 낙타의 신선한 배설물 덩어리를 복용하면 이질을 예방하거나 치료할 수 있다는 것을 오래전부터 경험을 통해 알고 있었다. 2차 세계대전 당시 독일군이 북아프리카를 침공했을 때 이들의 경험지식을 응용해 이질에 걸린 병사들을 치료하기도 했다. 지식의 획득에 있어서 유럽인이 아프리카인에게 빚진 것이다. 그들에게는 써보니 효과가 있고, 약물을 확보할 수 있고, 쓰는 방법, 즉 절차적 지식을 축적하는 것이 시급한 현안이지 왜 그러한지와 같은 자연철학적이거나 생의학적인 (현대인의) 질문은 차후의 문제였다.

입과 입술에 생긴 병

먹는 것과 직결된 부위의 병

한의학에서는 신경, 혈관, 림프 외에 온몸에 경락이 분포되어 있다고 가정한다. 입과 입술이 위치한 얼굴에는 족양명위경足陽明胃經, 수양명대장경手陽明大腸經이 존재한다. 두 경락에 공통적으로 등장하는 용어가 바로 '양명陽明'이다. 양명은 양기陽氣의 발산이 가장 왕성하게 이루어지는 곳이라는 의미를 지닌다. 두 개의 양명 경락이 모이는 얼굴은 늘 외부에 노출되어 있으며, 바람·물 등과 빈번하게 접촉하는 만큼 발산되는 양기를 통해 보호받는다. 한편 한쪽으로 치우친 양기는 열기로 변해 문제를 일으키기도 한다. 눈은 결막염, 코는 비염, 입은 구내염이나 구순염 등 오늘날의 질병 명칭과 연관시켜봐도 발열이 주된 증상인 염증과 관련되어 있다.

입에서는 먹는 일, 말하는 일, 숨 쉬는 일이 쉴 새 없이 일어난다. 외부 기운을 많이 감수할 수밖에 없다. 이번 장에서는 입과 입술에 생기는 병증에 대해 이야기한다. 입이 건조하고 열기가 나는 경우, 입과 혀가 건조하며 머리와 눈이 시원하지 않은 경우, 입술에 종기가 생기거나 말라 조여드는 경우 등으로 이런 증상들은 모두 열기와 관련되어 있다. 이에 대한 첫 번째 치료법은 바로 열기를 내려주는 것이다.

입과 입술에 생긴 병증 치료법과 약물

입이 건조하고 열이 나는 것을 치료하고 기운을 가라앉히는 처방. 석고〔옥처럼 빛나고 희다. 부스러뜨리면 좁쌀처럼 작아져도 모두 입방체가 된다〕가루 다섯 홉, 꿀 두 되. 먼저 물 석 되에 석고를 넣고 두 되가 남게 달인다. 꿀을 넣고 다시 졸인다. 이것을 대추 씨 크기만큼 입에 머금어 즙을 빨아먹는다. 다먹으면 또 머금는다.

입과 혀가 건조하며, 정신이 맑지 않고 눈이 불편한 경우. 맥문동〔겨우살이[冬口沙伊]〕즙 서 홉, 꿀 서 홉, 대추 서른 개의 살을 취한 것. 위의 약재들을 자기병에 담고 밥솥에 얹어 찐다. 이것을 꺼내어 매번 한 숟가락씩 복용한다. 입에 머금어 빨아먹는다.

입술이 말라 조여들고 얼굴이 붓는 것을 치료하는 (방법.) 쇠비름 잎 즙을 환부에 바른다. 바로 좋아진다.
또 다른 방법. 불에 태운 쇠똥구리. 생물의 생명을 손상시키는 것은 꺼려하므로 여기서는 더 자세히 설명하지 않는다.

입술에 난 종기를 치료하는 (방법.) 동쪽 벽의 마른 흙을 곱게 가루 내어 환부에 붙인다.

또 다른 방법. 콩누룩을 끓인 물에 하룻밤 동안 담가둔다. 이것을 짓찧어 환부에 바른다.

또 다른 방법. 삼씨 태운 재를 곱게 간다. 정화수에 개어 환부에 바른다.

입이 마르고 건조할 때 사용하는 석고, 맥문동 등은 상부에 몰린 열을 일시에 확 빼주는 약물들이다. 입술이 뻣뻣해지는 긴순緊脣에는 쇠비름 즙이나 쇠똥구리 태운 가루를 발랐다. 쇠비름, 곧 마치현은 그 잎이 말의 이빨처럼 생겼으며 들판에서 많이 자생한다. 오행초五行草라는 별명이 있을 정도로 여러 방면에 효능이 있는데, 풀줄기가 굵어 수분을 많이 함유하고 있으며 열을 식히고 독을 해소하는 데 널리 사용된다. 한편 입술 종기에는 건물의 동벽에서 채취한 마른 흙, 소금에 간을 한 콩누룩, 삼씨 태운 재를 바르는 치료법을 권하고 있다. 바짝 마른 흙, 불에 태운 재, 소금기 많은 누룩은 모두 종기의 진물 습기를 제거하고 감염 균을 억제하는 효과를 노린 것으로 보인다.

위 인용문에서는 석고에 대해 '부스러뜨리면 좁쌀처럼 작아져도 모두 입방체가 된다'라고 설명하고 있다. 이 설명은 자칫 비슷한 성질을 지닌 방해석方解石과 혼동을 줄 수 있다. 그 때문인지 조선 전기에 편찬된 《향약집성방》에서는 석고에 대해 방해석으로 불리기도 하지만 서로 혼동하지 말 것을 강조했다(《향약집성방》〈석고石膏〉,〈제품약석포제법도諸品藥石炮製法度〉). 맥문동麥門冬의 향약 명칭, '겨우살이' 역시 주의를 요한다. '겨우살이'로 불리는 또 다른 약재 상기생桑寄生과 곡기생槲寄生 때문이다. 맥문동은 작은 난초와 비슷하게 생긴 백합과 식물이다. 상기생은 뽕나무, 곡기생은 느릅나무나 버드나무 등에 기생하는 키 작은 관목이다.

숙주로 삼은 나무의 이름을 앞에 붙인 뒤 '-기생'을 덧붙인 것이다. 상기생이나 곡기생과 달리 맥문동의 '겨우살이'는 기생 식물이 아닌 겨울에도 푸르게 살아 있다는 의미를 지닌다. 위령선威靈仙도 비슷한 사례다. 《향약구급방》〈중풍〉, 〈잡방〉에서는 위령선의 향약 명칭을 구미초狗尾草로 기재한 반면, 〈방중향약목초부〉에서는 위령선에 대해 민간에서 거의채車衣菜(술위나물)라고 부른다고 적었다.

같은 약재이지만 여러 가지 명칭이 있을 수 있다. 맥문동과 겨우살이, 석고와 방해석, 위령선과 구미초 등은 《향약구급방》이 편찬될 무렵 약물의 한자어 명칭과 향약 명칭이 아직 확정되지 않았으며 여전히 변해 가는 중이었음을 보여준다.

약재를 자기병에 넣고 밥솥에 찌는 방법

입과 혀가 건조하며, 정신이 맑지 않고 눈이 불편한 경우. 맥문동〔겨우살이〕즙 서 홉, 꿀 서 홉, 대주 서른 개의 살을 취한 것. 위의 약재들을 자기병에 담고 밥솥에 얹어 찐다. 이것을 꺼내어 매번 한 숟가락씩 복용한다. 입에 머금어 빨아먹는다.

인용문에서 자기병[甆甁]이라는 표현에 주목할 필요가 있다. 고려시대 문인 이규보가 아끼던 푸른빛이 나던 연적이 바로 자기로 만든 것이었다(《동국이상국집》〈푸른 자기 연적자[綠甆硯滴子]〉). 통일신라시대에는 수입하다가 고려시대에 이르러 국산화된 것이 고려자기다. 위 문장을 통해 《향약구급방》이 편찬될 즈음에는 의서에 등장할 정도로 자기가 상용화되어 있었음을 짐작할 수 있다.

　인용문 하단 제조법에서는 복용약을 먹기 좋게, 또는 흡수가 잘되도록 약재를 가공하는 방법을 소개하고 있다. 맥문동 즙, 꿀, 대추 살을 자기병에 넣고, 밥솥에 얹어 찌는 방식이다. 밥솥에 자기병을 넣고 약재를 찌는 방법을 통해 아궁이에 불을 지피고 그 위에 솥을 걸어 밥을 짓고 국을 끓이며 다시 그 열기를 부넘기와 구들을 통해 방을 데우는 용도로 사용했던 고려시대 사람들의 생활상을 엿볼 수 있다. 온돌이 한반도에 널리 퍼진 시기는 고려 후기로 추정되는데 여기 등장한 밥솥에 약을 찌는 방법이 그 상황을 방증하는 것일 수 있다. 얼마 전까지만 하더라도 밥을 짓는 솥에 호박잎이나 가지를 올려 찌는 것 또는 달걀찜을 동시에 조리하는 것은 함께 어울리는 음식 아이템이었다. 전통적 취사 방식으로 에너지를 절약하면서 편리하게 응용할 만한 조리법이 아닌가.

목구멍이 붓고 막히는 증상

목구멍 치료에 사용되는 말[馬] 관련 약재들

목구멍이 막혔다. 열이 나면서 부어올라 음식물을 넘기지도 못하고 목소리도 나오지 않는다. 요즘 같으면 내시경이나 초음파, CT, MRI 촬영을 해보면 어떤 상황인지 파악해볼 수 있다. 하지만 과거에는 겉으로 드러난 증상을 가지고 그 안의 모습을 짐작할 뿐이었다.

목구멍이 붓고 아픈 것은 후비喉痺 또는 전후풍纏喉風, 목구멍이 막힌 것은 후폐喉閉, 심하게 부어 뺨까지 이어지고 열이 나며 여러 차례 토하는 것은 마후비馬喉痺로 구분된다. 중국 의서《성제총록聖濟總錄》에 따르면 마후비는 달리는 말처럼 빨리 진행된다고 해서 붙여진 이름이라고 한다(《성제총록》〈인후문〉). 한편《향약구급방》의 저자는 목에서부터 증상이 발생한 것 같은데 그 원인을 정확히 알 수 없기에 목이 긴 말에 빗대병증명이 만들어졌다고 부연한다. 목이 긴 말과 그 긴 목에 생긴 병증의 조합이라니! 저자가 남긴 이 주석은 과거 병증의 이름이 어떻게 정해졌는지 짐작하게 한다.

소통[通]과 기운[氣]

후비의 원인은 독기와 열기로 구분됐다. 갑작스럽게 발생하고 증상이나 통증이 위중하면 독기毒氣, 열이 나면서 부어오르면 열기熱氣에 의한 것이었다. 치료의 목표는 기운을 소통시키는 통기通氣였다. 우선 기운이 통해야 말도 할 수 있고 음식물도 넘길 수 있다고 생각했던 것이다.

전후풍이나 목구멍이 막혀[喉閉] 음식을 삼키지 못해 죽을 것 같은 증상을 (치료하는) 처방. 반혼反魂[일명 자완紫菀으로 향약명은 태알[治加乙]] 뿌리 하나를 깨끗이 씻어 목구멍에 넣고 있다가 나쁜 침이 나온 다음 빼낸다. 바로 낫는다. 신묘한 효험이 있다.

또 다른 (처방.) 목관자木串子[향약명은 부배야기나무열매[夫背也只木實]]를 복용한다. 바로 숨이 통한다. 〔목관자로 염주를 만들기도 하는데 연꽃 열매와 비슷하며 검고 둥글다.〕

무릇 더위를 먹어 쓰러졌을 때는 길바닥의 뜨거운 흙을 가슴 위에 올린다. 조금이라도 식으면 갈아준다. 기가 통하면 그친다.

또 외톨마늘을 얇게 썰어서 물린 곳에 놓고 쑥으로 뜸을 뜬다. 열기가 통하게 하면 곧 낫는다.

《향약구급방》〈후비〉에 수록된 위의 두 인용문과 〈더위를 먹어 죽어가는 사람 치료하기〉, 〈벌레에 쏘이거나 동물에 물린 경우〉에 수록된 인용문을 관통하는 단어는 통通이다. '음식', '숨', '기운', '열기'가 통하고 통하지 않음은 병을 일으키는 기전이자 병이 치료되는 기전이었다. 동아시아를 지배해온 기일원론氣一元論은 세계가 기운[氣]으로 꽉 차 있으며 기운이 뭉쳐지면 생명이 만들어지고 기운이 흩어지면 죽게 된다고 여겼다(《장자莊子》〈지북유知北遊〉). 사람의 몸을 형성하는 것도 기운이며 기운은 몸의 위와 아래, 안과 밖을 돌고 또 소통하는 주체였다. 더위를 먹어 몸이 식어버리는 바람에 위아래의 기운이 통하지 않거나 숨이 막혀 몸 안과 밖의 기운이 통하지 않는다면 침과 뜸, 그리고 약물을 통해 소통을 시켜야 했다.

음식은 사람의 몸에 새로운 기운을 공급하는 재료다. 음식을 먹지 못하면 새로운 기운이 만들어지지 못해 사망할 수밖에 없다. 목구멍이 막히는 후폐喉閉가 무엇보다도 위중한 증상이었음은 두말할 나위 없다.

약물 복용과 상사율

전후풍이나 목구멍이 막혀 음식을 삼키지 못해 죽을 것 같은 증상을 (치료하는) … 또 다른 (방법.) 방금 눈 말똥으로 즙을 내서 목구멍에 떨어뜨려 준다.
또 다른 처방. 마린자 반 되를 물 두 되에 넣고 한 되 반이 될 때까지 달여 복용한다.

후비로 갑자기 말을 못하는 것을 치료하는 … 또 다른 (처방.) 마린자 마흔아홉 알을 찧어 가루를 내어 물에 타서 복용한다. 바로 낫는다.

마후비를 치료하는 방법. 목구멍 속이 심하게 부어 뺨까지 이어지고, 몹시 열이 나며 여러 차례 토하는 것이 마후비다. 마린화〔낙오화落午花〕 뿌리를 달여 즙을 취한 뒤 조금씩 머금고 있다가 삼킨다. 즉시 낫는다.

목이 막힌 위급 증상의 경우 … 또 다른 처방. 목이 막히고 독기까지 있는 것을 치료한다. 길경〔향약명은 도라지[道羅次]〕한 냥과 감초 한 냥을 거칠게 갈아 물 석 되에 넣고 달여 한 되를 취한다. 한 번에 복용한다. 마후비〔말은 목이 길기 때문에 목 안에 생긴 후비가 잘 드러나지 않는다. 이것을 일러 마후비 라고 한다〕도 함께 치료한다.

치료는 약물의 복용, 도포, 찜질로 구분된다.

먼저 마린자, 목관자, 길경, 웅작시, 마시 등이 복용하는 약물로 제안됐다. 병증명 마후비와 약물로 활용되는 마린자, 마시에 공통적으로 '말'이 활용되고 있는 것은 목이 긴 말과 그 긴 목에 생긴 마후비의 병증을 연결시킨 이른바 무巫의 논리인 상사율相似律이 적용된 것으로 풀이해볼 수 있다. 그러나 상사율만으로 약물의 효능이 모두 설명되는 것은 아니다. 마린은 꽃, 잎, 열매, 뿌리 모두 후비 증상을 치료하는 효능을 지닌 것으로 정평이 나 있었다(《증류본초》〈려실蠡實〉). 마린 외에 후비 치료 약물로 소개된 길경과 감초 역시 치료 효과 중심으로 소개되고 있다. 실제 이 두 가지 약물은 기침, 가래, 목구멍의 불쾌감을 치료하는 의약품으로 잘 알려진 용각산龍角散의 주된 구성 약물로 목에 발생한 염증 반응을 가라앉히기 위해 사용된다.

약물을 도포하는 방법으로는 목 안쪽 부은 곳에 직접 도포하거나 목 바깥쪽 피부에 도포하는 방식이 있다. 젓가락으로 조협을 찍어 부은 곳에 바르는 것은 약물의 효과를 일으키기 위한 접근법이다. 그런데 목 바깥쪽에 파란 쑥[艾]의 잎과 줄기 혹은 조협을 식초에 개어 붙이는 방법도 함께 제시하고 있다. 그 의도는 무엇일까? 저자는 쑥을 붙인 곳에 좁쌀만 한 농포가 생겨 열기가 바깥으로 새어나오면 목구멍이 열릴 것이라거나 조협을 붙인 곳이 갈라지면서 소량의 출혈이 나오면 병이 나을 것이라며 구체적인 치료 경과를 제시한다. 약물을 활용해 목 바깥쪽에서의 배농을 유도한 것으로 추측된다.

전통 시대에 약은 하루에 몇 번 복용했을까? 나력瘰癧을 치료하는 방제를 설명하면서 아침 식사 후, 저녁 식사 후, 그리고 자기 전에 한 번씩 복용하라고 말하고 있다. 《향약구급방》 후반에 수록된 〈복약법〉에서도 "하루에 세 번 복용한다는 것은 새벽, 낮, 저녁에 복용하는 것이다"라고 부연되어 있다. 시점은 약간 다르지만, 약을 하루에 세 번 복용하는 것은 고려시대 혹은 그 이전부터 지속되어온 실로 오랜 관습이다.

《향약구급방》의 저자와 지식 전승

또 다른 (처방.) 여화蠡花[여蠡는 마린馬藺이다. 창포와 비슷하다. 꽃은 청자색이다. 곳곳에 길가나 연못 중에서 자란다. 《역서曆書》에서 '여천이 나온다[荔梃出]'라고 한 것이 바로 이것이다.] 가루를 복용한다. 따뜻한 물로 한 숟가락씩 복용한다. 목구멍이 매끄럽게 통할 때까지 복용한다.

《향약구급방》의 저자는 어떤 인물이었을까? 저자는 여화를 설명하며 《역서》 중에 '여천이 나온다'라고 했는데 바로 이것이라고 단정했다.

이 문장의 출처는 《예기禮記》〈월령月令〉이다. 그렇다면 이 책의 저자는 《예기》와 거기에 기재된 약물 정보, 그리고 현재의 약물 정보에 훤했던 사람일 것이다. 고려시대 이 정도의 지식을 가지고 있던 사람은, 단정할 수는 없지만, 상당한 지식의 소유자였을 것이다. 덧붙여 《역서》는 지금의 달력이다. 지금도 그렇지만 과거에도 달력은 생활 문화의 중요한 일부였다. 주석에서 저자는 여蘆의 또 다른 이름인 마린이 길가나 연못에 널려 있다고 했다. 주변에서 볼 수 있는 약물에 대한 정보를 수록한 《역서》를 고려에서 자체적으로 생산한 《역서》로 간주한다면 억측일까?

> 목구멍이 붓고 아픈 후비를 치료하려면 … 또 신선이 전한 비밀스러운 방법. 목구멍이 갑작스레 독기에 의해 공격당해 통증이 있을 때는 상륙商陸〔자리공[者里宮]〕을 썰어 뜨겁게 구운 다음 헝겊으로 싸서 그곳을 찜질한다. 식으면 바꿔준다. 바로 낫는다.

〈후비〉에서는 제일 마지막, 신선이 제공한 비밀스러운 방법으로 상륙(자리공)을 활용한 찜질법을 제안한다. 이 치료법의 출처는 중국 당唐의 의가 장문중張文仲이다(《외대비요》〈인후종방오수咽喉腫方五首〉). 《향약구급방》의 저자가 장문중의 치료법을 신선의 치료법으로 간주해 인용한 것이다. 실존 인물이었던 장문중의 치료법이 왜 신선이 전해준 비법으로 격상됐을까? 응급 질환에 대한 처치는 일반적인 의사가 아닌 신선의 술법에 의지했어야 하는 것일까? 상륙은 독성을 함유하고 있어 신중하게 복용해야 하는 약물이다. 독성이 있지만 부종 제거에 탁월한 효과가 있는 상륙을 신선의 술법으로 포장해 소개하려는 저자의 의도가 반영된 것으로 여겨진다.

상륙 찜질을 활용해 후비를 일으킨 독기毒氣를 제거하는 것과 비슷한 접근법이 조선 후기에 편찬된 임상 사례집 《역시만필》에도 실려 있다. 그 저자인 이수기李壽祺(일명 이수귀李壽龜, 1664~1750)는 담음으로 발생한 자신의 요통을 상륙 찜질로 치료한 뒤, 요통이 생길 때마다 이 방법을 써서 효과를 보았다고 한다. 신선이 전해준 비밀스러운 치료법이 실질적인 의료 경험의 수준으로 세속화된 것이다.[22] 다음은 《향약구급방》에 실려 있는 오언절구다.

후폐를 치료하는 오언시.
잿불로 복숭아씨를 태우되, 반드시 연기가 끊이지 않도록 하시오.
한 돈을 따뜻한 술에 마시면 되니, 이 방법은 일만금을 받지 않고는 전해주지 마시게.
입만 벌려 넘길 수만 있다면, 죽어가던 사람도 바로 살아날 것이오.

후폐를 치료하는 이 오언절구는 조선시대에 편찬된 종합 의서 《향약집성방》에 그대로 실려 있다(《향약집성방》〈후비喉痺〉). 고려에서 조선으로 왕조는 바뀌었지만 의학 지식만큼은 끊어지지 않고 전승되었음을 보여주는 일례다. 《향약구급방》에 수록되어 있던 오랜 의학 지식들은 분명 드러나게 또는 드러나지 않게 이어지며 축적되고 또 변화되어갔을 것이다.

후비와 인후염

목구멍이 붓고 막히는 증상을 보이는 현대 질병명은 매우 많다. 목구멍이 붓고 막히는 후비와 유사한 증상을 보이는 질병으로는 급성인후염, 급성후두개염, 만성인두염, 만성후두염, 만성편도염 등을 꼽을 수 있다. 목구멍 안팎이 모두 붓는 전후풍과 이 증상이 빠르고 위중하게 진행되는 마후비와 유사한 증상을 보이는 질병으로는 디프테리아, 급성후두염, 급성후두개염, 전염성 단핵구증 등이 있다. 그리고 목구멍이 막혀 음식을 먹지 못하고 죽을 것 같은 후폐와 유사한 증상을 보이는 질병으로는 포진성 구협염, 뱅상 구협염(Vincent's angina) 등을 꼽을 수 있다.

후비, 전후풍, 마후비, 후폐 등은 모두 증상 변화상을 지칭하는 단어들로 증상 중심으로 질병을 분류하는 방식의 하나를 보여준다. 반면 인후염, 인두염, 후두염, 후두개염 등은 인후부의 위치에 따라 발병 위치를 구분하는 접근법으로 해부학 구조물 중심으로 질병을 파악하던 생의학의 모습을 보여준다. 증상의 차이를 면밀하게 구분하고자 했던 동아시아 의학은 나름의 성과를 거뒀지만, 해부학·세균학 등 가시적인 성과를 내세운 20세기 초 서양 의학의 공세를 이겨낼 수 없었다. 결국 1960년대 신중국의 수립과 함께 등장한 현대 중의학은 서양 의학의 성과를 적극적으로 받아들이며 '변증론치辨證論治'를 새로운 어젠다로 제시했다. 그리고 지금은 증상 변별뿐 아니라 질병 자체를 파악하는 것도 중요하다고 주장하며 '변병론치辨病論治'를 강조한다. 중의학 핵심 가치의 보전과 함께 생의학 성과의 적극적인 결합을 강조하는 것이 현대 중의학의 가장 큰 특징이라 할 수 있다.[23]

혀가 붓고 입안이 허는 증상

중세에도 활용된 설하 투여

중설重舌은 현대의 설하종(sublingual swelling)에서 나타나는 병증 명칭이다. 주로 감염 등의 문제로 인해 침샘이 막혔을 때 나타난다. 입안이 하얗게 허는 구창口瘡은 흔히 볼 수 있는 구내염을 일컫는다. 면역력 저하나 감염에 의해 발생하는 염증성 질환이다.

고려시대의 설하종 치료법

중설이란 혀 밑이 속에서 부풀어 올라 마치 혀 속이 붙어 있는 듯한 것이다.

중설이란 병증 명칭은 구창에 비해 낯설다. 주석에서 중설의 형태를 별도로 소개한 것으로 보아 당시에도 설명이 필요한 명칭이었던 것 같다. 그러나 《향약구급방》의 설명은 병증 형태만을 단순히 소개하는 정도에 그치고 있다. 유사한 문장이 실려 있는 송대 관찬 의서《태평성혜방》에서는 발병 원인 및 기전에 대한 설명을 어느 정도 수록하고 있다 (《태평성혜방》〈치중설제방治重舌諸方〉). 전문 의가들을 위한 관찬 의서이자 종합 의서인《태평성혜방》과 일반 사대부를 독자로 상정한《향약구급방》의 차이로 여겨진다. 한편《태평성혜방》에서는 치료 약물을 혀의 위쪽 '설상舌上'에 도포한다고 한 것과 달리,《향약구급방》에서는 해당 구절을 모두 혀 아래쪽 '설하舌下'로 수정했다. 중설을 혀 아래가 부은 병증으로 정의함에 따라 수정된 것으로 보인다.

중설을 치료할 때에는 뱀 껍질을 벗겨 태워서 재를 만들고 곱게 갈아서 조금씩 붙이면 효과가 있다.

혀가 뻣뻣한 것을 치료하는 (방법.) 회태〔가마솥 밑의 검댕〕를 식초에 개어 혀에 붙이면 거품 침이 나오게 된다. 다시 발라서 혀가 예전처럼 돌아오면 그친다.
혀가 갑자기 부어서 돼지 오줌보처럼 입안 가득히 막고 있는 것을 치료하는 (방법.) 치료하지 않으면 금방 죽는다. 가마솥 밑의 검댕에 소금을 약간 섞어 같은 양을 곱게 갈아 혀 위아래에 전부 다 붙인다.

어린아이의 중설에는 녹각을 가루 내어 약간씩 혀 밑에 뿌린다. 하루에 서너 번 하면 낫는다.

중설 치료에 뱀 허물을 사용하고 있다.《비급천금요방》,《태평성혜방》이나 본초 저작에도 동일한 내용이 적혀 있다. 정말 그러한 효능이 있는 것일까? 혹시 뱀이 허물을 벗듯이 부어서 붙어 있는 혀가 허물을 벗고 정상으로 돌아오게 하려는 술수術數적 의미가 담긴 것은 아닐까? 혀가 뻣뻣한 증상에 가마솥 밑의 검댕을 활용한 것 역시 본초 저작에 기재된 내용인데(《증류본초》〈당묵鐺墨〉), 검댕이 상처의 피를 멎게 하고 새살이 돋게 한다거나 가슴 통증을 치료한다고 쓰여 있는 것으로 미루어보면, 그 수렴시키는 성질이나 심장의 화기[心火]를 내려주는 효능을 혀의 증상에 활용하기 위함으로 풀이할 수 있다. 혀가 부은 증상에 검댕과 함께 소금을 사용한 것 역시 단단한 것을 부드럽게 만드는 소금의 효능을 더해주기 위함이었을 것이다(《증류본초》〈식염食鹽〉). 소아의 중설에는 다른 재료들보다 상대적으로 귀한 녹각을 활용했다. 그만큼 고려 사회에서 어린아이의 건강과 생명을 귀하게 여겼음을 엿볼 수 있는 대목이다.

주석으로 덧붙인 고려 사람들의 향약 발음

《향약구급방》을 펼쳤을 때 가장 먼저 눈에 들어오는 것은 본문의 큰 글자 아래 작게 쓰인 주석들이다. 《향약구급방》에는 총 337개의 주석이 수록되어 있다. 언뜻 보기에 한자로만 표기된 것 같지만 한자를 빌려 당시 고려 사람들의 발음을 표기한 차자표기借字表記 역시 활용되었다. 주석은 대체로 향약의 명칭 또는 질병에 대한 고려 사람들의 발음을 소개하거나 관련 의약 정보를 부연하는 내용이다.[24]

중설을 치료할 때에는 … 복룡간을 가루처럼 갈고 우방자[牛蒡] 즙과 섞어서 붙이면 낫는다.

위 인용문에는 '향약 명칭도 동일하다'라는 주석이 기재되어 있다. 우방자라는 약물을 지칭하는 한자어와 한반도 사람들이 해당 약물을 부르는 우리말, 곧 향약 명칭이 동일하다는 뜻이다. 《향약구급방》을 통틀어 위의 표현은 우방자, 회향초, 황벽피, 건련乾蓮 등 총 네 번 등장한다. 분명 이 약재가 무엇인지를 알기 위해 해당 약재의 향약 명칭을 묻는 사람들이 있었기에 추가된 주석일 것이다. 《향약구급방》 처방에 실려 있는 약물 명칭과 실제 사람들이 사용하는 향약 명칭이 동일하다는 것은 그 이전부터 한자어 약물 명칭이 시중에 유통되고 있었음을 의미한다. 약물뿐 아니라 고려 의학 전체가 이미 동아시아 의학 전통의 범주 안에 포섭되어 있었다. 아니, 어쩌면 동아시아 의학 전통을 내재화한 채 한반도의 환경에 맞게 그 내용을 변형해가는 중이었을지도 모른다.

잇몸과 이뿌리가 붓고 문드러지거나
벌레 먹은 증상

붓거나 문드러지거나 벌레 먹거나

이번 장의 제목은 〈치감닉齒蚶蠹〉이다. 치감닉은 치아, 잇몸 또는 이뿌리에 염증이 생겨 붓고 곪고 헐고 문드러지거나 이가 흔들리기도 하는 병증을 통칭해서 이르는 말로, 현대 용어인 치은염, 치은궤양, 치은농양 따위를 포함한다.

한자어 감蚶 과 닉蠹 에는 난삿을 많이 먹어 몸속의 충虫을 사극하고 벌레에 의해 창瘡이 생겼다는 인식이 반영돼 있다. 치감닉의 유발 인자로는 당분, 치태, 세균, 벌레 등을 들 수 있겠지만, 여기서 다루는 질환은 증후적으로 볼 때 치아 및 잇몸의 염증으로 인한 부종, 궤양 등의 상황이다. 다만 응급 상황만이 아니라 일반적인 치아 통증이나 이가 나지 않는 경우도 취급하고 있다.

충치 그리고 꿈틀거리는 벌레

또 우치龋齒를 치료하는 (방법.) 욱리〔산이스랏나무[山叱伊賜羅次]〕 뿌리 흰 껍질을 잘라 물에 진하게 끓인 후 이를 머금는다. 따뜻할 때 머금고 차게 되면 뱉는다. '우치'란 벌레가 먹어 이에 구멍이 난 것이다.

또 이에 벌레 먹은 구멍이 있는 경우를 치료하는 (방법.) 송진을 송곳처럼 뾰족하게 해서 구멍 가운데 넣는다. 벌레가 송진을 타고 나오면 낫는다.

또한 젊은이부터 노인 할 것 없이 헐어버린 잇몸과 벌레 먹은 이가 여러 해 동안 낫지 않는 경우. 작맥〔쥐보리[鼠矣包衣]〕과 함께 고호엽〔박 잎. 신라인은 瓟주박[瓠]을 박이라 한다.《삼국사》출전〕 서른 개를 깨끗이 씻어서 쓴다. 작맥을 길이 2촌 남짓, 너비 1촌 남짓, 두께 5푼으로 잘라 박 잎으로 싼다. 이를 50~60개 만들어 3년 된 식초에 담가둔다. 한낮이 되면 두 개를 꺼내 불에 구워 뜨겁게 해서 입안에 넣어 이 바깥 주변을 찜질한다. 식으면 (뜨거운 것으로) 갈아준다. 구리그릇에 담긴 물에 이를 헤쳐 씻어보면 3푼 크기의 벌레가 나온다. 늙은 것은 노란색이고 어린 것은 흰색인데, 많으면 20~30개 적으면 10~20개 나온다. 이 방법은 심히 효험이 있다.

우치는 벌레가 먹어 치아 표면에 구멍이 난 것을 지칭한다. 그리고 충아蟲牙는 벌레가 치아에 서식하는 경우를 지칭한다. 전근대 사료 중에는 치아나 그 주변의 작은 벌레들을 관찰한 기록이 적지 않다. 현재 치아 우식증에 해당하는 '충치'라는 한자어에 '충蟲' 자가 남아 있는 것은 이런 의학적 경험을 반영한다. 위 인용문에서는 치아에 살고 있는 벌레의 크기가 3푼, 즉 1센티미터 정도라고 표현하고 있다. 지금은 당분을 먹고 사는 (눈에 보이지 않는) 세균을 언급하지만, 당시에는 맨눈으로 볼 수 있는 진짜 벌레가 치아에 서식했다는 점을 말하고 있다. 이러한 풍경의 차이는 과거와 현재의 식이 습관 및 의약 환경이 다른 탓일 것이다.

치통: 고금동서 삶의 동반자

사람은 먹어야 살 수 있으며

먹을 때에는 반드시 이로 씹는데

이가 몹시 아파 먹지를 못하니

하늘이 나를 죽이려는가 보네

강하면 꺾이는 것은 정해진 이치지만

늙고 이 빠지니 더욱 부끄럽네

아직도 몇 개가 남아 있지만

뿌리가 흔들려서 붙을 데 없더니

이제 다시 쑤시고 아파서

두통까지 일어나네

찬물도 마실 수 없고

뜨거운 물도 입에 댈 수 없네

죽도 식기를 기다려

겨우 핥아 먹노라

하물며 고기를 씹을 수 있으랴

고기가 있어도 한갓 도마에 있을 뿐이네

이 모두가 늙은 때문이니

죽어야 비로소 끝나리

위에 인용한 고려 문인 이규보의 시문(《동국이상국후집》〈우치통又齒痛〉)에서 드러나듯이 치통을 포함한 치아 관련 질환은 나이가 들면 누구에게나 찾아오는 흔한 질병이었다. 지금도 마찬가지다. 시대를 뛰어넘는 질병의 보편성이다. 그래서일까, 《향약구급방》〈치감닉〉에는 다른 편들에 비해 조문과 치방이 많이 편제되어 있다.

이를 조양하는 방법. 조협 두 개와 소금 반 냥을 같이 벌겋게 태워 곱게 간 후 밤마다 이를 이에 문댄다. 한 달이면 흔들리거나 피가 나고 문드러지는 이가 모두 낫고 이가 단단해진다.

아린 치아를 치료하는 (방법.) 버드나무 가지 한 줌을 잘게 썰어, 소금을 첨가해서 물에 끓인 후, 이를 머금는다. 심히 묘하다.

어금니가 아픈 경우를 치료하는 (방법.) 무씨〔당청실〕 열네 알을 붉은 껍질을 제거하고 곱게 갈아 사람 젖에 갠다. 왼쪽 어금니가 아플 때는 오른쪽 콧구멍에, 오른쪽 어금니가 아플 때는 왼쪽 콧구멍에 떨어뜨린다. 바로 효과가 있다.

이번 장은 이를 조양하는 방법, 양치법養齒法으로 시작한다. 조협과 소금을 활용하는데 치아 질환을 치료하거나 예방하는 데 효과가 있다고 한다. 현대어의 '양치'는 한자어 '양치養齒'를 빌려 표기하기도 하지만, 원래 양지楊枝(버드나무 가지)에서 유래한 말이라는 설명이 더 일반적이다.

역시 버드나무 가지와 소금을 활용하는 사례가 위 인용문에서 보듯이 《향약구급방》에 기록돼 있다.

주목할 만한 투약 방식은 무씨를 가루 낸 뒤 사람 젖에 개어 코에 약물을 떨어뜨리는 것이다. 무씨의 효능은 허파 순환의 부하를 줄여 어금니 부위의 염증 및 부종을 해소하는 역할을 하는 것으로 이해된다. 단내 나는 젖에 갠 약물을 코에 묻히는 방식은 향을 매개로 한 자극과, 소화기관을 거치지 않고 머리 쪽 병소에 약효 성분을 직접 보내려는 의도일 것이다. 이러한 투약 방식은 종두법, 이를테면 두장痘漿을 탈지면에 묻히거나 두창 딱지[痘痂]를 가루 내어, 콧구멍에 넣어 두창을 발생시킴으로써 두창을 예방하는 접종 기술을 연상시키기도 한다. 이러한 방식의 시술이 낯설지 않았음을 의미한다. 통증 부위의 반대쪽 콧구멍에 투약하는 교차 시술 방식은 침구법에서 병변 부위 반대 측에 자침하는 거자법巨刺法이나 무자법繆刺法과 유사하다. 해부생리학의 관점에서 볼 때, 이는 중추신경계가 뇌 이하에서 교차하는 구조적 특징과 관계가 있는 것으로 보인다.

치료: 고름 및 염증의 제거

이러한 치아 질환은 어떻게 처치했을까? 《향약구급방》에서는 경우에 따라 염증 부산물의 흡수, 배농, 소종消腫, 항균 혹은 살충을 목적으로 하는 청열약清熱藥, 거풍약祛風藥, 구충약驅蟲藥을 주로 동원한다. 그 처치 양식으로는 가공 과정을 거친 약물을 치아에 물고 있거나, 바르거나, 문대거나, 머금거나, 콧속에 붙이거나, 약물로 입안을 헹궈내는 방식을 제시하고 있다.

또 충치로 통증을 참기 힘들 때는 복숭아씨를 검게 될 때까지 태워 아픈 데 대고 깨물면 바로 진정된다.

또 다른 (방법.) 말의 밤눈[馬夜目]〔말 다리 안쪽에 보이는 엽전 비슷한 형태의 (각질 덩어리)〕을 헝겊에 싸서 이의 끝단에 물고 있으면 효과가 있다.

또 이 아픈 데 바로 효과가 있는 처방. 앞서 나온 조각자를 가루 내어 비단에 탄알 크기로 싸서는 신 식초에 넣어 데운다. 뜨거워지면 이 아픈 데에 물고, 식으면 갈아준다. 신기한 효험이 있다.

또 이 아픈 데 식초 한 되를 구기자나무 뿌리껍질 한 되와 섞어 달여서는 반 되가 되도록 만들어 쓴다. 뜨거울 때 머금고 식으면 뱉는다. 바로 차도가 있다.

앞선 인용문에서 제시한 치료 약물인 조협과 버드나무 가지는 태워서 가루 내거나 소금물에 섞어서 쓴다. 구기자나무 뿌리껍질은 식초에 섞어서 사용하기도 한다. 약산성을 띠는 식초에는 항염증 및 살균 작용이 있으며, 소금은 삼투작용을 통해 구강 및 치아와 잇몸을 세척해주고 항염증 기능도 하므로 양치액으로 사용될 수 있다.

치과 질환에 사용되는 약물로는 조각자, 조협, 생지황, 지골피, 우슬, 나복자, 계시백, 말의 밤눈 등을 들 수 있다. 구체적으로 살펴보면, 조각자는 부종을 없애고 고름을 배출하며 풍증을 없애고 벌레를 죽이는 효능이 있으며, 조협은 뭉친 것을 풀어주고 종양을 삭여주며 담痰을 제거하는 효능이 있으며, 생지황은 잇몸 부종이나 출혈에 쓰는 데 담을 제거하고 출혈을 멎게 하며 신장에 들어가 이와 뼈를 강하게 하고 진액을 생성하게 한다. 구기자의 뿌리껍질인 지골피는 허열虛熱을 내려주는 효능이 있다. 우슬은 어혈을 없애고 혈액순환을 도우며 간장과 신장을 보하는 약물이며, 무씨를 지칭하는 나복자는 수분의 순환을 도와 종기를 삭여주고 천식을 가라앉히는 효능이 있으며, 닭똥을 원료로 하는 계시백은 열을 빼내고 수분대사를 원활하게 하고 해독 작용도 한다. 현대인에게는 생소한 말의 밤눈[馬夜目](말 다리 안쪽 털이 안 나는 곳에 있는 엽전 형태의 굳은살)에는 바로 이 《향약구급방》을 전거로 할 때 충치로 인한 통증을 해소하는 효능이 있음을 알 수 있다.

생명력의 전이/순환, 음양 결합의 역동성

유용한 경험적 지식을 골라서 편술한 《향약구급방》이 제시한 처치법은 분명 그 자체로도 의미가 있지만, 관심 있는 독자라면 약물의 작용 기전이나 처치법의 논리에 대해서도 궁금증이 생길 수 있다. 약물의 기작에 대한 탐구는 향후 과제로 남겨두더라도 선택된 약물 및 처치법의 바탕에 흐르는 문화적 저변을 살펴보는 것은 흥미로운 일이다.

이가 나지 않는 경우를 치료하는 (방법.) 쇠똥 안에 있는 콩을 취하여 재가 될 때까지 태워 곱게 간 다음, 먼저 침을 찔러 피를 조금 낸 후에 이를 바르면 좋다.

이가 나지 않는 경우를 치료하는 (방법.) 암탉 똥[끝이 둥근 것이 암컷의 똥]과 수탉 똥[끝이 뾰족한 것이 수컷의 똥]을 등분하여 곱게 간 후, 이가 나지 않는 데를 침으로 찌르고 이 가루를 붙인다. 노인은 스무 날, 젊은이는 열흘 지나면 이가 마땅히 나온다.

먼저, 이가 나지 않을 때 '쇠똥 안에 있는 콩'을 쓰는 경우를 보자. 침으로 잇몸을 자극해 피를 낸 후 이 콩을 태운 재를 바른다. 영구치는 재생되지 않는다는 현재의 상식에서 볼 때, 이 사례는 났어야 할 어금니가 어떤 이유로 아직 나지 않은 경우를 말하는 것으로 이해된다. 하지만 소실된 영구치도 다시 나게 하는 약물 후보를 찾아냈다는 보고가 최근에 나왔다는 점에서 일반 영구치에 적용되는 것일 수도 있다. 사실 이 조문과 비슷한 내용을 담고 있는 중국 사료도 이를 뒷받침한다. 코끼리나 소 같은 동물의 소화기관을 거쳐 장내 세균총, 소화액, 생화학적 열 등에 노출되고 숙성된 씨앗이 분변 속에서 발아하는 경우를 종종 관찰할 수 있다. 예를 들어 헛개나무 열매는 산양의 소화기관을 거친 후 몸 밖으로 배출되었을 때 비로소 발아할 수 있는 것으로 알려져 있다. 해석하건대, 이때의 씨앗은 생명체를 거쳐 새로운 대사산물로 전환된 것으로 역경을 딛고 생명의 찌꺼기에서 다시 생명을 틔울 수 있는 물物로 전환된 것이다. 쇠똥 속의 콩을 쓰게 된 계기가 이러한 인식과 맞닿아 있을 것으로 보인다.

이번엔 같은 상황에 '암탉 똥'과 '수탉 똥'을 같이 쓰는 경우를 살펴보자. 우선, '암탉 똥'과 '수탉 똥'은 각기 암탉과 수탉이 배설한 똥이라기보다는 그 모양을 토대로 판별한 것이다. 실제로는 그 모양이 다를지도 모른다. 이러한 상징적인 약물 조합은 아마도 맨 끝에 나오는 것의 음과 양을 서로 합쳐주면 새로운 출발을 유도할 수 있으리라는 인식을 반영한 것 같다. 이와 함께 닭이 동 트는 시각에 우는 습성이 있다는 점에서 양기를 깨우는 의미도 담긴 듯하다.

명치가 아픈 심복통

갖은 종류의 심복통, 한기인가? 충蟲인가?

심복통은 갑작스러운 심복부의 통증을 말한다. 심복부를 심장과 복부로 구분해서 볼 수도 있겠지만, 그 범위를 좁히자면 가슴과 복부 사이의 경계, 즉 명치 부위를 말한다. 명치(anticardium)는 인체의 급소 중 하나로 몸통의 전면 정중선상에서 가슴과 배의 경계인 한가운데 우묵하게 들어간 곳이다. 좌우 늑골궁이 맞닿는 곳 또는 흉골 하단 검상돌기가 있는 곳으로 설명하기도 한다. 명치를 심하心下 또는 '명치 아래'라고 칭하기도 한다. '명치 아래'의 '아래'는 위아래의 아래라기보다 우묵한 곳의 바닥면을 말하는 것으로 보인다. 명치라는 부위를 말한 뒤 푹 파인 곳이라는 의미를 강조하기 위해 추가한 것이다. '명치끝'이라는 단어도 있는데 '명치 아래'와 같이 어구를 하나 더 붙여 분명하게 표현하려는 시도다. 그렇다면 심복통은 왜 생기는가?

심복통의 증상과 종류

《향약구급방》〈심복통〉에서는 심통을 아홉 가지로 분류한다. 심복통과 심통을 같은 것으로 본 것이다. 후대 의서《동의보감》에서는 심통을 여섯 가지로 나누기도 하고 아홉 가지로 나누기도 했다. 9종 심통으로는 충심통蟲心痛, 주심통疰心痛, 풍심통風心痛, 계심통悸心痛, 식심통食心通, 음심통飮心痛, 냉심통冷心通, 열심통熱心痛, 거래통去來痛을 제시했다 (《동의보감》〈흉胸〉). 통증을 일으키는 원인에 따라 분류한 것이다.

한기寒氣가 갑자기 오장육부를 침범하면 심통과 흉비胸痺가 생긴다. 〔비痺역시 아픈 것이다.〕
또 말하기를 "한기가 몸 안에 침입하면 장이 오그라들고, 오그라들면 통증이 생긴다. 따뜻한 기운의 약을 써서 한기를 쫓아내면 통증이 멎는다"라고 했다. 심통心痛에는 아홉 종류가 있는데, 충심통蟲心痛만은 치료약이 다르다. 장충長蟲이 심장을 공격하면, 심장이 송곳으로 찌르는 듯하다. 얼굴은 새파래지고 입에서는 맑은 거품을 토해낸다. 이것이 충심통이다. 살충약殺蟲藥으로 치료해야 한다.

한편 이번 장에서는 위의 아홉 가지 심통 중 차가운 기운[寒氣]이 일으킨 냉심통과 벌레가 일으킨 충심통만을 주요 병증으로 다뤘다. 아홉 가지 심통을 언급하고 나서 그중 두 가지만 가려낸 것은 분명 당시 유행하던 질병 양상에 대한 저자의 판단과 선택이 반영된 결과일 것이다.
첫 번째 인용문에서 소개하는 것은 한기寒氣, 곧 차가운 기운이 오장육부를 침범해 명치 부위에 통증과 마비감을 유발한 경우다. 차가운 기운은 오래전부터 통증을 일으키는 주요 원인으로 지목되어왔다. 통증의 원인, 기전, 치료법 등을 전문적으로 다루는 오랜 중국 의학 경전 《황제내경소문》의 〈거통론擧痛論〉에서는 "차가운 기운이 찾아와 위장 사이, 막원膜原의 아래에 침범하면 혈血이 잘 펼쳐지지 못하고 작은 낙맥[小絡]들이 수축되면서 잡아당기므로 통증이 발생한다"라며 차가운 기운이 심흉 부위의 통증을 유발하는 기전에 대해 소개하고 있다. 《향약구급방》의 내용 역시 《황제내경》의 기조에서 크게 벗어나지 않는다.[•] 차가운 기운의 침입이 발병 원인으로 인식된 만큼 치료법은 자연스럽게 따뜻한 기운의 약물로 한기를 몰아내는 것이다.

두 번째 인용문에서는 벌레가 일으킨 충심통을 소개하고 있다. 냉심통, 열심통, 풍심통, 계심통 등을 일으킨 차가운 기운, 뜨거운 기운, 바람, 감정 변화 등과 달리 충심통의 발병 원인은 눈에 보이는 벌레로 특정됐다. 치료법으로 제시된 살충약 역시 학슬, 율무, 건칠 등으로 매우 구체적이다. 그렇다면 심장 한가운데를 찌르듯이 공격하는 저 벌레는 과연 어떤 것일까?

벌레가 일으킨 충심통, 그리고 내 몸에 사는 모든 벌레

충심통에는, 학슬 한 냥을 곱게 빻아서 가루 내고 졸인 꿀과 반죽하여 벽오동 씨만 한 환丸을 만든다. 공복에 40환을 복용하다가 점점 50환까지 늘리

• 《황제내경》은 중국 진한(秦漢) 시대에 편찬된 것으로 여겨지며 《황제내경소문》, 《황제내경영추》 두 권의 책으로 구성되어 있다.

는데, 꿀물과 함께 복용한다. 술과 고기를 삼간다.

또 다른 처방. 의이근薏苡根〔(향약명은) 두송豆訟. 율무[伊乙每]라고도 한다〕을 진하게 달여서 마시면 효과가 있다. 복용량은 편리한 대로 한다.

또 다른 (처방.) 건칠乾漆〔반 냥. 연기가 안 나올 때까지 구운 것〕과 학슬 한 냥. 위의 두 가지 약재를 곱게 빻아서 가루 낸 후, 꿀과 반죽하여 환을 만들어 30환을 복용하면 기생충이 절로 배설된다.

위의 내용만으로는 충심통을 일으킨 벌레가 무엇인지 확인할 수 없다. 약물을 복용한 뒤 기생충이 배설되었고 또 통증이 줄어들었기에 위와 같은 처치법이 기재된 것임은 분명하다.

충이 원인이 된 충심통의 치료 약물로 학슬, 율무, 건칠 등을 제시하고 있다. 학슬은 여우오줌풀의 열매로 대표적인 살충약이다. 중국 한대에 편찬된 약물 저작 《신농본초경》에서부터 전해지는 오래된 약물이다. 《동의보감》에서도 "오장충을 죽인다. 벌레를 죽이는 약물로 이것이 가장 요긴하다고 했다"(《동의보감》〈충蟲〉)라고 밝힌다. 학슬은 단독으로 쓰이기도 하지만, 말린 옻칠 수액인 건칠과 함께 사용되기도 한다. 건칠은 독성이 강한 약물이다. 편안하고 무난한 방법으로 충을 쫓아낼 수는 없다. 이 두 가지 방법은 1399년에 발간된 《향약제생집성방》에도 수록되어 있어 실질적 유효성이 조선 초까지 지속적으로 인정되어왔음을 짐작할 수 있다. 앞서 〈이, 옴, 빈대, 벼룩이 일으킨 피부병〉에서도 기생충을 죽이기 위해 학슬, 건칠 등을 사용한다고 했다. 충을 보는 관점이나 약을 쓰는 방식에 상당한 탄력성이 보인다.

충은 내 몸에 있지만 나에게 포함되지 않는 것이라고 할 수 있다. 그렇다면 내 몸의 경계는 어디까지인가? 내 몸은 내 세포로 구성되어 있다고 한정할 수도 있다. 그러나 세포 수보다 비교도 안 될 정도로 많은 바이러스와 세균이 내 몸속에 살고 있다. 이들 외부 생명체가 내 몸이라는 공간에서 주인을 압도하면서도 훌륭한 공동생활을 하고 있다는 사실을 경이롭게 바라봐야 할 것 같다. 집주인은 한 명인데 무수히 존재하는 셋방 사람들… 이런 상황이라면 내 몸에 일어나는 현상에 대해 누가 더 주도적인 영향력을 행사할지 판단하기 어렵다. 실험과학에서도 장내 세균총이 소화효소 작용에 관여하는 것으로 밝혀져, 우유를 마실 수 있는지 여부와 인삼을 잘 분해하여 약효를 낼 수 있는지 여부를 가릴 정도라고 한다. 이쯤 되면 과연 내가 내 몸에 대한 통제권을 온전히 가지고 있는지에 대한 생각의 전환이 필요할지도 모른다.

한기를 풀어주는 따뜻한 술

한기寒氣에 맞아 생긴 심복통을 치료하는 (방법.) 술 한 잔을 울두[熨斗][다리미[多里甫里]] 위에 올려 불을 때서 데우고, 환자가 양껏 마셔서 약간 취하게 한다.

심복통을 일으킨 차가운 기운을 다스리는 치료법으로 다리미, 울두에 데운 술 한 잔을 제시하고 있다. 직접적이고도 일차적이다. 술은 추운 겨울에도 얼지 않을 정도로 내재된 성질 자체가 뜨겁다. 온몸을 덥혀줄 뿐 아니라 혈이 원활히 흐를 수 있도록 한다. 술을 약주藥酒라고도 부르는 이유다. 술에 따뜻한 기운이 더해지면 그 효과는 배가된다. 차가운 기운이 가슴에 몰려 혈의 흐름이 정체되고 답답해진 결과, 심복통이 발

고려시대 동제 다리미. 국립중앙박물관 소장(소장품번호: 구 5284(왼쪽), 신수 15786(오른쪽)).

생했다고 보고 있다. 따뜻한 성질의 술을 따뜻하게 덥혀 복용하면 몸이 더워지면서 혈의 흐름이 더욱 빨라질 것이고 그 결과 심장 부위에 침범한 한기가 흩어져 통증이 개선될 것이라고 생각하고 있다. 너무도 자연스러운 사유의 흐름이다. 울두는 얼마 전까지도 다리미로 쓰이는 생활용품이었으나 지금은 박물관에서나 볼 수 있는 물건이 되었다. 위 사진들과 같이 금속으로 만든 그릇 모양의 도구로 숯불을 담아 그 뜨거운 열기로 옷을 다림질하는 도구다. 다림질용이므로 바닥은 당연히 매끈하게 되어 있다.

심복통 치료 약물 그리고 달래

《향약구급방》에서는 아홉 종의 심통을 뭉뚱그려 치료하는 약으로서 회화나무 가지 및 당귀를 단방으로 쓰기도 하고, 당귀와 백작약 두 가지를 합쳐 쓰는 법을 제시하기도 한다.

아홉 종류의 심통을 치료하는 (방법.) 태세성太歲星이 떠오를 때(즉 그해의

간지가 들어 있는 날 새벽에) 회화나무 여린 가지[嫩枝] 한 줌을 취해 가지 양
끝을 제거하고 물 석 되로 한 되가 남게 달여서 단번에 복용한다.

또 다른 (방법.) 당귀 다섯 돈을 거칠게 가루 내어 물 한 사발[椀]과 함께 절
반으로 졸아들도록 달여서 따뜻하게 복용한다.〔낫지 않으면 다시 반복한다.〕
심복통에는 당귀當歸〔(향약명은) 당귀채薰歸菜〕와 백작약白芍藥 뿌리 각각
같은 양을 대강 썰어 매 여섯 돈씩 물 한 사발[椀]을 7할이 될 때까지 달여
찌꺼기는 버리고 따뜻하게 복용한다. 매일 서너 번 복용한다.

당귀는 따뜻한 성질의 약물로 한기를 내보내 몸의 균형을 회복시킨
다. 재미있는 것은 당귀라는 글자에 그 효능이 드러난다는 점이다. 당귀
는 마땅히[當] 돌아가야[歸] 할 곳으로 가게 한다는 뜻이다. 아내가 전장
에 나간 남편이 꼭 돌아오기를 바라며 그리워한다는 뜻으로 해석되기도
하지만, 의학적 관점에서 당귀는 출산 이후 기혈氣血이 어지러워 치받는
상황에서 이를 제자리로 돌아가게 하는 효과를 말한다(《증류본초》〈당귀
當歸〉). 당귀를 달여서 따뜻하게 복용하면 한기를 몰아내거나 어혈을 제
거하거나 부족한 열을 보충해 심복부의 원래 기능을 회복한다는 것이
다. 한편 작약은 복부 근육의 땅김과 통증을 완화하는 효능을 갖고 있
다. 한기에 의한 창자[腸]와 복근의 긴장을 염두에 둔 합방이다.

한편 5~10년 된 오랜 심통을 단번에 치료하는 약물로 달래[小蒜]를
소개하고 있다.

10년 또는 5년이 된 참을 수 없는 심통을 치료하는 데 손을 대는 대로 효과
가 있는 처방. 난자亂子〔달래 뿌리〕를 진한 식초[釅醋]에 담갔다가 달여서
단번에 복용한다. 배불리 복용하되 소금을 뿌리지 않는다. 이강李絳은 "외

갓집 사람이 심통을 10여 년 동안 앓았는데, 여러 약들이 효과가 없었다. 이 약을 복용하자 다시는 발병하지 않았다"라고 했다.

저자는 이 치료법에 대해 이강이란 사람이 친척의 경험이라고 말했다고 하여 신빙성을 더하고 있다. 흔히 볼 수 있는 달래가 이런 위중한 질병을 치료하는 특효약이라는 것이 이채롭다. 이상은 어떤 사람이었을까? 독자인 사대부가 보기에 충분히 납득할 만한 인물이어야 할 것이다. 이강은 의학자로《병부수집방兵部手集方》을 편찬했다. 일실되어 전하지 않지만 송대《증류본초》에 26항목이 인용되어 있을 만큼 중시된 저작이었다.《증류본초》달래[蒜] 항목에는 "이강의 외갓집 사람이 심통을 10여 년 동안 앓았는데, 여러 약들은 효과가 없었다. 이 약을 복용하자 다시는 발병하지 않았다"라고 적혀 있다(《증류본초》〈산蒜〉). 이강이 말했다는 것은 그의 저술에 기록되어 있다는 뜻으로, 저자의 이름이 책의 제목을 대신하는 것은 흔한 일이었다.

9 　똥오줌 병이 가장 괴로워라

영화 〈광해〉에서 가장 인상적인 장면을 고르라고 하면 단연 임금이 매화틀에 앉아 똥을 누고 내의원의 의관이 그것을 맛보는 장면을 꼽을 만하다. 과장이 섞여 있겠지만 배출된 똥을 통해 임금의 내장 상태를 확인하는 과거 의학의 질병 진찰법이 잘 묘사되어 있다.

많은 환자들이 음식을 소화시킨 결과물인 똥오줌, 그리고 그것을 배출하는 비뇨기와 항문의 문제를 꺼내기 난감해한다. 그래도 어쩌랴, 내 몸을 통과하고 나온 똥과 오줌은 내 몸의 내부 상태를 가장 잘 보여주는 지표인 것을…. 정확한 진단을 위해 각별한 주의가 필요하다. 표리냉열을 구분하지 않겠다는 《향약구급방》의 저자이지만 이질 설사에 대해서만큼은 냉리冷痢, 열리熱痢, 기리氣痢를 구분하며 예외를 허용한다.

이번 항목에서는 냉열리, 대변불통, 치루, 소변불통, 임질, 소변 출혈 등 똥오줌과 관련된 문제를 본격적으로 다룬다.

◇ **열증과 한증을 동반한 이질 설사, 냉리와 열리 – 중16 냉열리**冷熱痢

◇ **대변을 보지 못하는 경우 – 중17 대변불통**大便不通

◇ **치루, 장풍 그리고 탈항 – 중14 치루·장풍**痔漏·腸風

◇ **소변을 보지 못하는 경우 – 중18 소변불통**小便不通

◇ **배뇨장애, 임병 – 중19 임질**淋疾

◇ **소변을 자주 보는 소갈 – 중20 소갈**消渴

◇ **소변에 피가 섞여 나오는 증상 – 중21 소변출혈방**小便出血方

◇ **생식기에 발생한 피부질환 – 중22 음퇴·음창**陰㿉·陰瘡

열증과 한증을 동반한 이질 설사, 냉리와 열리

설사, 이질 설사 그리고 이질

리痢는 설사의 일종이다. 일반적인 설사는 설泄이라고 부르지만, 배변 시 통증이나 출혈이 동반되거나 대변 배출 후 뒤가 묵직한 증상을 보이는 설사는 별도로 이질 설사, 곧 리痢라고 부른다. 설사의 발병 원인은 습사濕邪로 간주되기에 체내에 머물고 있는 습사를 직접 배출시키거나 습사를 담당하는 장기인 비장脾臟의 기운을 끌어올려 간접적으로 습사를 제거하는 방법을 취한다. 한편 이질 설사는 습사뿐 아니라 풍열風熱 등이 정체되어 통증이나 피 또는 고름 배출이 발생한다고 보기에, 설사 증상이 있음에도 불구하고 대변 배출을 유도해 체내에 침투한 사기邪氣를 제거하는 치료법을 취한다. 이를 통인통용通因通用이라고 한다(《동의보감》〈대변大便〉).

《향약구급방》의 저자는 이 책의 독자가 전문적인 의학 지식이 없는 사대부임을 감안해 표리냉열을 살펴야 하는 병증의 치료법에 대해서는 언급하지 않겠다는 원칙을 밝힌 바 있다. 그런데 이 장의 본문에서는 대변 색깔이 푸른색인지 적황색인지 흰색을 띠면서 통증을 동반하는지에 따라 냉리冷痢, 열리熱痢, 기리氣痢로 구분하여 치료할 것을 제시하고 있다. 애초의 편찬 원칙과 다른 예외적인 내용이라 할 수 있다.

한편 이질 설사가 제때 치료되지 않으면 탈수와 전해질 불균형을 초래해 생명이 위험해질 수 있다. 적절한 개입을 위해서는 설사와 이질 설사가 구분되어야 한다. 그러나 《향약구급방》에서는 둘을 구분하는 방법을 소개하지 않을 뿐 아니라 이질 설사를 치료하는 대황, 망초 등과 같은 강력한 효능의 하제 역시 활용하지 않는다. 《동의보감》에 따르면 일반 설사와 달리 이질 설사의 치료 원칙은 하제를 투여하는 것이다. 《향약구급방》의 저자는 독자들이 전문적인 의학 지식이 없더라도 대변 색깔, 출혈, 통증 여부 등을 통해 적극적인 치료가 필요한 이질 설사를 구별해낼 수 있으리라 기대한 것으로 보인다. 이 〈냉열리〉야말로 전달해야 하는 지식의 수준을 어느 정도에서 타협해야 할지 고민하던 저자의 마음이 반영된 편장이라 할 수 있다.

약왕 손사막의 이질 설사 식이요법

손진인孫眞人이 다음과 같이 말했다. 이질 설사를 치료하려면 반드시 음식 섭취를 삼가야 한다. 만약 삼가지 않으면 비록 성인聖人이라 할지라도 치료하지 못할 것이다.

겪어본 사람은 안다. 약왕藥王이라고 불리던 손사막이었지만 설사병의 고충으로부터 자유롭지 않았다. 그는 자신의 저작 《비급천금요방》에서 하룻밤에 화장실을 백 번이나 가야 했던 열리와 냉리를 각각 2회, 1회씩 겪었다고 고백했다. 이어 이질 설사를 치료하는 방제와 함께 가장 중요한 치료법의 하나로 음식에 대한 주의를 강조했다. 그리고 끝에서 음식 섭취를 "삼가지 않으면 성인聖人이라 할지라도 치료하지 못할 것"이라고 경고했다. 손사막이 제시한 주의해야 할 음식은 날 음식, 찬 음식, 신 음식, 미끈거리는 음식, 돼지고기, 닭고기, 물고기, 기름, 유제품, 말린 고기, 간장, 소금 등이었다. 푹 익혀서 먹을 것, 배불리 먹지 말 것이라는 경고도 빠뜨리지 않았다(《비급천금요방》〈열리熱痢〉).

당대의 의가 손사막은 설사 또는 이질 설사의 원인이 세균인지 미생물인지 알지 못했다. 소화기관에 문제가 발생했으니 자칫 소화기관을 자극할 수 있는 음식을 경계시키는 것은 지극히 타당한 접근방식이었다. 몸에 대해 충분히 알지 못했던 동아시아 의가들은 몸을 블랙박스로 간주했다. 대상을 온전히 보존한다는 전제 아래 대상이 받아들이는 자극과 그 자극에 대한 반응을 분석하고 비교함으로써 대상의 본질과 법칙을 찾고자 했다. 원인을 분명히 파악하지 못했던 만큼 설사 병증을 대상으로 한 다양한 시도와 축적된 경험을 근거로 신중하게 접근할 수밖에 없었다. 이질 설사 환자가 경계해야 할 음식을 제안한 것도 이 같은 접근 과정에서 파생된 결과물이었다.

이질 설사를 치료하는 약물

구토하면서 이질 설사가 나는 증상을 치료한 경험. 〔소똥이나 말똥의 즙을 취해 한 잔 복용하면 효과가 매우 좋다. 또는 태워 재로 만들어 간 뒤, 뜨거운 죽에

섞어 3전시[錢匕]를 복용해도 효과가 있다.]

위 조문은 출처가 될 만한 선행 문헌을 확인할 수 없어 《향약구급방》 저자의 경험일 것으로 추측된다. 눈길을 끄는 것은 이질 설사 치료에 소똥이나 말똥을 활용하고 있다는 점이다. 소똥과 말똥은 모두 이질 설사 치료에 효과가 있는 것으로 알려져 있다(《본초강목》〈우牛, 마馬〉). 왜 하필이면 소똥이나 말똥인지는 확인할 길이 없으나 주변에서 구하기 쉬웠던 자연물을 오랫동안 활용해왔던 경험적 산물임은 틀림없다. 앞서 언급했 듯이, 북아프리카 유목민들은 오래전부터 낙타의 신선한 배설물 덩어리를 복용해 이질을 예방하거나 치료해오고 있었다. 2차 세계대전 당시 독일군이 북아프리카를 침공했을 때 이들의 경험지식을 접하고 집단적으로 이질병에 걸린 병사들의 치료에 응용할 수 있었다. 생의학의 관점에서 보면, 동물의 분변이 이질을 치료하는 데 효과가 있는 까닭은 살아 있는 장내 세균총이 일정 역할을 할 수 있기 때문이다.

푸른색의 설사를 배출하는 냉리 치료 약물로 마른 감, 차전자, 생강, 누룩을 제안하고 있다. 출혈이 동반된 열리 치료 약물로는 팥과 당귀를, 흰색 고름을 배출하며 심한 통증을 유발하는 기리 치료 약물로는 마늘과 황벽피를, 출혈과 고름이 섞여 배출되는 감리疳痢 치료 약물로는 해백을 제안한다. 냉리와 열리에 모두 사용할 수 있는 약물로는 달걀과 지유를 권한다. 마른 감, 생강, 누룩 모두 소똥이나 말똥처럼 주변에서 쉽게 구할 수 있는 식재료이자 약물이다.

열리熱痢로 음식이 그대로 나오며 그 색이 노란 경우. 아교 두 냥[볶아서 가루 낸 것], 황벽피 한 냥[얇게 썬 것], 치자 스무 개[껍질을 제거한 것], 당귀한 냥[썬 젓]. 세 가지 약물을 거칠게 갈아 물 한 그릇에 넣고 7할이 될 때까지 달인다. 찌꺼기는 제거하고, 아교를 넣어 녹인다. 따뜻하게 복용한다.

앞서의 처방들과 달리 열리를 앓고 있으면서 먹은 음식이 그대로 나오고 그 색이 노란 경우에는 여러 가지 약물로 구성된 방제를 제안했다. 아교, 황벽피, 치자, 당귀로 구성된 이 방제는 《비급천금요방》에 수록된 치열리수곡방治熱痢水穀方 중 황련과 오매를 제거하고 당귀를 추가한 것이다(《비급천금요방》〈열리〉). 식재료로 활용되던 약물로 구성된 앞의 치료법들과 달리 이 방제는 음식으로 사용할 수 없는 여러 가지 전문 약물들로 구성되어 있다. 필시 열증, 발열이 동반된 이질 설사를 다른 이질 설사에 비해 보다 위급한 그리고 위중한 병증으로 간주한 것으로 보인다. 진액을 보충하는 효능을 지닌 오매는 비슷한 효능을 지닌 당귀로 교체됐다. 그런데 소염 또는 살균 효과가 뛰어난 약물로 알려진 황련을 배제한 이유는 무엇일까? 혹시 구하기 힘든 당시 상황을 반영한 것은 아닐까? 조선시대에 편찬된 《동의보감》에서도 황련은 당약, 곧 수입 약으로 기재되어 있다(《동의보감》〈초부 상草部 上〉).

이질 설사와 이질

이질痢疾(Dysentery)은 세균성 이질과 아메바성 이질로 구분된다. 세균성 이질의 초기 증상은 설사와 복통이다. 중증의 이질은 설사, 발열, 두통, 무력감 등을 동반하며, 1~3일이 지나면 점액, 혈액 및 화농으로 구성된 소량의 설사가 하루에 10~30회 정도 나오는 것이 전형적인 증상이다. 심한 복통과 후중감을 동반한다. 확진을 위해서는 대변 배양 검사를 통해 병원체인 시겔라균의 존재 여부를 확인해야 한다. 치료는 수분과 전해질을 보충하는 한편 항생제를 투여해 균의 배설 기간을 단축시키는 것을 목표로 진행된다.[24] 아메바성 이질은 기생충 이질아메바에 의해 유발된 감염성 대장염이다. 확진을 위해서는 대변 중에 이질아메바가 존재하는지 여부를 확인해야 한다. 이질아메바는 과거 원충 감염의 주요 원인이었으나 최근 위생 환경의 개선으로 많이 감소한 것으로 알려져 있다.[26]

무릇 이질 설사의 색이 파란 것은 냉리冷痢이고, 붉고 누런 것은 열리熱痢다. 콧물처럼 흰색의 변을 배출하는데, 배가 쥐어짜듯 아프고, 기운이 막혀 대변이 잘 나오지 않는 것은 기리氣痢다. 이것은 냉기와 열기가 뭉친 것으로, 마땅히 기리를 치료하는 약물로 다스려야 한다.

《향약구급방》에서 이야기하는 냉리·열리를 세균성 이질이나 아메바성 이질과 동일한 질병으로 볼 수는 없다. 냉리, 열리, 기리의 판단 기준이 대변에 포함된 세균 또는 기생충의 확인이 아니라 푸른색·붉은색 등의 대변 색깔과 통증 여부였기 때문이다. 세균성 이질인지 아메바성 이질인지 판별하려면 이를 감별할 수 있는 현미경이 필요하다. 네덜란드의 박물학자 안톤 판 레이우엔훅Anton van Leeuwenhoek(1632~1732)은 직접 현미경을 제작해 세균을 발견했다. 그는 양고추냉이를 잘라 담가둔 액즙에서 나선균, 곧 세균을 관찰하고 이를 '작은 뱀장어'라고 부르며 미생물 관찰의 새로운 전기를 마련했다.[27] 과학 기술의 발전과 함께 이질을 일으키는 세균과 기생충의 존재가 확인되고 그것을 분별해낼 수 있는 기준이 정립됐지만, 모두가 그것을 받아들인 것은 아니었다. 과거 동아시아 의학 전통에서는 병을 일으키는 별도의 물질, 이른바 세균의 존재를 설명하는 의학 이론이 존재하지 않았기에 그것을 몸에서 제거해야 한다는 치료 원칙도 정립되기 어려웠다. 서로 다른 공간과 서로 다른 역사적 흐름에서 만들어진 의학의 차이였다.

과학철학자 장하석이 밝힌 대로 물질이 불에 타는 연소 현상은 산소로 설명할 수도 있고 플로지스톤으로 설명할 수도 있다. 두 가지 이론이 중층적으로 존재하다가 라부아지에의 산소 이론이 선택되어 지배적인 담론으로 자리 잡은 것일 뿐, 프리스틀리의 플로지스톤 이론에 결정적인 문제가 있어 이를 전복하거나 대체했다고 볼 수는 없다.[28] 세균 및 기생충의 존재는 분명 이질 설사의 병인, 발병 기전, 치료법 등과 관련된 논의들을 포섭했다. 그러나 과거 동아시아 의학계에서 시도해왔던 냉리, 열리, 기리 등의 분류와 치료법에 대해서는 여전히 충분한 설명을 제시하고 있지 않다.

대변을 보지 못하는 경우

고려시대의 변비 치료제

대변을 보지 못하는 증상을 보통 변비라 부른다. 변비는 일상의 불편함 정도로 가볍게 치부되기도 하지만 때로는 심각한 골칫거리가 되기도 한다. 한편 증상을 중심으로 몸을 살펴보았던 동아시아 의학 전통에서 대변을 보지 못한다는 것은 중요한 관심 사안이자 진단 요점이었다. 실제 고전 의서 《상한론傷寒論》에는 외감병을 앓다가 대변을 보지 못하거나 땀을 너무 많이 내어 대변을 보지 못하거나 위장관이 무력해져 대변을 보지 못하는 등의 기전에 대한 다양한 기록들이 있다. 이번 장에서는 대변을 보지 못하는 대변불통大便不通 상황을 다루고 있지만 증상 양상, 원인, 발병 기전 등에 대한 설명은 없다. 그저 설사가 나게 하는 약물과 처치법만을 간단히 적고 있을 뿐이다. 한마디로 복잡한 병리적 해석을 떠나 당장 대변을 보지 못하는 답답한 상황을 해소하기 위한 대처법들이다.

고려시대의 비전문가용 변비약

대극 가루 반 돈을 따뜻한 물에 타 먹으면 잠시 후에 대변이 나온다. 택칠 가루 반 돈을 같은 방법으로 먹어도 대변이 나온다.

또 다른 (처방.) 욱리인[끓인 물에 담근 것]을 껍질과 끄트머리를 제거하고 약간 볶아서 잘게 찧어 가루로 만든 다음 따뜻한 물로 석 돈 먹는다. 대변이 나오지 않으면 다시 더 먹는다.

또 다른 처방. 견우자[아침에 나서 저녁에 지는 꽃의 씨앗을 이름]를 곱게 가루 내어 따뜻한 차에 두 돈을 타서 먹으면 좋다.

대변을 보지 못할 때 약물을 투여해 설사를 유도하는 것은 동아시아의 오랜 의학적 접근법이다. 약물과 관련된 지식 역시 충분히 축적되어 있다. 대변을 보지 못하는 상황이 열熱에 의해 발생한 것인지 한寒에 의해 발생한 것인지에 따라 대황, 망초, 감수 또는 파두 등을 선택적으로 활용한다. 심지어 배변 작용을 촉진하는 약물, 약물 부작용을 줄이는 약물 등을 동시에 소합하기도 한다. 위에 세시된 대극, 택칠, 욱리인, 견우자 등은 임상 진단을 기반으로 사용되던 의약 전문가들의 약물과 다소 거리가 있다. 오로지 대변을 소통시키기 위해 선택된 약물들이다.

고려시대에도 의학 지식을 갖춘 의원들이 사용하던 약물과 의학 지식이 없는 민간인이 사용하던 약물이 어느 정도 구분되어 있었던 것으로 보인다. 오늘날 의사의 처방을 받아야 구입할 수 있는 전문 의약품과 별도 처방전 없이 약국에서 구입할 수 있는 일반 의약품이 구분되어 있는 것처럼 말이다.

변비에 활용된 고려시대의 좌약

대변을 보지 못하는 경우 … 또 다른 방법. 꿀 서 홉에 소금을 약간 넣어 색이 붉어질 정도로 달이다가 찬물에 넣은 다음 세 치 정도의 심지를 네다섯 개 만든다. 항문에 연달아 두세 개를 넣고 단단히 막고 있다가 대변이 급히 나오려고 할 때 놓으면 곧장 대변이 나온다.

변비에 활용하는 내복약 외에 외용약도 기록되어 있다. 꿀과 소금이라는 흔한 소재를 활용해 만든 일종의 좌약이다. 이 처방은 《상한론》에 수록된, 꿀을 끓인 뒤 식혀 막대 모양으로 만든 뒤 항문에 밀어 넣는 밀전도방蜜煎導方과 흡사하다. 저자 장중경張仲景은 《상한론》에서 대변을 소통시키는 여러 가지 저방을 소개했음에도 불구하고 그와 별도로 대변을 소통시키는 좌약인 밀전도방을 수록했다. 이어 땀이나 소변으로 진액이 과도하게 빠져나가 함부로 설사시키기 부담스러울 때 사용할 것을 제안한다. 대변을 보지 못하는 상황에서 지속적으로 변비약, 사하제瀉下劑를 복용하는 것은 약물의 효과를 경감시키거나 몸에 손상을 끼칠 수 있다. 단순 변비라면 내복약보다 좌약의 효과가 빠를 수 있고 좌약은 별도의 의학적 진단 없이도 사용할 수 있다. 《향약구급방》의 집필 의도에 부합하는 치료법이다. 예나 지금이나 의원들은 여러 가지 치료법을 고안하고 또 시도하고 있다.

여말선초의 지식 전승을 추론하는 열쇠, 《향약구급방》

여기 〈대변불통〉에 수록된 내용은 조선 전기에 편찬된 의서 《향약집성방》에도 등장한다. 다만 《향약집성방》에서는 그 출전으로 《향약구급방》이 아닌 《삼화자방三和子方》, 《간이방簡易方》, 《간요제중방簡要濟衆方》, 《본조경험방本朝經驗方》을 거론한다. 그중 고려시대 의학을 담은 것으로 추정되는 《삼화자방》과 《본조경험방》의 인용 문장은 《향약구급방》과 거의 유사한데, 그럼에도 불구하고 《향약구급방》이 출전으로 채택되지는 않았다. 안상우, 이경록 등의 선행 연구자들이 고려와 조선 전기에 간행된 것으로 추정되는 여러 의서들의 선후관계를 밝혀보고자 시도했지만 견해 차이가 존재한다.[29] 선후관계를 확정하기에는 아직 밝혀지지 않은 미지수들이 남아 있어 주의를 요한다. 이와 같은 지식의 채택 편향성은 방정식을 풀어갈 때 반드시 고려해야 할 사항 중 하나다.

치루, 장풍 그리고 탈항

고려시대 사람들도 치질로 고생했다

〈치루·상풍〉 항목에서는 치실을 다룬다. 현재 지질(hemorrhoid)은 직장 하단, 항문, 항문 주위 조직에 생기는 병을 포괄적으로 이르는 말이다. 한자어 '치痔'는 원래 큰 연못에 작은 산이 솟아 나온 것을 지칭하는 말이며 사람의 아홉 구멍 속에 살이 약간 튀어나온 것을 모두 치痔라고 했다. 치루痔漏는 치핵痔核, 즉 항문 주변의 혈관과 결합 조직이 덩어리를 이루어 돌출된 것이 터진 상황을 말한다. 대변을 볼 때마다 맑은 피가 나오면서 멎지 않는 것을 혈치血痔라고 한다. 혈치의 일종으로 장풍腸風과 장독藏毒을 말하기도 하는데, 대변이 나오기 전에 항문에 가까운 곳의 맑고 신선한 피가 나오는 것이 장풍이라면, 대변이 나온 후 항문으로부터 먼 곳의 피가 탁하고 검붉게 나오는 것이 장독이다. 용어 '장풍'은 병인으로서 풍風을 염두에 둔 표현으로 장에 풍습사風濕邪가 침습해 변혈便血이 생긴 것이다. 탈항脫肛은 항문이 빠지는 것, 즉 항문이 뒤집혀 나오는 것을 말한다.

치질의 다섯 가지 종류

《향약구급방》은 다섯 가지 치질, 즉 모치牡痔, 빈치牝痔, 장치腸痔, 맥치脈痔, 기치氣痔를 언급하고 있다. 모치는 항문 주변에 쥐젖 모양의 둥그런 군살이 나오는 병증, 빈치는 항문 주변에 창종이 생겨 돌출해서는 하루에 고름이 여러 개 터졌다가 소멸하는 병증, 장치는 항문 안에 멍울이 생겨 아프고 오슬오슬 춥고 열이 나며 배변할 때 항문이 빠져나오는 병증, 맥치는 항문에 부스럼이 하나씩 나와 아프고 가려운 병증, 기치는 걱정하거나 두렵거나 화나는 일이 눈앞에 닥치면 바로 붓고 아프지만 기氣가 흩어지면 낫는 병증을 이른다(《동의보감》〈후음後陰〉).

한마디로 치질의 병정病情은 반복되는 변비 혹은 복압의 증가로 골반강에 압력이 전해져 피가 울체되고 항문 주변 조직에 염증을 일으켜 창종으로까지 전개되는 상황이다. 이런 까닭에 치질을 치료하기 위해서는 열을 내리고, 어혈을 없애고, 담痰을 움직이고, 뭉친 것을 깨뜨리며, 창양으로 인한 부종을 수렴시키고, 혈액순환을 강화하는 약물을 활용한다. 또한 식상의 압력을 줄이기 위해 선략상 소화기를 열어주는 방법을 써야 할 때도 있으며, 오래된 치질은 대개 보법補法을 먼저 고려한다.

다양한 치질 치료법: 약물 복용, 뜸, 약물 도포, 좌약, 훈증

《향약구급방》에서는 치질 치료법으로 약물 한두 개로 구성된 처방을 제시한다. 치핵을 제거하는 외과적 수술요법은 소개하지 않으며, 주로 약물 복용, 뜸 치료, 약물 도포, 좌약 삽입, 훈증 요법 등을 권유한다.

치질을 치료하는 좋은 처방. 웅담熊膽 간 것 한 개, 사향麝香 한 자[1돈은 4자字이므로 1자는 1돈의 4분의 1이다] 이 두 가지를 새로 길어온 물에 타서 매일 한 돈씩 한 번 복용한다. 돼지고기, 닭고기, 물고기를 피한다. 이를 소량 써서 발라도 큰 효과가 있다.

또 장풍으로 하혈하는 것과 장치로 하혈하는 등을 (치료하는) 처방. 지유地楡〔오이풀[茋茱]〕, 당귀, 백작약 세 가지 약물을 같은 분량으로 가루를 내어 매번 석 돈씩 복용하는데, 물 한 사발에 넣어 7할이 될 때까지 달인 후 찌꺼기를 버리고 (이를) 따뜻하게 복용하면 신기하게 효과가 있다. 또 다른 처방. 황기黃耆〔단너삼[甘板麻]〕, 다섯 냥]와 지각枳殼〔기사리꺼플[只沙里皮], 넉 냥〕, 뜨거운 물에 넣어 속을 제거하고 밀기울〔(향약명은) 기불[只火乙]〕과 함께〔불에〕 누렇게 볶은 것. 두 약물을 싯쓿고 제로 셜리 가부 낸 뒤 소금을 조금 넣은 끓는 물로 하루에 여러 번 자주 복용한다.

다섯 종류의 치질을 치료하는 … 또 다른 방법. 장강혈長强穴에 뜸 100장을 뜨는데, 낫지 않는 경우가 없다.〔혈자리는 척추뼈의 끝에 있다.〕

맥치脈痔로 하부가 벌레 갉아먹은 듯한 경우를 치료하는 (방법.) 고슴도치 가죽[猬皮]〔민간에서는 고삼돗[高參猪]이라 함〕을 태워서 가루 내어 날기름에 개어 바르면 좋다.

몇 가지 약물을 살펴보면 이렇다. 첫 번째 인용문에서는 치질을 치료하는 신험한 처방이라며 웅담과 사향을 복용할 것을 제시한다. 웅담은 열을 내리고 독을 풀어주며 치질로 인한 창양과 종통을 다스린다. 사향은 혈액순환을 자극하고 뭉친 것을 풀어주면서 창양과 종통을 다스리는 데 효능이 있다. 장풍과 장치로 인한 하혈에는, 출혈을 멎게 하고 창종을 수렴하면서 독을 푸는 기능도 있는 지유, 그리고 따뜻하게 혈액순환을 도와주는 당귀와 백작약을 활용할 것을 권하고 있다. 이와 더불어 소화기 및 중초의 기운을 보충하고 양기를 올려주면서도 독소를 밀어내 창종을 수렴하는 황기와 복강 부위의 정체된 담과 뭉친 덩어리를 풀어 소화기를 열어주는 탱자 껍질인 지각을 쓰는 방법도 소개한다. 이는 탈항과 혈변의 직접적인 원인인 직장의 압력을 소화기 순환으로 해소하고자 하는 전략이다.

한편 뜸뜨는 방법도 소개하고 있다. 장강은 꼬리뼈 하단에 위치한 혈자리로 치질과 탈항에 자주 활용된다. 그리고 벌레가 갉아먹은 것처럼 생긴 맥치에는 외용제를 사용해 도포할 것을 제시한다. 위피狷皮는 고슴도치 가죽이다. 치루, 장풍, 탈항, 그리고 다섯 가지 치질에 두루 쓰는 약물로 알려져 있다.

또 다섯 종류의 치질로 크게 헌 경우. 7월 7일에 괴실槐實(홰나무 열매)을 취하여 짓찧어 즙을 낸다. 구리그릇에 담고 졸여서 쥐똥만 한 크기의 환을 만들고는 구멍 안에 넣는데, 세 차례 바꿔주면 곧 치유된다.

이외에도 위 인용문처럼 치질에 창이 생긴 경우 괴실, 즉 홰나무 열매를 환으로 만들어 좌약처럼 쓴다고 했다. 괴실은 열을 내리고 화를 쓸어내며 지혈하기도 한다. 환약을 만들 때는 구리그릇을 쓴다. 구리는 성미가 쓰기[苦] 때문에 혈액을 수렴하는 기능이 있는 것으로 보인다. 구리는 구리그릇, 오래된 동전, 구리젓가락 등의 형태로 《향약구급방》에 등장하는데, 벌레 먹은 치아, 치질로 인한 창양, 귀에 벌레가 들어갔을 때, 그리고 여러 안질환에 활용한다. 구리[赤銅屑]는 눈 관련 질환에 유효하고, 뼈를 붙이고 이를 때우는 데 효과적이다. 특히 산골로 알려진 자연동自然銅은 골절의 특효약으로 알려져 있다.

치질의 끝이 노출되어 있거나 통증을 참을 수 없는 것을 치료하는 (방법.) 지실枳實을 뜨거운 잿불에 묻어서 구운 후 이를 병소에 살살 다림질한다. 다섯 개를 다 하면 바로 낫는다. (다시) 발병하면 다림질한다.
항문이 빠진 것을 치료하는 (방법.) 지실을 돌에 갈아 매끄럽게 하고 구멍을 내어 자루를 붙인 후 꿀을 발라 불에 쬐어 따뜻하게 한다. 거듭 바꿔가면서 이를 항문에 문질러준다. (빠진 항문이) 들어가면 그만한다.

다섯 종류의 치질을 치료하는 … 또 다른 (방법.) 학슬(담배풀)과 건칠(옻나무)을 태워 구덩이에 가지런히 놓고 표주박을 구덩이에 덮고는 작은 구멍을 낸 후 그 위에 앉아 항문을 훈증한다.

다림질 그리고 훈증을 이용한 외용법으로는 탱자 열매인 지실을 많이 활용하고 있다. 지실은 기운이나 체액이 흐르지 않고 꽉 뭉친 것을 깨뜨리고 조직이 커지거나 덩어리진 것을 풀어준다. 또 습열濕熱이 적체되어 배변을 보기 전에는 참을 수 없고 막상 배변을 본 후에는 시원하지 않고 묵직한 느낌이 남아 있어 불쾌한, 이른바 이급후중裏急後重 증후에 사용한다. 치루, 장치, 탈장에 두루 응용된다. 훈증 방식으로 활용하는 약물인 학슬과 건칠은 모두 살충 작용을 하며, 이 가운데 건칠은 어혈을 없애고 뭉친 덩어리를 삭여주는 효능도 있다.

소변을 보지 못하는 경우

통즉불통, 불통즉통

대변은 며칠 보지 못해도 견딜 수 있지만 소변은 단 하루도 배출되지 않으면 안 된다. 자칫 독성 노폐물이 축적되어 중독 증상을 일으킬 수 있다. 이런 까닭에 소변이 나오지 않는 증상은 한시가 급하다. 의사를 바로 만나기 어렵던 과거에도 현장에서 당장 취할 수 있는 조치가 필요했을 것이다.

소변이 나오게 하는 다양한 처치법

소변을 보지 못하면 규자葵子 반 되를 물 석 되로 두 되가 될 때까지 달여서 두 번 나누어 먹는다.

또 다른 (처방.) 정력자葶藶子〔두의냉이[豆衣乃耳]〕 한 홉을 종이에 싸서 약간 볶고 진흙처럼 찧은 다음 대추 살과 섞고 찧어서 녹두만 한 크기로 환을 만든다. 매번 열 알씩 먹되 (여전히) 소변을 보지 못하면 13~14알까지도 먹는다.

또 다른 처방. 견우자牽牛子를 곱게 가루 내어 뜨거운 차에 두 돈을 타서 먹는다.

소변을 보지 못하여 배꼽 아래가 쇠나 돌처럼 단단한 경우를 치료할 때 배꼽을 막는 법. 좀먹지 않은 조협 가루 1큰돈, 밀가루[白麵] 1큰돈, 외쪽마늘 한 개. 식초로 두 가지 약을 갈고 섞어서 고膏를 만들고 종이 위에 손바닥만 한 크기로 바른 뒤 배꼽에 붙이면 바로 (소변을) 본다. 〔백면白麵은 참가루다.〕

인용문에 제시된 규자, 정력자, 견우자는 모두 배뇨 작용을 하는 약물들이다. 그중 규자와 견우자는 대변 배출을 촉진하는 효능도 있다. 견우자의 경우 앞서 대변이 통하지 않는 경우에 사용되는 약물로 소개되기도 했다. 《향약집성방》에서는 조협 가루와 밀가루, 마늘 등과 조합해 만든 고膏를 사용하는 처방을 소변만이 아니라 대소변 모두 소통시키는 외용 치료법으로 소개하고 있다. 대변불통과 소변불통을 아직 엄밀하게 구분하고 있지 않음을 엿볼 수 있다.

또 다른 방법. 백반을 곱게 가루 내어 배꼽에 두고 새로 길어온 물을 떨어뜨리는데, 냉기가 침투하면 곧바로 (소변이) 나온다.

소변을 잘 보지 못하여 아랫배가 딴딴한 것을 치료하는 법. 볶은 소금을 베로 싸서 다림질을 하고 식으면 바꿔준다.

위의 두 치료법은 한열의 관점에서 보자면 서로 반대되는 성격을 지니고 있다. 백반을 활용하는 외치법에서는 냉기가 침투하면 소변이 나온다고 했지만, 소금을 활용한 외치법은 다림질을 하고 식으면 바꿔주면서 온기를 넣어주고 있다. 전문 의약 지식이 없는 독자라면 혼란스러울 수도 있다. 한열을 구분해가며 처치하기를 바라는 것이 저자의 숨은 의도일지도 모르겠다. 어쨌든 차가운 또는 따뜻한 자극이 일정 수준의 역치를 넘어가는 순간 소변 문제가 해소될 수 있으니 그 정도 수준에서 일상에서 취할 수 있는 치료법을 제시한 것이라 여겨진다.

소변이 나오지 않는 상황에서의 일반적인 응급처치, 그러나 하법下法은 신중히

대체로 대소변을 보지 못할 때에는 심하게 설사를 시켜서는 안 되는데, (만약) 설사를 시키면 기운이 가슴으로 치밀어 올라 마치 위중한 병을 앓는 듯할 것이니, 난시 소금씩 약을 먹어서 소금씩 나오게 해야 할 따름이다. 기운이 내려가도 다시 잘 나오지 않으면 또 약을 써서 조금씩 설사를 시켜야 하니, 이것이 알아야 할 바다.

위 인용문에서는 하제를 과도하게 사용했을 때 발생할 수 있는 이상 증상에 대해 이야기하고 있다. 단순히 치료법을 소개하는 정도에 그치는 《향약구급방》에서 보기 드문 문장이다. "조금씩 약을 먹어서 조금씩 나오게 해야 할 따름이다"라는 문장이 눈길을 끈다. 하제를 사용해 소변을 배출시킬 수밖에 없지만 자칫 위험에 빠질 수 있으니 조심해야 한다는 주의사항이다. 끝부분에서 저자는 '이것이 알아야 할 바'라고 조문을 마무리한다. 이 구절은 앞서 식독食毒의 해독약을 복용하는 방법에서도 등장한 바 있다. 의약 전문가의 입장에서 이 책을 읽고 현장의 의료 문제에 대처할 사대부 독자들에게 신중히 접근할 것을 재삼 강조하는 끝맺음이라 할 수 있다.

동아시아의 의학 전통에서 엿볼 수 있는 '통通'의 사유

대소변이 통하지 않는다는 것은 어떤 의미일까? 동아시아 의학 전통에서는 땀이든 대변이든 소변이든, 통해야 할 것이 막혀서 나오지 않는 경우 병리적인 상황으로 보았다. 나아가 기운과 혈의 정상적인 흐름을 막는 담음, 어혈 등을 제거 대상으로 보았다. 이를 잘 설명해주는 구절이 "통하면 아프지 않고, 통하지 않으면 아프다[通則不痛, 不通則痛]"이다. 몸 내부에서 벌어지는 원활한 소통을 병증에서 벗어나기 위해 도달해야 할 목표로 간주한 것이다.

앞서 언급했듯이 동아시아 의학 전통에서는 대변불통과 소변불통의 치료법을 엄격하게 구분하고 있지 않다. 《향약구급방》 역시 편제상 대변불통과 소변불통을 구분해두었지만 목차에서는 이를 묶어 '대소변불통'이라고 했다. 대변이 통하지 않거나 소변이 통하지 않는 증상은 다르지만 모두 하제를 사용해 아래로 소통시키는 전략을 취하고 있기 때문이다. 사용되는 약물 역시 일부 중첩된다. 중국 의학사 분야의 중견 연구자 폴커 샤이트Volker Scheid는 동아시아의 과학사에서 '통通'이 가지는 다양한 의미를 소개하면서 특히 중의학 전통과 관련해서는 인체에 접근하는 일종의 개념이라고 했다.[30] 혹시 서양의 분절적인 인체관이나 생리 병리관으로는 이해하기 힘든 차별되는 개념이었기에 주목했던 것은 아닐까? 치료법을 이해하려면 개별 구성 약물들이 지닌 약리적인 효능을 넘어 인체관까지 더불어 살펴야 함을 강조하는 대목이라 하겠다.

배뇨장애, 임병

항생제 이전 온갖 약물을 동원한 고려 사람들

이번 장의 표제는 임질淋疾, 곧 임淋이라는 질병이다. 현대어의 임질은 성병의 일종인 질병명 Gonorrhea의 번역어로 통용된다. 이와 달리 고려시대와 조선시대의 문헌에서 보이는 임淋은 여러 가지 이유로 소변을 누기가 깔끄러워 소변이 잘 나오지 않는 것을 포괄적으로 이르는 용어였다. 이러한 배경지식 없이 한적 문헌에 등장하는 '淋疾'을 현대어 '임질'로 번역하는 바람에 멀쩡한 인사를 졸지에 문란한 사람으로 만들어버린 사례도 있다. 혼동을 피하기 위해 여기서는 임질淋疾보다는 임병淋病 혹은 임증淋證이라는 단어를 쓰거나 더 풀어서 '배뇨장애'라는 말을 사용하고자 한다.

다섯 가지 종류의 임병

배뇨장애에는 다섯 종류가 있다. 첫 번째는 음경 속이 아프면서 소변이 완전히 배설되지 않는 것이니, 석림石淋이다. 두 번째는 소변에 하얀 즙이 들어 있어서 기름 낀 것처럼 뿌연 것으로, 고림膏淋인데, 육림肉淋이라고 부르기도 한다. 세 번째는 소변이 잘 나오지 않고 뻑뻑한 느낌이 나면서 눈 다음에도 늘 한 방울 한 방울 나오는 것으로, 기림氣淋이다. 네 번째는 소변이 음경 속에 머물러 여러 번 소변을 보러 가나 나오지 않고 아랫배가 땅기고 아픈 것이니, 노림勞淋이다. 다섯 번째는 소변이 콩즙 같거나 혹은 피가 맺히고 잘 나오지 않는 것이니, 혈림血淋이다.

임병에 대해서 《향약구급방》은 구체적으로 석림, 고림, 기림, 노림, 혈림 다섯 가지를 예시했다. 거칠게 얘기하면, 석림은 결석과 유사하고, 고림은 소변이 뿌옇거나 기름기가 보이는 것이며, 기림은 기가 허한 까닭에 수분대사가 잘 이루어지지 않은 상황이고, 노림은 과도한 성생활로 아랫배가 땅기고 아픈 경우이며, 혈림은 어혈, 즉 피가 맺히거나 엉겨 배뇨에 문제가 발생한 것이다. 이러한 임병은 소변이 찔끔찔끔 나오면서 아프고, 소변을 보고 싶으나 나오지 않고, 방금 소변을 보았다가도 또 마렵기도 한 것이 공통적으로 흔한 증상이다. 임병은 요도염이나 자궁경부염을 특징으로 하는 성병, '임질'의 증후도 포괄한다.

임병이라는 범주가 《향약구급방》에 편제된 사실은 설명을 요한다. 물론 소변이 잘 나오지 않는 병증에는 응급 상황도 있겠지만 그렇지 않은 경우가 적지 않기 때문이다. 《향약구급방》은 각종 중독, 혼절, 익사, 자액사, 화상, 낙마, 중풍 등의 응급 상황을 다루고 있지만, 이외에도 피부, 이비인후과, 대소변, 소갈, 소아, 부인, 두통 등의 항목도 편제하고 있어서 종합 의서가 포괄하는 기타 질병도 함께 취급하고 있다. 배뇨 장애 관련 편제만 봐도 임병, 즉 〈임질淋疾〉 외에도 〈소변불통小便不通〉, 〈소갈消渴〉, 〈소변하혈小便下血〉 등의 항목을 따로 뒀다. '소변불통'은 물이 꽉 차서 소변이 나오지 않는 경우이고, '소갈'은 증상도 다를 뿐 아니라 배뇨 이상의 원인이 비뇨기계가 아닌 다른 데 있는 병증이며, '소변하혈'은 소변은 잘 나오는데 소변에 피가 섞여 나오는 증상이다. 이에 비해 '임병'은 배뇨 과정이 힘들기는 하지만 소변이 조금씩은 나오는 상황이다.

임병의 병리 기전 그리고 치료

임병의 병리 기전이나 접근법은 무엇일까? 임병은 한마디로 비뇨기계의 염증 상황이라고 할 수 있는데, 콩팥·요관·방광·요도 등에 물리적인 장애 및 감염 등에 뒤따르는 과도한 생화학적 반응으로 기능적인 배뇨 문제가 유발된 것이다. 치료의 대강은 감염 및 염증 상황을 관리하고 이뇨제를 보조적으로 활용하는 것이다. 좀 더 구체적으로는, 증상이나 질병의 원인에 따라 하복부의 혈관이나 요관을 확장시키고 결석을 녹여 배뇨를 돕거나, 신장 및 방광에 혈액 및 영양 공급을 늘려 기능을 회복시키는가 하면, 어혈을 풀어주고 소변 양을 증가시켜 배뇨가 원활히 이루어질 수 있도록 조치를 취하는 것이다.

혈림血淋을 치료하는 (처방.) 마 뿌리〔일상에서 쓰는 마 뿌리〕열 개를 물 다섯 되에 달여서 두 되가 되도록 줄여 단번에 복용하면 피가 그친다. 신묘한 효험이 있다.

또한 혈림을 (치료하는) 석위산石韋散. 석위石韋〔털을 제거한 것〕, 당귀, 백작약 뿌리, 포황〔각각 두 냥〕을 빻아 체로 걸러서 가루로 만든 후, 1방촌시 분량을 술과 함께 하루 두 번 복용하면 좋다.

여러 배뇨장애 증상 및 소변이 잘 나오지 않고 음경 속이 아픈 경우가 하루에도 수십 번 이르는 증상을 치료하는 (방법.) 이 증상들은 모두 너무 힘써서 쇠약해져서 생긴 허열虛熱이 야기한 것들이다. 석위〔털을 제거한 것〕, 활석滑石〔(향약명은) 곱돌〕, 구맥瞿麥, 차전자車前子, 규자 각각 두 냥을 쓰는데, 이들 다섯 가지를 빻아 체로 걸러서 1방촌시 분량으로 하루 세 번 복용한다.

배뇨장애를 치료하는 (처방.) 적소두赤小豆 세 홉을 약한 불에 완전히 볶은 후 가루를 내고, 구운 파〔葱〕한 줄기를 잘게 자른다. 이들 2전시[錢匕]를 따뜻한 술에 타서 복용한다. 남자와 여자의 혈림·열림에 모두 효과가 있다.

위 인용문에서와 같이 출혈을 동반하는 혈림에 대해서만큼은 전문가가 활용할 법한 방제인 석위산을 소개하고 있다. 그외에는 비전문가를 독자로 상정한 만큼 다섯 가지 임병 각각에 구애받지 않는 통치방 형태의 처치법을 소개하면서 약물의 구성도 비교적 단순하게 제시하고 있다.

본문에 등장하는 약물은 '이뇨통림利尿通淋', 즉 소변이 원활히 나올 수 있도록 도와주고, 소변이 깔깔한 임증을 뚫어주는 효능을 갖는 것이 대부분이다. 이에 더해 수분을 움직이고 뭉친 종양을 풀어주거나, 어혈을 제거하는 효능을 갖춘 약물도 혼용한다. 이를테면 처치법 가운데 마의 뿌리·석위·당귀·적작약·포황·구맥은 혈의 문제를 해결하면서 이뇨 작용을 하고, 활석·차전자·규자·복령·통초는 하초의 열을 내려 (달리 말하면, 골반강의 염증 상황을 해소하면서) 배뇨를 촉진함으로써 임증을 호전시킨다. 또한 적소두는 영양분을 공급하면서 정체된 수분의 움직임을 원활하게 하고, 복령 역시 비위 기능을 향상시키면서 동시에 수분대사를 활성화하는 효능이 있다.

의학 지식의 확보 방법, 유비 추리 또는 우연?

또 다른 (처방.) 어린아이의 배뇨장애가 석림과 같이 나타나는 경우. 수소[牡牛]의 성기 끝에 난 털을 태워 가루로 만든 후 이를 간장[醬汁]과 함께 한 번 복용한다. 분량은 1도규刀圭 쓴다. 〔1도규는 콩알 크기 남짓 분량이다.〕

눈에 띄는 약물로 수소의 성기 끝에 난 털을 들 수 있다. 인용문에서와 같이 어린아이의 임병에는 이를 태워서 간장과 함께 복용한다고 기록되어 있다. 이는 문화사 연구자들이 《향약구급방》의 주술적 성격 혹은 민간요법 사례를 들 때 언급하는 대표적인 처치법이다. 하지만 이 처치법에 어떤 영매를 상정하고 있지는 않다. 또한 민간요법과 전문 의가가 사용하는 치료 방제 사이의 경계가 흐렸다는 점에서 근대적 시선에서 이를 양분함으로써 어떤 딱지를 붙이는 것이 적절한지 의문이다.

중세 동아시아의 물질관을 반영하고 있는 《향약구급방》에는 소, 말, 돼지, 양, 닭 등 가축에서 유래한 약물이 많이 등장한다. 중세인의 생활

공간은, 대부분 도시에서 생활하는 현대인의 삶의 공간과는 달리, 동식물 및 자연과 훨씬 가까웠다. 예를 들어 소의 경우, 현대인처럼 대중매체나 정육점의 진열대를 통해 만나는 것이 아니라, 중세인은 소가 푸짐하게 배변하고 시원하게 배뇨하는 것 그리고 배설물에서 새로운 생명이 이어지는 것을 가까이에서 보며 같이 생활해왔다. 따라서 이러한 처치법은 당대인의 삶에 비춰볼 때 아주 자연스러운 것으로 이를 주술적 행위라고 단순하게 말하는 것은 타당하지 않다.

《향약구급방》 저자의 언급대로 이것이 경험적으로 확인된 지식이라면 이러한 처치법은 유비 추리 혹은 유비를 전용하는 방식으로 확보한 지식이라는 기술이 더 적절할 것이다. 그렇다면 좀 더 의미 있는 질문은 아마도 "이것이 효과가 있었을까?"일 것이다. 효과가 있는 것만을 선정했다는 《향약구급방》 저자의 언설을 받아들인다면, 그것은 심리적 요인이 작동했을 수도 있으며, 특히 장년이나 노인이 아닌 어린아이, 그것도 석림에 활용하는 것이라면 효과가 있었을 가능성이 높다. 특히 수소의 성기 털을 태운 후 발효식품인 검은색 간장과 함께 복용하는 것은 약물의 작용점을 신장 수변의 하초로 이끌어주면서 요관을 확장한 결과 효과를 냈을 것으로 추론할 수 있다. 이런 까닭에 이 처치법은 과학의 반대편에 선 미신이라는 양단논법의 근대적 시선을 넘어, 주변에서 구하기 쉽고 알기 쉬운 물物을 활용해 병고를 풀어나가고자 했던 경험방서 《향약구급방》의 기획 의도 및 당대의 문화적 조건 속에서 이해할 필요가 있다.

자다가 자기도 모르게 소변을 지리는 경우. 연과욕鷰窠蓐〔제비 둥지 안의 풀〕을 태워서 한 돈을 복용하면 즉시 차도가 있다.

또 하나 흥미로운 약물은 자다가 본인도 모르게 소변을 지리는 데 활용하는 연과욕, 즉 제비 둥지 안의 풀이다. 어떻게 이런 물物을 찾아내고, 쓸 생각을 했을까? 이런 질문은 분명 당대인의 문화적 사유를 읽을 수 있는 흥미로운 질문일 수 있지만 어떤 경우는 별 의미가 없는 질문일 수 있다. 제비도 수면을 편히 취할 수 있는 보금자리로서의 제비집, 혹은 제비가 낮게 나는 행태와 우천이 상관관계가 있고 이는 배뇨를 연상시킨다는 억측성 설명도 가능하겠지만, 오히려 우연이었다거나 특별한 사유가 없다는 설명이 더 적절할지도 모른다.

수소의 사례와 달리, 연과욕의 경우 과연 무엇으로 구성되어 있기에 그러한 효과를 낼 수 있는지가 더 궁금하다. 연과욕은 연과토鷰窠土 혹은 연과니鷰窠泥라고도 불리며 제비 둥지 안의 깔개를 지칭하는데, 주로 지푸라기나 풀, 진흙 그리고 제비의 생체 대사산물인 분비물 등이 한데 작용해 만들어진 것이다. 참고로 기운을 보충하는 약물로 활용되는 봉밀蜂蜜/황밀黃蜜 역시 벌집을 만들기 위해 꿀벌이 분비하는 물질이다. 《향약구급방》의 저자는 〈방중향약목초부〉에서 이르기를, "연과욕. 제비 둥지 안의 풀. 독이 없다. 수면 중에 소변을 보는 것과 남자, 여자가 이유 없이 혈뇨를 보는 것을 주로 치료한다. 불에 태워 가루 낸 뒤 술과 함께 반 돈을 복용한다"라며 연과욕의 의학적 의미를 부여했다. 연과욕이라는 물질의 성분 및 인체 내 작동 기전에 대한 탐구는 향후 분석가 및 연구자의 과제로 남는다.

참고로 제비집 요리로 알려진 연와채燕窩菜의 원재료인 새둥지는 바닷가의 해초와 금사연金絲燕이라는 바다제비의 타액 및 분비물로 만들어진 것이라고 한다. 금사연은 칼새의 한 종류로 제비와 다른 종류이며, 요리 연와채는 약물 연과욕과 달리 주로 보양식으로 소비된다.

소변을 자주 보는 소갈

고려시대 사람들도 당뇨를 앓았는가

소갈消渴은 현대의 당뇨병糖尿病과 아주 비슷하다. 많이 먹고 많이 마시는데도 오히려 몸은 야위어가고 힘이 없다. 당뇨의 주요 증상으로 다음多飮, 다식多食, 다뇨多尿, '3다多'를 꼽는다. 물론 몸이 무기력하고 나른하여 살이 빠지는 증상이 선행된다. 기름진 음식을 많이 먹고 운동을 하시 않는 사람에서 잘 온나고 해서 부사병이라고도 한다. 고리시대 사람들이 이 병에 얼마나 많이 걸렸는지는 알 수 없으나 대개 풍족한 생활을 했던 귀족 출신이 걸렸으리라는 것은 짐작할 수 있다.

소갈 대 당뇨

《향약구급방》의 저자는 소갈에 대해 갑자기 소변을 너무 자주 보거나, 임질은 아닌데도 야위어가는 것을 주요 증상으로 언급한다. 몸이 야위고 소변을 자주 보는 것은 무슨 병이 있어서가 아니라, 몸에서 받아들인 영양분을 제대로 활용하지 못하고 유실시킨다는 인식이 담겨 있는 것이다. 살이 빠지면서 '소'모되고 '갈'증이 이어지며 물을 1곡(=10말)이나 마시는 것이 병의 실상이다.

동아시아 의학 전통에서는 소갈의 근본 원인을 열로 꼽는다. 심장의 불[心火]과 신장의 물[腎水] 사이의 균형이 깨져 심장의 불이 과도하게 타올랐기 때문이라는 것이다. 이런 세계관에서의 치료 방향은 위로 타오르는 심화心火를 시원하게 식혀주고 물의 근원인 신수腎水를 보해주는 것이다. 조선 후기에 편찬된 의안 저작 《역시만필》에는 의원 이수기가 유첨정劉僉正의 소갈을 심화를 내려주는 강심탕 열 첩으로 치료했다는 사례가 상세히 나온다.[31] 세계관의 차이는 있지만 그 치료법이 효과를 거두었다는 사실은 의심의 여지가 없다.

한편 현대의학에서는 당뇨를 인슐린의 기능이 떨어진 병리현상으로 규정하는데 구체적으로 인슐린이 잘 생성되지 않는 것(1형)과 생성은 되지만 세포에서 활용하는 능력이 떨어지는 경우(2형)로 나누어 이해한다. 치료법 역시 이에 기반하여 이루어지고 있다. 혈액 속의 영양분을 세포 내부로 전달하는 데 필요한 단백질, 곧 인슐린의 부족 또는 인슐린 수용체의 감수성 저하가 병의 원인이라는 세계관에서는, 당연히 인슐린을 보충해주거나 수용체의 기능을 복구하는 데 치료의 초점을 맞춘다.

소갈 치료약: 소 쓸개, 돼지비계, 죽력

《향약구급방》에서는 소갈 치료 약물로 우담, 부평, 과루근, 파고지,

죽력, 상근백피, 돼지비계 등을 제시하고 있다. 대부분 열을 내리고 진액을 보충하며 신장의 기운을 북돋는 효능이 있는 약물들이다.

소갈에 효험이 있다고 전하는 처방. 검은콩을 우담牛膽〔향약명은 열[与老]〕속에 넣어 그늘에서 100일 동안 말린다. 이것을 삼키면 바로 낫는다.

소갈로 갑자기 소변을 심하게 자주 보고 찔끔거리지는 않으며 야위어가는 경우를 치료하는 처방. 물에 뜨지 않는 돼지비계[猪脂]를 달걀 크기만큼 구워서 기름을 내고 남김없이 복용한다. 이 방법은 소변을 지리는 병증도 함께 치료한다.

또 다른 (방법.) 죽력竹瀝〔청죽靑竹을 태워 즙을 추출한 것〕을 많이 만들어 양껏 마신다. 며칠 동안 그리 하면 병이 낫는다.

먼저 우담은 소의 쓸개다. 우리 문화에서 익숙한 약물로 우황牛黃이 있다. 우황청심원 같은 처방으로 잘 알려져 있지만 사실 우황이 무엇인지 분명하지도 않고 구하기도 어렵다. 담낭의 담석 같은 것으로 보기도 하고 소의 위에 들어 있는 이물질로 보기도 한다. 또《동의보감》에서는 병든 소에게 밤에 대야에 물을 받아 달을 비춰주면 소가 대야에 토해내는 물건이라고 설명하고 있다(《동의보감》〈우황牛黃〉). 이런 애매한 표현을 제치고 특정한 부위를 지정하자면 역시 소의 쓸개다. 우담남성牛膽南星, 우담반하牛膽半夏 등과 같이 소의 쓸개에 약재를 담가두어 약효를 보강하는 가공법도 존재한다. 같은 계열의 약재로 웅담, 저담도 있다.

이밖에 독특한 처방이 하나 더 보인다. 바로 달걀 크기의 돼지비계를 불에 구운 뒤 거기서 뽑아낸 기름을 마시는 방법이다. 돼지기름을 소갈 치료에 응용한 것이다. 이 방법은 조선 초《향약집성방》에도 그대로 수록된 것으로 보아 당대 사람들에게 그 유용성을 인정받았던 것 같다. 이 처방에서는 〈소갈〉과 더불어 소변에 피가 섞여 나오는 〈소변출혈〉, 생식기 주변에 발생하는 질환인 〈음퇴·음창〉 등을 하나의 단위로 묶어낼 수 있는 힌트도 보인다. 돼지비계를 구워 짜낸 기름으로 소갈뿐 아니라 유뇨遺尿도 아울러 치료한다는 대목이 그것이다. 음식을 먹는 대로 소변을 지나치게 많이 보는 증상의 소갈, 소변출혈과 같은 이상 증세, 음부가 붓고 창이 생기는 증세 등의 공통점은 모두 비뇨 생식을 관장하는 장기인 신장과 연관되어 있다. 그리고 오행 중 수水에 해당하는 동물인 돼지의 몸에서 가장 발달한 비계, 즉 기름의 효능 역시 신장과 연관 지어 생각됐을 것으로 짐작된다.

죽력은 대나무를 가열하여 나온 수액을 건조시킨 것이다. 만드는 과정이 다소 특별하다. 알려진 바에 따르면, 큰 대나무를 두 자 길이로 잘라 양쪽으로 쪼개고 물에 하룻밤 담갔다가, 이 대나무 조각을 벽돌 두 장 위에 걸치는데 양끝이 1~2촌 정도 나오게 두고 센 불로 달구면서 양쪽 끝으로 흘러나오는 진을 그릇에 받는다. 병에 넣어 여름에는 시원하게 겨울에는 따뜻하게 저장해둔다.

파고지, 벽에 바르는 도배지인가? 깨진 기왓조각인가?

《태종실록》에 당시 의학자들에 대한 평이 나와 있어 흥미롭다.

임금이 말했다. "오늘날 의학자들은 약방서藥方書에 밝지 못하다. 양홍달楊弘達과 조청曹聽 같은 사람도 또한 그러하다. … 약재의 진위眞僞 또한 알기 어렵다. 예전에 도벽지塗壁紙를 파고지破古紙라고 한 것은 매우 가소롭다. 대체로 의업醫業을 하려면 반드시 먼저 본초本草를 배워서 약성藥性의 한열寒熱을 알아야만 잘못이 없을 것이다."(《태종실록》태종 15년 1월 16일)

태종이 당대 이름난 의사들의 의약 수준이 신통치 않음을 은근히 나무라고 있는데 그 예로 든 것이 파고지다. 의약 전문가조차 파고지를 벽을 바르는 도배지, 곧 도벽지로 알고 있더라는 비판인데, 한때는 조정 신료들에게 큰 웃음거리로 회자됐던 모양이다. 파고지는 약재로 쓰이는 식물의 이름이다. 신장이 허약한 증상에 사용하는 약물로 소갈에도 충분히 활용될 수 있다. 파고지는 보골지補骨脂라고도 하는데 중국 바깥 지역에서 사는 사람들이 이 약재를 지칭하던 파고지婆固脂라는 음을 따라 파고지破故紙라고 부른다는 설명도 있다(《본초강목》〈보골지補骨脂〉). 그 이름이 독특해 여러 가지 혼란을 일으켰으며 실록의 기록으로 볼 때 같은 혼란이 조선 땅에서도 있었던 것으로 보인다.

그런데 설상가상으로 파고지는 파고와라는 명칭과도 혼동이 된다.

소갈에 효험이 있다고 전하는 … 또 다른 (방법.) 깨진 옛 기와[破古瓦]를 달여서 많이 마신다. 그러면 물소리 듣기도 싫어한다.

《향약구급방》에서는 분명히 소갈 치료를 위해 파고와破古瓦를 달여서 마시라고 했다. 깨진 옛 기와를 약으로 쓴다는 것이 쉽게 납득되지 않는다. 파고와가 파고지의 오기인지 파고와로 봐야 할지는 논란이 있을 수 있다. 이 논란에 대한 해답은 세종 조에 편찬된 최대의 의학 서적《의방유취》와 대조해보면 알 수 있다.《의방유취》는 방대한 분량뿐 아니라 꼼꼼한 교정으로도 정평이 난 책이다.《의방유취》에는 위와 관련된 문장에 '오래된 깨진 기왓장'을 의미하는 '고파옥미와故破屋尾瓦'가 기재되어 있으며 해당 문장은 "오래된 깨진 기왓장을 물에 달여 많이 복용하면 물 냄새를 맡는 것도 싫어하게 된다"로 풀어볼 수 있다(《의방유취》〈소갈문消渴門〉). 물을 찾는 소갈 환자에게 물 냄새를 맡는 것조차 싫어하게 만들어 소갈을 치료하는 약물인 것이다. 분명 식물의 씨앗 '파고지'가 아닌 '기와'가 약물로 사용되고 있다. 태종의 한탄을 넘어,《향약구급방》을 비롯한 의서에는 이처럼 기상천외한 기물들이 실제 약으로 쓰였다. 이 지점에서 장자의 한 구절이 떠오른다.《장자》〈지북유〉에 나오는 말이다.

동곽자東郭子가 장자에게 물었다.

동곽자: 거, 선생께서 말씀하시는 그 '도'는 어디에 있는 겁니까?

장자: 없는 곳이 없지요.

동곽자: 뭐라도 말을 해주어야 이해를 하지요.

장자: 땅강아지, 개미한테도 있지요.

동곽자: 허, 그렇게 내려갑니까?

장자: 잡초에도 있지요.

동곽자: 어찌 더 내려갑니까?

장자: 기왓조각 흙벽에도 있지요.

동곽자: 아니 그렇게까지 내려가나요?

장자: 똥오줌에도 있다니까요.

동곽자: ….

이 장면에서 '도道'를 '약藥'으로 바꿔놓아도 그 메시지는 그대로 의미를 가질 수 있을 것이다. 깨진 기왓조각을 약으로 쓸 수 있는 것은 깨진 기왓조각에도 '도道'가 깃들어 있기 때문이다. 똥오줌에도 똑같이 적용할 수 있다. 장자의 메시지와《향약구급방》의 메시지가 서로 멀지 않다.

소변에 피가 섞여 나오는 증상

겉에 드러난 증상만으로 치료법을 제시하다

《향약구급방》의 저자는 확실히 의학 전문가가 아닌 일반인을 독자로 상정하고 있다. 의학 지식이 없어도 관련 내용을 찾아볼 수 있도록 의식적으로 증상을 가려 뽑았다. 소변에 피가 섞여 나오는 것을 의미하는 '소변출혈小便出血'은 앞의 임병淋疾에서 소개한, 배뇨장애에 소변출혈이 동반되는 혈림血淋과 그 증상이 비슷하다. 소변에 피가 섞여 나오는 증상을 임병 부분에서 소개할 수 있음에도 불구하고 별도 항목으로 뽑아 직관적으로 살필 수 있도록 배려한 것이다. 배뇨 시 별도 불편함 없이 출혈만 확인될 경우 곧장 살펴보라는 의미다.

모향茅香 뿌리〔향약명은 띠 뿌리[置伊有根]〕 한 줌을 잘라서 물 1큰사발[大垸]과 함께, 절반으로 졸아들도록 달여서 찌꺼기를 버린다. 매일 세 번 복용하면 효과가 있다.

또 다른 (방법.) 생지황 즙 한 되와 생강 즙 한 홉을 섞어서 단번에 복용한다.

낫지 않으면 다시 복용한다. 이 방법은 허영공許令公이 복용하여 효과를 본 것이다.

또 다른 (방법.) 따뜻한 술과 함께 포황〔(향약명은) 부들망치 위의 누런 가루[蒲槌上黃粉]〕 한 되를 복용하면 좋다. 단번에 한 되를 복용하는 것이 아니다. 한 번에 3~4돈씩 매일 세 번 복용하다가 한 되까지 (복용량을) 늘린다.

모향, 생지황, 포황은 모두 지혈제다. 몸 안 어딘가에서 발생한 출혈을 멎게 해서 소변에 피가 섞여 나오지 않기를 도모하고 있다. 다만 출혈의 근본 원인을 파악해 해결하고 있지는 않다. 겉에 드러난 증상에 따라 즉각 활용할 수 있는 이른바 대증 처방이다.

생지황과 생강을 함께 사용하는 치료법 하단에 넌지시 유명 의학자의 복용 사례를 알리고 있다. 허영공은 중국 송대의 의학자 허숙미許叔微(1080~1154)를 가리킨다. '영공令公'은 높여서 부르는 말이다. 허숙미는 열한 살에 부모를 여의고 의학에 투신했으며 유학 공부를 병행하여 쉰세 살에 진사進士에 급제한 입지전적인 인물이다. 한림집현원翰林集賢院 학사를 지내 '허학사許學士'로 불렸다. 그의 대표 의서는 《유증보제본사방類證普濟本事方》(1143)으로 흔히 《본사방》이라 불린다. 스물세 종의 질병을 분류하고 효과가 탁월하다고 알려진 300여 가지 처방을 수록했다. 《향약구급방》의 저자가 허영공, 곧 허숙미를 언급한 것은 이 책을 읽는 고려 사대부 독자들도 알 법한 인물을 소개함으로써 그 권위를 통해 약효의 신빙성을 높이려는 의도다. 허숙미 외에도 《향약구급방》에서는 손사막, 소서장군所西將軍, 이강, 심괄, 소흥종 등 유명 인물의 사례를 처방의 근거로 제시하고 있다. 저자가 단순한 의약 정보 전달을 넘어 치료법의 신뢰도를 높이기 위해 상당한 노력을 기울였음을 알 수 있다.

한편 《본사방》의 문장은 여기 〈소변출혈방〉뿐 아니라 〈부인잡방〉, 〈고전록험방〉에서도 다수 확인된다. 허숙미의 의서가 당대에 주요 의학 지식으로 유통되고 있었음을 반영하는 대목이다.

생식기에 발생한 피부질환

병에는 부끄러움이 없다

이번 장에서는 생식기 주변부의 통증, 가려움, 부종, 궤양, 피부 침식 등 다양한 증상을 소개하고 있다. 남녀의 생식기 문제를 다루고 있으며 병증 및 치료법의 묘사를 통해 남성과 여성에 해당하는 치료법을 구분하고 있다. 예를 들어 음퇴陰癪에는 '고환 한쪽이 커진 것이다'라고 설명하면서 남성의 질병으로 특정하고 있으며, 생식기 궤양·부종을 의미하는 음창陰瘡, 음종陰腫에는 '부인婦人'이라는 단어를 접두어로 붙여 여성의 질병임을 분명히 밝혀두고 있다.

'퇴산'은 어떤 병인가

음퇴라는 질병 명칭은 생소하다. 《향약구급방》에서는 음퇴라는 용어를 사용하고 있지만 동아시아 의학 전통에서는 산疝, 산기疝氣라는 이름이 아랫배, 사타구니, 음부와 관련된 질병의 명칭으로 통용되어왔다. 산疝이라는 글자에는 아프다는 의미가 포함되어 있다. 음퇴는 퇴산㿉疝이라고도 부르는데 우리말 '토산불알', '토산불이'가 바로 이 퇴산에서 유래했다고 한다. '토산불이'는 퇴산, 곧 '토산불알'을 앓는 사람을 말한다. 제목 옆에 달린 설명에 따르면 고환 한쪽만 커진 것이 퇴㿉다.

그렇다면 여성에게는 음퇴가 발병하지 않는 것인가? 《동의보감》을 참고해보면 "부인의 음부가 붓고 아프며 돌처럼 단단해지는 것, 부인의 음문이 돌출하는 것 등을 모두 퇴산증이라고 한다"(《동의보감》〈전음前陰〉)라며 굳이 남성에게만 한정하지 말 것을 언급하고 있다. 산증疝症을 가리키는 '퇴㿉'는 음부의 병증을 가리키는 '퇴癏'와 통하기도 한다. 더 구체적으로 살펴보면 여성의 퇴산은 "음문으로 자궁이 빠져나온 것을 말한다"라고 했다. 현실적 모습은 "음문으로 버섯 같은 것이나 닭의 볏같이 생긴 것(또는 버섯 모양)이 내려 처져서 그 둘레가 붓고 아픈 것"이라고 묘사했다. 의학서에는 이처럼 병의 실상을 있는 그대로 숨김없이 나타내는 전통이 있다. 나아가 그 원인을 추적하는 데에도 "성질이 더운 약을 많이 먹었거나 지나치게 근심하거나 생각이 많아서"와 같이 섭식이나 생활습관에 의한 기운의 축적이라는 일반적 차원과 함께 "지나치게 성생활을 했거나 성욕이 동하는데 뜻대로 하지 못했기 때문"이라거나 "월경 직후 바로 성교를 하여 탁기濁氣가 음도陰道에 잠복되었기 때문"과 같이 직접적이고 노골적인 부분까지 가감 없이 공개하고 있다(《동의보감》〈전음〉). 성욕과 성교의 문제를 터부시하거나 도덕적 문제로 보는 것이 아니라 어디까지나 건강한 삶의 유지라는 테두리 안에서 절제와 타이밍의 선택 문제로 한정하고 있는 것이다.

퇴산의 치료 약물

남녀 공히 음부는 외부 기운과 직접적으로 맞닿아 있고 늘 습한 곳이기도 하여 질병이 쉽게 침범한다. 몸의 정기正氣가 부족한 상황, 곧 영양 부족, 면역 저하, 스트레스 상황에서 더 쉽게 발생하기도 한다. 《향약구급방》에서는 치료제로 도인, 복룡간, 사상자, 행인, 황벽피, 지각 등 살균 작용이 있는 약물을 소개한다. 내복하는 방법보다 환부를 씻어내거나 훈증하거나 약물을 도포하는 방법이 많은 점이 특징적이다.

음퇴의 치료 처방. 도인〔복숭아 속씨〕을 잘 빻아서 환부에 붙인다. 여성의 음종도 치료한다.

또 다른 (방법.) 도인을 노란색이 되게 충분히 볶고 곱게 가루 낸다. 탄환 크기만큼 술로 복용한다. 요승원姚僧坦[姚]●은 "세 번을 넘기지 않는다"라고 했다.

또 다른 (방법.) 아궁이 바닥 황토를 달걀노른자와 섞어서 환부에 바른다. 〔황토는 복룡간이다.〕

또한 음부가 가렵고 종기가 난 경우. 호마자胡麻子〔향약명은 깨[荏子]〕를 씹어서 환부에 붙인다.

여성의 음창. 행인을 태워 검어지도록 한 뒤 빻아서 환부에 바른다.

● 남북조시대의 의학자.

음부가 갑자기 찌르는 것처럼 아프면서 땀이 많이 쏟아지는 경우를 치료하는 방법. 달래 한 되, 염교 뿌리와 버드나무 뿌리 각각 한 근을 잘게 썬다. 술 석 되와 함께 끓어오르게 달인다. 그 뜨거운 기운으로 환부를 훈증한다.

복숭아 속씨인 도인은 내복법과 외용법이 함께 쓰이고 있다. 또 독성이 있기 때문에 볶거나 가열하여 약간 중화시킨 뒤 복용할 것을 권하고 있다. 태우고 바짝 말리는 것은 습 기운을 제거하는 효과도 얻을 수 있다. 복룡간이라는 묘한 이름의 약은 아궁이 바닥의 흙을 말하는데, 아궁이 흙은 오랫동안 열에 가열되어 매우 건조하고 멸균 상태이기도 하므로 음부처럼 습한 곳에 번식하는 세균을 잘 제거할 수 있을 것이다. 호마자를 씹어 음부에 붙이는 것은 호마자에 함유된 기름의 세균 활동 억제 효과를 노린 것으로 보인다.

소산小蒜(달래), 해薤(염교) 뿌리, 버드나무[柳] 뿌리를 술에 달여서 음부를 훈증하는 요법은 주목할 만하다. 매운맛과 강한 향이 있는 약물과 진통 살균 효과가 탁월한 버드나무 뿌리를 알코올 용매로 증기를 추출하여 환부에 작용하도록 한 치료법이다. 버드나무 뿌리는 아스피린의 원재료이기도 하다.

10

여성의 산고, 어찌 헤아리랴

지금처럼 산부인과 병원이 없었던 시절에 출산과 출산 이후의 처치는 어떻게 이루어졌을까? 고려시대 산모, 특히 《향약구급방》 의학의 적용 대상이었을 평민들의 출산이 어떻게 이루어졌는지를 보여주는 기록은 아직 확인되지 않는다. 따라서 중국이나 조선시대의 기록에 의거해 짐작할 수밖에 없다. 이때 송대 성리학의 도입과 함께 자리 잡은 '남녀유별'의 인식이 출산 과정에 어떤 영향을 미쳤는지는 구별해서 살펴보아야 한다. 조선시대와 마찬가지로 고려시대에도 남편이나 남성 의원이 출산 현장에 들어오지 못했는지, 일부 사대부 집안만 그러했던 것인지에 대해서는 단언할 수 없다.

《향약구급방》 하권은 〈부인잡방婦人雜方〉부터 시작한다. 임신·출산에 관한 내용을 다루는 〈부인잡방〉은 크게 네 가지 문제를 다룬다. 첫째, 난산·역산·사산 등 출산 과정에서 발생하는 문제, 둘째, 임신 중 하혈·유산 등 출산 이전에 발생하는 문제, 셋째, 과다 출혈·산후풍·산후 번갈·유즙 분비 저하·산후우울(히스테리) 등 출산 이후에 발생하는 문제, 넷째, 임신 금기 등이다.

◇ **부인의 여러 가지 증상 치료법 – 하1 부인잡방婦人雜方**

부인의 여러 가지 증상 치료법

고려시대의 출산은 어떻게 이루어졌을까

조선시대 사대부 일가의 부인이 평생에 걸쳐 출산한 자녀의 수는 평균 5.09명이었다. 그리고 193명의 조사 대상 중 25명은 출산 당시 혹은 출산 후유증 때문에 사망한 것으로 기록되어 있다.[32] 《향약구급방》이 편찬된 고려 후기부터 조선시대에 이르기까지 출산과 관련된 의료 기술의 혁신은 이루어지지 않았다. 경제적으로 조금 더 여유로웠을 조선시대 사대부 집안의 여성 여덟 명 중 한 명이 사망했을 정도니 고려시대 일반 여성들의 출산 및 출산 후유증으로 인한 사망률은 더 높았을 것이다. 난산을 해결하기 위한 제왕절개 수술, 과다 출혈을 방지하기 위한 수혈 등의 치료법이 존재하지 않았던 만큼 전통 시대 분만을 앞둔 산모들은 그야말로 삶과 죽음의 갈림길에 있었다고 해도 과언이 아니다.

출산, 난산, 그리고 유산

중국 당송대 의서 《외대비요外臺秘要》, 《십산론十産論》 등에는 산모가 쪼그려 앉은 채 분만하는 과정이 상세히 묘사되어 있다. 진통이 시작되자마자 분만이 이루어지는 것은 아니기에 아기가 나올 때까지 내내 쪼그려 앉아 있을 수밖에 없었다. 그야말로 고역이었다. 불편한 자세를 취해야 하는 산모가 몸을 기댈 수 있도록 천장에 나무를 저울대처럼 매달아두거나 끈, 말고삐 등을 달아 손으로 쥘 수 있게 했다. 순조로운 분만을 위해서는 최소 두 명의 조산사, 이른바 산파가 필요했다. 한 사람은 뒤에서 산모의 몸을 받치면서 힘을 줄 수 있도록 도왔고, 다른 한 사람은 몸을 구부린 채 산모의 몸에서 빠져나올 아이를 기다렸다.[33]

신속하고 안전한 출산은 산모, 산파, 산모 가족 모두의 바람이었다. 이를 위해 산모의 진통 양상이 어떠한지, 자궁이 어느 정도 열렸는지를 확인하고 어느 시점부터 분만을 개시할지를 결정해줄 사람이 필요했다. 금기 등의 이유로 남성이 출산 현장에 함께할 수 없었던 만큼 경험 많은 산파가 이 역할을 담당했다. 산파는 고통스러워하는 산모에게 어떻게 숨을 쉬어야 하는지, 언제 힘을 주어야 하는지 등을 설명하며 분만을 유도했다. 이외에 분만 장소 및 관련 도구 준비, 산모의 분만 위치와 방향 확정, 신생아 탯줄과 태반의 처리, 주변 사람 통제 등 출산 과정 전반을 이끌었다. 난산으로 이어졌을 때 약물을 복용시킬지, 의원을 부를지 등을 결정하는 것 역시 산파의 몫이었다.

남편은 분만 현장에 들어올 수 없었다. 다만 어떤 상황이 벌어질지 예측할 수 없기에 내내 대기해야 했다. 약물을 준비하고 의원을 불러달라는 일반적인 요청을 받기도 했지만, 태아의 출산과 태반의 배출을 돕기 위해 자신의 속옷을 벗어 우물 위에 놓아달라거나 물을 머금은 채 들어와 산모의 얼굴에 뿜어달라거나, 사산된 아이의 배출, 횡산 또는 역산의 처치를 돕기 위해 자신의 소변, 음모, 손톱 등을 공급해달라는 요청을 받기도 했다.[34] 남성 의원 역시 출산 현장에 들어갈 수 없었다. 결국 현장을 지휘하는 산파와, 난산·사산 등의 뒷수습을 해야 하는 의원 사이에 의견 대립은 불가피했다. 조선시대에 편찬된 《역시만필》에도 출산 후 태반이 나오지 않자 산모의 허리와 배를 천으로 졸라 억지로 배출시키려다가 산모를 사망에 이르게 한 산파에 대한 의관 이수기의 따가운 비판이 수록되어 있다.[35]

> 부인이 출산이 잘 안 되어 사흘이 지나도 나오지 않는 경우. 토끼 머리를 태워 가루로 만든다. 물로 복용하면 매우 효과가 좋다.
> 또 역생逆生을 치료하는 (처방.) 선각蟬殼 두 개를 가루 낸 뒤 세 자밤을 따뜻한 술과 함께 복용한다. 〔선태蟬蛻이다.〕

> 또 태아가 멋대로 자세를 취해 잘 나오지 않는 경우, 자선자 혹은 토사자를 술로 복용한다. 즉시 나온다. 술이 없으면 쌀뜨물로 복용해도 좋다.

진통이 시작된 뒤 자궁문이 3~4센티미터까지 벌어지는 데 20시간(또는 14시간)이 넘어가게 되면 별도 조치가 필요하다. 산모와 태아 모두 위험한 상태이기 때문이다. 태아가 태위, 태향 및 발육에 이상이 있는지, 산모의 골반이나 산도에 이상이 있는지, 자궁을 수축하는 힘에 문제가 있는지 등을 살펴야 한다.[36] 분만이 제대로 이루어지지 않거나 태아의 머리는 나왔는데 어깨가 나오지 않거나 엉덩이, 어깨 등이 먼저 나오게 되면 더 적극적인 조치가 필요하다.[37] 이런저런 문제로 출산 중에 태아가 사망할 수도 있다. 태아는 나왔는데 태반이 배출되지 않을 수도 있다. 사망한 태아나 태반 일부가 배출되지 않은 채 남아 있게 되면 출혈과 감염 등으로 산모의 목숨이 위태로울 수 있다. 출산의 위험에서 산모를 구할 수 있는 제왕절개 수술은 1909년 미국인 선교사에 의해 대구 동산의료원에서 처음 시도된 것으로 알려져 있다. 그전까지 산모들은 어떻게 살아남았을까? 아니 살아남을 수 있었을까?

부인이 임신 5~7개월에 어떤 사정으로 절구공이로 짓찧거나 돌이 부딪는 것 같은 상황이 태胎에 나타나거나 또는 태아가 죽은 채 배 속에 머물러 오로惡露가 흘러나오고 통증이 그치지 않으며 입을 꽉 다물어 죽을 것 같은 경우를 지료할 때 이 약을 사용해 탐색한다. 만약 태아가 손상되지 않았다면 통증이 그치고 태아와 산모가 모두 편안해질 것이다. 만약 태아가 손상되었다면 바로 배출된다. 이 약은 출산 촉진에 신묘하다. 당귀 여섯 냥, 궁궁 넉 냥. 위의 약재를 거칠게 가루 낸다. 매번 석 돈씩 물을 작은 잔 한 잔으로 자작자작할 때까지 달인다. 마르면 술을 큰 술잔 한 잔 넣고 한 차례 끓어오를 때까지 달인다. 찌꺼기를 제거하고 따뜻하게 복용한다. 만약 입을 꽉 다물고 있으면 입을 벌리고 넣어준다. 사람이 5~7리 정도 걸어갈 시간이 지나면 다시 복용시킨다. 두세 번 복용하기 전에 소생한다.

임신부의 20~25퍼센트가 임신 20주 이전에 출혈을 경험하고 그중 절반은 자연유산이 된다고 한다.[38] 《향약구급방》의 저자 역시 임신 중에 출혈이 발생하면 자궁이 말라 사망할 수 있다며 그 위험을 경고한 뒤 임신 중단 상황에 대한 대처법을 소개하고 있다. 보통 임신 3개월이 지나면 유산의 위험이 적어진다고 한다. 그렇지만 임신 5~7개월 중이라도 알 수 없는 어떤 일로 인해 갑자기 출혈이 생기거나 심각한 통증이 발생할 수 있다. 자궁 속을 직접 들여다보고 태아의 심장 박동 소리까지 들을 수 있는 진단기기가 없었던 과거에는 속수무책이었다. 상황을 호전시킬 수 있는 약물을 투여한 뒤 임신 유지 여부를 확인하는 것이 거의 유일한 대처 방안이었다.

출산 이후, 과다 출혈 그리고 후유증

출산 후 악혈惡血이 그치지 않거나 배 속에 덩어리가 뭉쳐 아픈 경우 등 여러 질병에 바로 효과를 보는 처방. 건지황, 궁궁〔궁궁초〕, 백작약, 당귀. 위의 약재를 동일 분량으로 하여 거칠게 가루 낸다. 매번 넉 돈씩 물 한 사발로 7할이 될 때까지 달이고 찌꺼기를 제거한다. 때를 가리지 않고 따뜻하게 복용한다. 신묘한 효험이 있다.

부인이 출산을 하고 나면 세 가지 질병이 생긴다. 한쪽으로 기운이 몰려 답답하고 땀이 많이 난다. 땀이 많이 나면 대변이 막힌다〔진액이 적어졌기 때문에 대변이 건조한 것이다〕. 그러므로 약을 사용하기 어렵다. 오직 마자麻子〔열[与乙]〕와 자소紫蘇 열매로 만든 죽이 가장 좋고 또 원만하다. 자소자, 대마자〔각 반 홉〕. 깨끗이 씻어 매우 곱게 가루 낸다. 물을 사용해 다시 한 번 간다. 한 잔의 즙을 취해 2회로 나누고 죽으로 끓여 마신다. 이 죽은 출산이후뿐 아니라 노인들이 장부臟腑 기능이 떨어져 대변이 막힌 경우에도 복용할 수 있다. 늘 이것을 복용하면 기운을 아래로 끌어내리는 효과가 더욱 신묘하다.

부인이 장조臟燥를 앓아 슬퍼하다가 울고 싶어 하고 자주 하품하며 이유 없이 슬픈 감정이 그치지 않는 것을 치료하는 처방. 감초〔두 냥, 볶은 것〕, 밀〔한 되〕, 대추〔열 개〕. 위의 약재를 이빨로 끊고〔잘게 자름〕 물 여섯 되로 달여 석 되를 취한다. 찌꺼기를 제거하고 따뜻하게 세 번 나눠 복용한다. 비장脾臟의 기운을 보충하기도 한다.

분만 후 주의 깊게 살펴야 할 문제 중 하나는 과다 출혈이다. 첫 번째 인용문에서도 출산 이후에 출혈이 멈추지 않는 것에 대해 언급하고 있다. 보통 출산 후 3~4일 동안은 혈이 섞인 붉은색의 산후질분비물이 배출되다가, 22일에서 27일 사이에는 하루 여러 장의 패드를 바꿀 정도의 장액성 산후질분비물이 나온다. 장액성 산후질분비물은 점차 백혈구가 섞여 옅은 노란색을 띠는 백색 산후질분비물로 바뀌게 된다.[39] 이렇게 출산 후 배출되는 분비물을 통칭해 오로惡露라고 한다. 아무리 오로라고 하더라도 그치지 않고 계속 배출된다면 빈혈 등의 문제를 일으킬 수 있다. 적극적인 대처가 필요하다.

《향약구급방》의 저자는 과다 출혈 이외에 출산 이후 발생할 수 있는 질병으로 산후풍, 번갈, 변비, 산후우울, 유즙 분비 저하 등을 꼽고 있다. 그리고 이에 대한 예방 대책으로 출산 후에는 바람이 없는 곳에 거처하되 너무 따뜻하게 옷을 입거나 이불을 덥지 말 것을 당부한다. 땀이나 외부에서 들어온 바람에 손상될 것을 경계했기 때문이다. 번갈과 변비의 원인은 과다 출혈과 진액 감소로 특정되어 있다. 그러나 산후풍이나 산후우울 증상으로 보이는 장조臟燥가 왜 발생하는지에 대해서는 설명하지 않는다. 짐작하건대 산후풍은 출산 과정에서 발생한 기운 소진과 출혈 과다로 발열과 발한이 발생하고 그 결과 피부의 땀구멍이 열려 풍사가 침투할 가능성이 높아졌기 때문으로 여겨진다. "슬퍼하다가 울고 싶어 하고 자주 하품하며 이유 없이 슬픔이 그치지 않는" 증상을 보이는 장조는 일반적으로 신경증의 한 형태인 히스테리Hysterie로 번역되지만 반드시 출산과 결부되어 나타나는 것은 아니다. 저자가 이 병증을 〈부인잡방〉에 배치하고, '오장이 날뛴다'는 의미의 장조藏躁가 아닌 '오장이 말랐다'는 의미의 장조臟燥로 표기한 것은 출산 이후 발생한 과다 출혈, 급격한 호르몬의 변화, 출산과 관련된 스트레스, 양육에 대한 부담감 등으로 인해 발생하는 산후우울(peripartum depression)을 염두에 두었기 때문일 것이다.

임신과 출산, 그리고 혈血

교가산交加散. 부인의 영혈과 위기[榮衛]가 잘 통하지 않아 월경이 균일하세 이르시 않고 배 속이 쉬어싸듯 아프며 기운이 낳고 혈은 석기 때문에 뭉쳐져 생긴 가瘕를 치료한다.

출산 후 출혈량이 너무 많아 가슴이 답답하고 갈증이 나는 것을 치료하는 처방. 포황 가루 두 돈. 물에 타서 복용한다. 만약 갈증과 건조함이 심하면 새로 길어온 물을 사용한다.

임신 중에 하혈하는 것을 누포漏胞라고 한다. 포胞가 마르면 죽는다. 생지황 반 근을 청주淸酒 한 말로 두세 번 끓어오르도록 달인 뒤 짠다. 찌꺼기를 제거하고 수시로 복용한다. 많이 복용할수록 좋다.

《향약구급방》의 저자는 임신·출산과 관련된 주요 병증에 혈血의 문제를 언급한다. 혈은 우리말로는 '피', 영어로는 'blood'다. 그러나 한의학 저작에서 이야기하는 혈과 통용되는 blood의 개념, 영양물질과 산소를 세포에 공급하고 대사 과정에서 발생한 부산물을 세포 바깥으로 배출하는 체액은 동일하지 않다. 혈에는 전신을 운행하는 기氣, 전신을 채우고 있는 진액 등의 개념이 혼합되어 있기 때문이다.

위의 인용문에 나오는 "부인의 영혈과 위기[榮衛]가 잘 통하지 않아 월경이 균일하게 이르지 않고 배 속이 쥐어짜듯 아프며 기운이 많고 혈은 적기 때문에 뭉쳐져 생긴 가瘕를 치료한다", "출산 후 출혈량이 너무 많아 가슴 답답하고 갈증이 나는 것" 등의 병증 설명을 통해 혈에 위의 개념들이 혼합되어 있음을 확인할 수 있다. 먼저 출산 이후에는 혈이 줄어들어 상대적으로 기운이 많아질 수 있다. 그렇기에 고정된 형체는 없지만 기운이 뭉쳐진 가瘕가 만들어질 수 있으며 이를 치료하기 위해 부족한 혈을 보충한다고 알려진 생지황이 포함된 교가산을 복용시킨다. 둘째, 출산 이후 출혈이 지속되면 열이 발생해 진액을 손상시키기 때문에 갈증이 생기는데, 이를 치료하기 위해 지혈제인 포황을 복용시킨다. 악혈, 오로, 하혈 모두 몸속에 있던 붉은 피가 배출되는 양상을 설명하는 단어들이지만, 혈의 개념을 어떻게 상정하는지에 따라 병증에 대한 이해와 처치법은 서양 의학의 blood에 대한 처치와 차이를 보일 수밖에 없다.

샬럿 퍼스Charlotte Furth는 《황제내경》에서 나타나는 음양동체陰陽同體의 신체관이 송대 이후 남정여혈男精女血로 분화되어갔다고 주장한 바 있다.[40] 진자명陳自明을 비롯한 송대 의가들이 여성의 몸을 혈 중심으로 파악하고 그와 관련된 전문적인 약물 및 처방을 활용해갔음을 포착한 탁월한 지적이었다. 그러나 고려시대에 편찬된《향약구급방》의 경우 〈부인잡방〉의 임신·출산, 〈음퇴·음창〉의 생식기 질환 이외의 부분에서 남성과 여성의 차이를 부각하며 접근하는 기술은 거의 포착되지 않는다. 오히려 장부와 부인의 나력을 치료해서 효과를 보았던 방제[丈夫婦人瘰癧經効方]나 남자와 여자가 앓고 있는 혈림과 열림[男子女人血淋熱淋]을 치료하는 방제 등과 같이 남녀가 공용하는 방제를 소개하고 있다. 가정에서 발생하는 일상적인 또는 시급한 문제를 다루는《향약구급방》의 성격 탓일 수도 있지만, 의서 전반적으로 남녀 간 치료법의 차이는 뚜렷이 부각되지 않는다.

〈부인잡방〉의 약물: 토끼 머리, 형개수, 교가산

부인의 태아가 죽은 채 배 속에서 나오지 않는 경우를 치료하는 (방법.) 소 똥을 배 위에 바르면 바로 나온다.

태반[이차음伊此音]이 나오지 않는 경우. ⋯ 또 다른 (방법.) 토끼 머리 태운 가루를 물과 함께 복용한다. 매우 효과가 좋다.

출산 후 풍사에 적중되어 입을 다물거나 턱이 단단하게 경직되거나 손발에서 무의식적인 경련이 일어나는 경우. (늘어졌다 당겨졌다 하는 것이 일정하지 않다.) 형개수[이사기]. 위의 한 가지 약재를 한 냥가량 가볍게 말려 곱게 가루 낸다. 매번 두 돈씩 따뜻한 술에 타서 복용한다. 이 약은 기묘한 효과와 신성神聖한 효능이 있다. 산실産室에는 바람이 들지 않는 것이 좋다. 그렇지만 옷과 이불, 휘장과 침구로 지나치게 덥게 만들어서도 안 된다. 너무 더우면 피부의 주리腠理가 열려 쉽게 풍사에 적중되고 바로 정신을 잃게 된다.

교가산. 부인의 영혈과 위기[榮衛]가 잘 통하지 않아 월경이 균일하게 이르지 않고 배 속이 쥐어짜듯 아프며 기운이 많고 혈은 적기 때문에 뭉쳐져 생긴 가瘕를 치료한다. 또는 출산 후 풍사에 적중된 것을 치료하는 처방이다. 생지황 석 냥〔갈아서 즙을 취함〕, 생강 다섯 냥〔갈아서 즙을 취함〕. 위 약재들의 즙을 섞어 하룻밤 동안 담가둔다. 〔생강 즙에 지황을 담그고, 지황 즙에 생강을 담그는 것을 말한다.〕 각각을 누렇게 볶되 그 즙이 완전히 없어지도록 한 뒤 가루를 낸다. 일반적인 복통에는 술에 석 돈을 섞어 복용한다. 출산 후에는 더욱 빠뜨리면 안 된다.

〈부인잡방〉에서 사용된 약물은 크게 세 가지로 구분된다.

첫 번째는 비슷한 것끼리는 서로 연관되어 있다는 동류상감의 의식 하에 활용하는 약물이다. 난산이 사흘째 이어질 때 토끼 머리를 태워 그 재를 복용하거나, 태아가 죽은 채 배출되지 않을 때 소똥을 배에 바르거나, 태아가 머리부터 나오지 않고 발부터 나오는 역산의 양상을 보일 때 남편의 음모를 태워 복용하거나, 태반이 배출되지 않을 때 활시위를 물에 끓여 복용하는 것 등이다.

두 번째는 병리 기전이나 사용 원리 및 방법에 대해 별다른 설명 없이 대증적으로 활용하는 단일 약물이다. 출산 후 입을 다물거나 턱이 단단하게 경직되거나 손발에서 무의식적인 경련이 일어날 때 형개수 가루를 술에 타 복용하거나, 과다 출혈이 이어지며 번갈이 발생할 때 포황 가루를 복용하거나, 사산된 채 배출되지 않을 때 당귀를 복용하거나, 유즙이 분비되지 않을 때 토과근 가루를 따뜻한 물에 타서 복용하는 법 등을 제시하고 있다.

세 번째는 전문적인 의학 용어를 활용하며 병리 기전, 사용 원리 및 방법을 설명하고 있는 다소 전문적인 복합 방제의 활용이다. 출산 후 출혈이 그치지 않고 복통이 이어질 때 건지황, 천궁, 백작약, 당귀로 구성된 사물탕을 복용할 것, 배 속이 쥐어짜듯 아프며 뭉쳐짐이 느껴지는 가癥의 증상을 보일 경우에는 생지황, 생강으로 구성된 교가산을 복용할 것, 슬퍼하다가 울고 싶어 하고 자주 하품하며 이유 없이 슬픔이 그치지 않을 경우에는 감초, 소맥, 대조로 구성된 감맥대조탕을 복용할 것을 제시하고 있다. 교가산 이외에 사물탕, 감맥대조탕의 명칭은 명기되어 있지 않지만 간단하면서도 적용 병증이 분명한 방제들이라 명칭 파악에 별다른 어려움이 없다.

첫 번째 접근방식은 문화 약리, 두 번째와 세 번째는 경험 약리로 설명될 수 있다. 먼저 문화 약리는 의학적 합리성이라기보다는 당대의 통념에 근거한 환자들의 기대 의식을 반영한다. 특히 난산 처치를 위해 소개된 토끼 머리를 태워 가루로 만든 재를 복용하는 처방은 매우 효과가 좋다는 사후 평가와 함께 두 차례나 소개되고 있다. 상당히 신뢰도가 높은 치료법이었던 것으로 보인다. 그렇다면 왜 토끼 머리였을까? 토끼 머리를 태운 재에 어떤 성분이 들어 있는지 알 수 없었을 것이므로 현대의 과학적(scientific) 접근법으로 위 치료법을 설명할 수는 없다. 토끼는 서너 마리의 새끼를 3~4분 간격으로 낳는데 그것도 30분 만에 끝난다고 한다. 사흘째 출산의 고통을 겪고 있는 산모라면 당연히 토끼의 빠르고도 안전한 출산의 노하우를 제공받고 싶었을 것이다. 토끼 머리를 태운 재는 그런 토끼의 기운을 받고 싶은 열망이 담긴 치료법으로 해석된다. 또 다른 동류상감의 치료법, "태아가 죽은 채 배 속에서 나오지 않는 경우 … 복룡간을 따뜻한 물과 함께 복용한다. 아이가 머리에 흙을 이고 나온다", "남편의 음모 열네 가닥을 태운 뒤 돼지기름으로 콩 크기의 환을 만들어 삼킨다. 아이가 분명 손에 환을 쥐고 태어난다" 등에는 '기적'과도 같은 치료 효과에 대한 설명이 기재되어 있다. 산모가 복용한 복룡간 등이 위장, 자궁, 태반을 거쳐 태아의 머리나 손에 전달될 리는 없다. 사산과 역산이 무탈하게 해결되기를 간절히 바라는 마음이 반영된 것으로 보인다.

단일 약물로 구성된 방제와 여러 가지 약물로 구성된 방제의 활용은 경험을 바탕으로 한 전형적인 의학적 접근법이다. 당귀, 규자, 괄루실, 개자 등은 활혈活血, 윤장潤腸, 최유催乳, 발산發散 등의 효능이 있는 것으로 알려져 있으며, 사물탕과 감맥대조탕은 각각 부인과의 성약聖藥, 부인 장조의 대표 방제로 알려져 있다. "부인의 영혈과 위기[榮衛]가 잘 통하지 않아 월경이 균일하게 이르지 않고", "부인이 출산을 하고 나면 세 가지 질병이 생긴다. 한쪽으로 기운이 몰려 답답하고 땀이 많이 난다. 땀이 많이 나면 대변이 막힌다", "부인이 장조를 앓아 슬퍼하다가 울고 싶어 하고 자주 하품하며 이유 없이 슬픈 감정이 그치지 않는 것 … 비장脾臟의 기운을 보충하기도 한다" 등의 문장에서는 병리 기전 분석, 치료 대상 설정 등에 전문 의학 용어가 활용되고 있다. 출산 전후에 대한 처치 역시 이미 의료의 영역 안에 포섭되어 있었던 것이다. 여전히 충분하지는 않지만, 고려시대에 편찬된 《향약구급방》은 이 책을 읽는 사대부와 그 치료 대상을 통해 분만, 수유, 산후우울 등 출산과 관련된 과정에 대해서도 의학 지식이 보급되며 점차 의료화되어가고 있었음을 분명하게 시사한다.

〈부인잡방〉과 임신 금기

〈부인잡방〉 하단에는 임신 중 음식 및 행동과 관련된 다양한 금기가 수록되어 있다. 그 내용을 분류하면 아래 표와 같다.

음식 또는 행동 금기	결과	분류
뽕나무 열매와 오리 알	아이가 거꾸로 나옴	출산의 어려움
일상적이지 않은 곳에서 대소변	유산, 사산	
달걀, 마른 잉어	종기	신생아의 신체 이상
닭고기, 찹쌀	촌백충	
김새고기나 두렁을 함께	사마, 심은 표질	
토끼고기, 개고기	입술 입천장 갈림증	
자라	목이 짧아짐	
오리 알과 개고기를 함께	목소리가 나오지 않음	
참새고기, 술	아이에게 음란한 마음이 생김	신생아의 정신 이상
양의 간	아이에게 재앙이 발생함	신생아의 길흉화복

임신 중인 태아에게 영향을 미치는 행위는 태아의 성별을 바꾸는 전태轉胎, 태아의 정상적인 발육과 안전한 출산을 기도하는 양태養胎, 출산한 태아의 성정과 길흉화복에 영향을 미칠 수 있는 태교胎教 등이 있다.[41]

《향약구급방》에 태아의 성별을 바꾸는 것에 대한 논의는 실려 있지 않다. 다만 뽕나무 열매, 오리 알, 달걀 등의 특정 음식을 먹거나 일상적이지 않은 곳에서 대소변을 보는 행위 등을 금기시하며 위반했을 경우 신생아의 신체와 인성에 이상이 생기거나 재앙이 발생한다고 경계한다. 심지어 "일상적이지 않은 곳을 향해 대소변을 보면 안 된다. 반드시 유산을 해 아이가 죽게 된다"라며 강력하게 경고한다. 산모가 먹은 특정한 음식이나 산모가 취한 특정 행동이 어떤 이유로 유산이나 사산, 신생아의 신체 이상, 또는 길흉화복에 영향을 미치는지에 대해서는 별다른 설명이 없다. 특정한 성질을 지닌 음식이 산모와 배 속의 태아에게 특정한 영향을 미친다는 물류상감物類相感의 인식이 내재되어 있거나 몸이 약한 산모가 신당·제단 등 사람이 잘 다니지 않는 곳에서 분만과 동일한 쪼그려 앉는 자세를 취할 경우 귀신 들림, 사수에 걸릴 수 있음을 경계하는 무속적인 사유가 작동하고 있음을 추정해볼 뿐이다.[42]

송대 의가 진자명陳自明은 부인과 의서 《부인대전양방婦人大全良方》에서 "임신을 하면 먹을 수 없는 음식은 금기로써 지켜야 한다. 태아의 기운에 감응하여 자극을 줄 뿐 아니라 사물의 이치에 싫어하고 꺼리는 바가 있기 때문이다"라고 설명한 뒤 성인聖人이 가르친 태교의 방법을 알았으니 스스로 그러한 것에 대해 어찌 걱정하지 않을 수 있겠냐며 엄포를 놓았다(《부인대전양방》〈식기론食忌論〉). 음식, 사람, 귀신 등 만물이 기氣로 이루어져 있으며 보이지 않는 곳에서도 서로 영향을 주고받는다는 기氣 위주의 신체관, 생명관 등에 입각한 설명이다. 송나라 의학이 고려에서도 보편의학으로 작동하고 있었던 만큼 《향약구급방》의 저자 역시 마찬가지 견해를 지니고 있었으리라 추정된다.

〈부인잡방〉과 송대 의가 허숙미의 의서

앞서 살펴본 〈소변출혈방〉에는 허영공이라는 인물이 등장한다. 허영공은 송대 의가 허숙미를 높여 부르는 말로 그의 대표 저작은《유증보제본사방》이다. 〈부인잡방〉에는《유증보제본사방》과 유사한 문장들이 수록되어 있어 허숙미의 의서가 고려시대에 주요 의학 지식으로 유통되었으며《향약구급방》의 저자도 그 책을 읽었음을 분명히 보여준다.

> 부인이 출산을 하고 나면 세 가지 질병이 생긴다. 한쪽으로 기운이 몰려 답답하고 땀이 많이 난다. 땀이 많이 나면 대변이 막힌다[진액이 적어졌기 때문에 대변이 건조한 것이다][婦人産後有三種疾, 鬱冒則多汗, 多汗則大便秘津液之小, 故大便燥]. (《향약구급방》〈부인잡방〉)

> 막 출산한 부인에게는 세 가지 질병이 생긴다. 첫째 전신 근육이 경련하는 치病를 앓거나, 둘째 기운이 몰려 답답하거나, 셋째 대변을 보기 어려워한다[新産婦人有三病, 一者病痓, 二者病鬱冒, 三者大便難]. (《금궤요략金匱要略》〈부인산후병맥증치婦人産後病脈證治〉)

> 부인이 출산을 하고 나면 세 가지 질병이 생긴다. 한쪽으로 기운이 몰려 답답하면 땀이 많이 난다. 땀이 많이 나면 대변이 막힌다. 그러므로 약을 활용하기 어렵다[婦人産後有三種疾, 鬱冒則多汗, 多汗則大便秘, 故難扵用藥]. (《유증보제본사방》〈부인제질婦人諸疾〉)

첫 번째 인용문은 원 출처라 할 수 있는《금궤요략》〈부인산후병맥증

치〉의 문장과 차이를 보인다.《금궤요략》에서는 산모가 겪는 세 가지 병
증을 근육 경련인 치痙, 한쪽으로 기운이 몰려 답답함을 느끼는 울모鬱冒,
대변 배출 곤란[大便難]으로 기재하고 있다. 이와 달리《향약구급방》에서
는 치를 배제하고, 기운이 몰려 답답한 울모와 땀이 많이 나는 다한, 그
리고 대변이 막히는 대변난 증상을 연결시키고 있다.《본사방》의 문장
과 유사하다.

앞서 언급한 장조 관련 문장에서도《본사방》과의 친연성을 확인할 수
있다.《금궤요략》〈부인잡병맥증병치婦人雜病脈證幷治〉에는 '장조臟燥'가
'장조藏躁'로 적혀 있으며, 감맥대조탕甘麥大棗湯이라는 방제 명칭이 기
재되어 있다. 반면 허숙미의《본사방》에는 '날뛸 조躁'가 '건조할 조燥'
로 적혀 있으며 방제 명칭 역시 '대조탕大棗湯'으로 바뀌어 있다(《유증보
제본사방》〈부인제질〉).《향약구급방》의 경우《본사방》과 동일하게 장조
臟燥로 표기했지만 방제 이름은 생략했다.《금궤요략》과《본사방》의 표
기 차이를 단순한 판본상의 오기로 볼 수도 있다. 그러나《금궤요략》에
서 임신과 무관한 '부인잡병'의 하나로 분류되어 있던 장조를 〈부인잡
방〉에 수록하며 출산과 관련된 병증 사이에 배치한《향약구급방》저자
의 편집은 장조를 출산 과정에서 발생한 다량의 출혈과 그에 따른 정신
적인 문제로 바라보고자 했던 허숙미의 관점을 받아들인 것으로 여겨
진다.

11

내 병보다 더 괴로운
아이의 병고

고려시대에 제작된 묘지명을 분석한 김용선 한림대 교수에 따르면 고려 귀족들의 평균 수명은 39.7세였다. 평균수명으로 간주할 수도 있는 2020년 한국인의 기대 수명이 83.5세에 달하는 것에 비하면 턱없이 낮은 수치다. 고려 귀족들의 평균 수명이 낮았던 이유로는 전쟁, 기근, 전염병 등으로 인한 높은 영유아 사망률이 꼽힌다.

《향약구급방》에서는 두 개 항목을 통해 어린아이가 앓는 질병에 대한 대처법을 다루고 있다. 첫 번째 편은 어린아이 치료법[小兒方]으로 분량이 상당할 뿐 아니라 다루는 내용 역시 매우 복잡하다. 그중에는 유행병인 시기時氣, 두창痘瘡뿐 아니라 전간癲癎, 경련[驚], 황달[黃病], 징가癥瘕 등 이름만 들어도 가슴이 서늘해지는 병증에 대한 대처법을 소개한다. 어린아이가 물건을 잘못 삼킨 경우[小兒誤呑諸物]와 그에 따른 제거법을 소개하는 두 번째 편은 내용과 분량이 모두 소략한 편이지만 손에 잡히는 것은 뭐든 입에 집어넣는 아이들의 일상적인 위급 상황을 다룬다는 점에서 눈길을 끈다.

◇ 어린아이 치료법 – 하2 소아방小兒方
◇ 아이가 물건을 잘못 삼킨 경우 – 하3 소아오탄제물小兒誤呑諸物

어린아이 치료법

고려시대 아이들은 어떤 질병을 앓았을까

오늘날에도 아이가 밤새 열이 오르내리면 곁에서 부모가 가슴 졸이며 잠을 설친다. 고려시대에도 질병으로 괴로워하는 아이를 바라보며 부모는 차라리 내가 아팠으면 하고 가슴을 쳤을 것이다. 그때 그 아이들은 과연 어떤 질병을 앓았을까?

어린아이의 치료는 어렵다

무릇 어린아이는 몸이 여리고 약해서 쉽게 병에 걸리는데, 성장할 때 변變하고 증蒸하는 과정을 거치면서 만 가지로 바뀌므로 (이 책《향약구급방》과 같은) 단방 의서가 다 실을 수 있는 것은 아니다. 여기서는 쉽게 시행할 수 있는 것들만 간략히 기재한다.

〈소아방〉이라는 제목 바로 뒤에 이 인용문이 이어진다. 작은 글자로 적힌 것으로 보아 주석을 활용한 저자의 개입으로 여겨진다. 내용은 크게 두 가지다. 먼저 어린아이의 병태적 특징과 그것을 대하는 문제의식을 소개한 뒤, 이어 이 같은 문제의식에 대한 대책을 소개하고 있다. 구체적으로 어린아이의 경우 몸이 약해 쉽게 병에 걸릴 뿐 아니라 누에가 잠을 자거나 용이 환골탈태하는 듯한 성장 과정, 변증變蒸을 통해서도 복잡한 신체 변화가 발생한다. 전문 저작에서는 해당 내용을 충분히 다룰 수 있겠지만《향약구급방》과 같은 간략한 규모의 의서에서는 모든 내용을 수록하기 어렵다. 따라서 여기 〈소아방〉에서는 쉽게 시행할 수 있는 것들만 간략히 수록하겠다는 것이다. 소아의 생리적인 특징과 치료법을 연관시키며《향약구급방》이 지닌 단방 의서로서의 면모를 다시한 번 부연하고 있다.《향약구급방》의 한계와 이 책의 성격에 대해서는 앞의 〈부골저〉(중권 11) 그리고 뒤의 〈고전록험방〉(하권 12) 끝단에 수록된 문장 중에서도 언급된 바 있다.

한편《동의보감》은 "열 명의 남자를 치료하는 것이 한 명의 부인을 치료하는 것보다 쉽고, 열 명의 부인을 치료하는 것이 한 명의 소아를 치료하는 것보다 쉽다"라는 문장과 함께 어린아이 치료의 어려움에 대해 언급한 바 있다. 어떤 증상을 앓고 있는지 묻고 답하기도 어렵고 맥을 살피기도 어렵기 때문이다(《동의보감》〈소아병난치小兒病難治〉). 그래서인지 소아과는 어린아이를 치료한다는 아과兒科가 아닌 말 못하는 사람을 치료한다는 아과啞科로 불리기도 한다.

민간에서 두창을 치료하던 단 한 가지 방법

어린아이의 완두창豌豆瘡이 돋아나려고 하거나 이미 돋았으나 푹 꺼진 경우에는 모두 빠르게 치료해야 한다. 그렇지 않으면 독기毒氣가 오장五臟으로 들어가 치료할 수 없다. 돼지 피를 섣달에 취해 단지에 채운 뒤 바람 드는 곳에 걸어 말린다. (말린 돼지 피를) 대추 반 알 크기만큼 취해 녹두 가루를 넣는다. 또 (말린 돼지 피) 대추 반 알 크기와 그중에 넣은 녹두 가루를 함께 갈아 따뜻한 술에 타서 먹는다. 바로 낫는다. 완두창에는 달걀이나 오리 알을 먹어서는 안 된다. 곧장 눈이 멀고 눈동자가 알의 색과 같아진다. 그 반응이 신묘하다.

두창은 열이 나는 발열發熱, 발진이 체표로 돋아나는 출두出痘, 발진이 팽창되는 기창起脹, 고름이 차는 관농貫膿, 딱지가 잡히는 수엽收靨의 순서대로 진행된다. 동아시아 의학 전통에서 두창 치료는 발진이 시작된 뒤 두창이 충분히 돋아나 부풀어 오르고 고름이 충분히 채워질 수 있도록 관리하는 방식으로 이루어져왔다. 만약 발진이 돋아난 뒤 팽창되거나 고름이 차지 않은 채 우그러드는 도엽倒靨 또는 검게 변하며 함몰되는 흑함黑陷의 상황으로 이어지면 그야말로 목숨이 위태로웠다. 위 인용문에서는 두창이 잘 돋아나게 하는 방법을 강구하고 있다. 충분히 돋아나지 않은 채 함몰된 경우의 치료법도 소개한다. 이때가 개입해야 하는 바로 그 시점이기 때문이다.

치료 약물로 제안된 것은 말린 돼지 피와 녹두다. 왜 말린 돼지 피와 녹두인지에 대한 설명은 없다. 두창 발진이 녹두 모양처럼 피가 채워진 채 팽창되기 때문인지, 《소심양방蘇沈良方》과 같은 유명 의서에 기록되어 있어 그대로 옮겨놓은 것인지, 고려 민간에 전래되던 치료 경험을 기재한 것인지 확인할 방법이 없다. 돼지 피와 녹두가 과연 두창을 치료할 수 있었을까? 돼지 피를 사용해 두창을 치료한 대표적인 사례는 조선 의관 허준에게서 찾아볼 수 있다. 두창을 앓다가 위험한 상황에 내몰린 광해군을 구하기 위해 허준이 사용했던 처방이 바로 돼지꼬리에서 취한 피로 만든 저미고猪尾膏였던 것이다. 허준은 《언해두창집요諺解痘瘡集要》 발문에서 두창을 치료하는 약을 찾기 위해 노력했으며 저미고의 구성 약물에 대해 강력한 방향성으로 소통을 시키는 용뇌龍腦와 쉬지 않고 움직이는 돼지꼬리의 성질을 취해 두창의 독을 바깥으로 몰아내고 정신을 일깨우기 위함이라며 약물 구성 이유를 설명하고 있다. 혹시 허준이 《향약구급방》의 이 구절에서 저미고 활용의 힌트를 얻었던 것은 아닐까? 아무튼 《향약구급방》에 소개된, 돼지 피를 사용해 두창이 돋아나기를 바라는 치료법은 조선시대에까지 이어졌다. 허준과 동시대를 살았던 이수광李睟光(1563~1629)은 《지봉유설芝峯類說》에서 저미고는 두창이 함몰된 경우 기사회생시킬 수 있는 성약으로 허준이 처음 사용했으며 이후 민간에 전래되어 많은 사람들을 살려냈다고 분명하게 기술해두었다.

두창 발진이 피부 바깥으로 충분히 돋아나고 팽창하기 위해서는 영양 공급이 필요했다. 과거 달걀이나 오리 알은 무척 귀한 음식이었다. 두창 환자에게 달걀이나 오리 알을 먹이는 것은 그만큼 두창이 잘 돋아나기를 바라는 마음이 컸기 때문일 것이다. 그러나 소화기관이 충분히 발달하지 않았거나 늘 음식이 부족해 배를 곯았던 아이에게 갑자기 공급된 달걀이나 오리 알은 오히려 탈을 일으킬 수도 있다. 두창을 앓는 아이에게 귀한 달걀을 구해 먹이고자 했던 부모 마음과 달리 아이의 눈을 멀게 해버리는 두창이라니, 야속하다 못해 비참하기까지 하다.

어머니와 어린아이의 질병

어린아이가 태중에서 한기寒氣를 받으면 밤에 우는 야제夜啼가 많이 발생한다. 밤낮으로 울음을 그치지 않기도 한다. 이로 인해 간증癇證이 발생하기도 한다. 〔전증癲證이 간증이다.〕 당귀 가루를 콩알만 한 크기로 만들어 젖에 갠 뒤 입에 흘려 넣고 삼키도록 한다. 밤낮으로 서너 번 한다. 바로 낫는다.

어린아이의 징가癥瘕. 경삼릉〔매자기 뿌리[結次邑笠根]〕을 곱게 가루 내 국이나 죽에 넣어 끓여 유모〔젖어미〕가 먹는다. 매일 대추만큼을 취해 젖에 개어 아이에게 먹인다. (효과가) 좋다.

'밤만 되면 우는 아이, 어떻게 하면 좋을까요?' 종종 받는 질문이다. 《향약구급방》의 저자는 이에 대해 아이가 태중에 있을 때 산모로부터 차가운 기운을 받았기 때문이라고 답한다. 원인을 찾기 어려운 어린아이의 병증 원인을 산모에게서 찾고자 했던 것이다. 억지스럽다고 볼 수도 있겠지만 어린아이와 산모가 연결되어 있음을 고려하면 일면 자연스럽기도 하다. 두 번째 인용문에서는 어린아이의 배에 덩어리가 잡히는 징가가 확인될 경우 경삼릉으로 치료해보라고 제안한다. 삼릉三稜은 뭉쳐져 있는 것을 해소하는 파적破積의 효능을 지닌 약물로 어린아이가 복용하기에는 그 강도가 다소 부담스럽다. 그래서인지 몰라도 국이나 죽을 쒀서 아이가 아닌 유모가 먹도록 했다. 유모의 젖을 통해 아이의 질병을 치료해보겠다는 심산이다.

'아이가 밤마다 울지 않도록 하기 위해서는 아이를 밴 그 순간부터 산모가 배를 따뜻하게 유지해야 한다.' '아이의 배앓이를 치료하기 위해서는 엄마 또는 유모가 먼저 약을 먹어 젖을 통해 약효가 아이에게 전달되도록 해야 한다.' 실질적인 치료 효과는 차치하더라도 고려시대에 어린아이의 생존과 질병 치료를 위해 어머니, 여성의 존재에 절대적으로 의존했던 것만큼은 분명하다.

술수와 의학, 음식과 약물

어린아이가 깜짝 놀라 아픈 곳이 있는 듯하지만 어디가 어떻게 아픈지 그 정황을 알지 못할 경우. 수탉 볏의 피를 취해 아이의 입에 약간 떨어뜨리면 낫는다.
어린아이가 유행병[時氣]을 앓을 때 목욕시키는 (방법.) 복숭아 잎[일곱 냥, 잘게 썬 것]을 물 다섯 되로 끓여 10여 번 끓어오르도록 한 뒤 찌꺼기를 제거한다. 차고 따뜻한 정도를 맞춰 바람이 불지 않는 곳에서 땀이 나도록 목욕시키면 낫는다.

어린아이가 깜짝깜짝 놀라 아픈 듯한데 정확히 어디가 불편한지 확정할 수 없을 때에는 수탉 볏의 피를 취해 입에 넣어줄 것을 권하고 있다. 또 돌림병을 앓을 때 복숭아나무 잎을 끓인 물로 땀이 나도록 목욕을 시키는 방법을 소개하고 있다. 질병 치료 약물이라고 하기엔 무언가 꺼림칙한 수탉 볏의 피와 복숭아나무의 잎, 이 두 가지는 어떤 이유로 추천된 것일까?
동 틀 무렵 수탉은 목청껏 울어대며 아침을 불러온다. 그러한 수탉의 몸 가장 높은 부위에 자리한 볏에서 취한 피는 양陽을 상징하며, 밤 곧

음陰의 시간이 종료했음을 드러낸다. 봄이 되면 붉은 꽃을 피우는 복숭아나무 역시 겨울이 끝나고 봄이 도래했음을 상징한다. 닭 볏의 피와 복숭아나무 잎 모두 밤과 겨울로 상징되는 음기陰氣, 곧 사기邪氣를 몰아내는 벽사辟邪의 의미를 담고 있는 것이다. 술수術數의 의학이다. 이에 대해 명대 의가 이시진은 닭 볏의 피는 양陽 중의 양에 해당해 양기로 가득 차 있으며, 이 양기를 활용해 사기를 몰아냄으로써[辟邪] 놀람 증상을 치료할 수 있다고 설명한다(《본초강목》〈계관혈雞冠血〉). 또 이시진은 장문중, 서문백 등 유명 의가들이 유행병이나 상한병을 앓는 환자에게 사용했던 복숭아나무 잎을 끓여 땀을 내는 한증법도 소개한다(《본초강목》〈도엽桃葉〉). 벽사 또는 술수의 상징을 넘어 질병 치료 효과를 지닌 약물로 사용됐음을 설명하고 있는 것이다.

《향약구급방》의 저자가 어떤 이유로 닭 볏의 피와 복숭아나무 잎을 선택했는지는 알 수 없다. 다만 이 책의 목적이 고려시대에 유통되던 의학 지식을 채집해 질병 치료에 도움을 주는 것임을 감안한다면 술수에서 의학으로 넘어가는 어느 지점의 입장을 취한 것이라 생각된다.

어린아이가 갑자기 기침을 하는 경우. 좋은 배 한 개에 50개의 구멍을 뚫어 구멍마다 산초 열매 한 알씩을 넣는다. 밀가루와 물을 섞어 떡을 만들어 배 바깥을 감싼다. 축축한 종이로 (배를) 두 겹 싼 뒤 잿불 속에 넣고 구워 뜨거워지도록 한다. 꺼내 식기를 기다렸다가 산초를 제거하고 아이에게 먹인다. (효과가) 좋다.

소아의 질병 치료에 배, 부추, 녹두, 밤, 능금, 호도 등을 사용하고 있다. 주변에서 구하기 쉬운 재료를 활용해 질병을 치료하겠다는 의도가 반영된 것으로 풀이해볼 수 있다. 그러나 한편으론 약물 독성을 감내하기 어려운 어린아이의 특성을 감안해 보다 순한 성질을 지닌 음식 재료로써 질병을 치료하고자 한 것으로 볼 수도 있다. 다만 질병을 치료하는 데 쓰이는 식자재에는 특별한 가공법이 필요하다. 위 인용문에서 확인할 수 있듯이 배를 그대로 사용하는 것이 아니라 그 안에 산초 열매를 넣거나 잿불에 넣어 굽는 등 다소 복잡한 일련의 과정을 거쳐야 한다. 음식을 약물로 전환시키기 위한 장치다. 어린아이의 기침에 배를 사용하는 처방은 치료 효과를 보였던 듯하다. 조선 후기 서유구가 편찬한 음식 조리서 《임원경제지》 〈정조지鼎俎志〉에도 소리방燒梨方이라는 레시피가 실려 있고 지금까지도 마른기침에 배숙을 만들어 먹는다. 안전한 방법으로 아이를 돌보고자 했던 마음이 일반 성인에게까지 확장되어 적용된 좋은 예다.

사실 술수와 의학, 음식과 약물의 경계는 그렇게 멀지 않다. 술수나 음식과 같은 일상적인 논의로부터 의학, 약물과 같은 과학 지식이 유래했다고 봐도 지나치지 않다.

아이가 물건을 잘못 삼킨 경우

손에 잡히는 것은 모두 입으로

어린아이가 물건을 잘못 삼키는 것은 흔히 발생하는 일이다. 이번 장에서는 어린아이들이 비녀, 귀고리, 구슬이나 못, 바늘, 화살촉, 동전 등을 잘못 삼켰을 때의 대처법을 소개하고 있다. 몸속에 들어온 이물질이 자연스럽게 배출된다면야 가장 좋겠지만 그렇지 않은 경우 인위적으로 제거해야 한다. 지금은 내시경을 장착한 도구를 사용해 끄집어내거나 어쩔 수 없는 경우 침습적인 방법을 활용해 몸을 절개한 뒤 직접 제거할 수도 있다. 그러나 치료 도구가 발달하지 않았고 수술이 일반화되지 않았던 고려시대에 최선의 방법은 몸속에 들어간 이물질이 소화관을 타고 자연스럽게 빠져나오게 배변을 유도하는 것이었다. 앞서 생선 가시가 목에 걸렸을 때 입으로 빼내거나 자연스럽게 내려보내는 치료법을 모색했던 것과 달리, 이번에는 입을 통해 빼내는 것이 아니라 상해를 덜 남기면서도 순조롭게 배출시키기 위한 치료법을 강구하고 있다. 이물질이 소화관 어디쯤에 들어가 있는지를 구별한 뒤 그에 따른 적절한 치료법을 제시했다고 볼 수 있다.

'기氣가 흐르는 몸'이 아닌 '공간 그리고 구조로서의 몸'

못[釘]을 비롯하여 화살촉[箭鏃]·바늘[針]·엽전[錢]·쇠붙이[鐵] 등의 물건을 실수로 삼킨 경우. 양의 비계나 기름진 고기 및 여러 종류의 기름진 고기 등을 많이 먹으면 자연히 이들을 감싸서 확실히 배출한다.

구슬[珠]·귀고리[璫]·쇠붙이[鐵]를 실수로 삼켜 목에 걸린 경우. … 또 다른 (방법.) 꿀 두 되를 복용하면 바로 효과가 있다.

어린아이가 비녀를 실수로 삼킨 경우. 염교[薤]〔향약명은 해채解菜〕를 햇볕에 말려 시들시들하게 한 후 푹 삶되 자르지는 않는다. 한 단[大束]을 먹으면 비녀가 딸려 나온다.

구슬[珠]·귀고리[璫]·쇠붙이[鐵]를 실수로 삼켜 목에 걸린 경우. 쇠뇌 고동을 벌겋게 달궈 물속에 넣고, 그 물을 마시면 바로 효과가 있다.

이상 바늘·화살촉·쇠붙이 등 물건을 실수로 삼킨 경우. 양의 정강이뼈를 태워 숯 형태로 만들고는 이를 가루 내어 많이 복용하면 응당 이들을 감싸서 배출한다. 〔태운 것은 치밀하고 단단해서, 땅에 두드리면 쇠붙이나 돌 소리가 난다.〕

인용문에 나오는 첫 번째 방법은 양의 비계처럼 기름진 음식을 다량 복용시켜 설사를 유도해 쇠붙이를 부드럽게 배출시키는 것이다. 꿀을 다량 복용하는 것도 비슷한 맥락이다. 다음으로 염교, 즉 해백薤白이 지닌 성질을 적극 활용하고 있다. 햇볕에 말린 뒤 푹 삶아 자르지 않은 채 복용하도록 하는 것은 해백이 지닌 끈적거리는 섬유질이 이물질을 둘러싼 채 배출해내도록 의도한 것으로 보인다.

쇠뇌의 시위를 걸어두는 쇠뇌 고동과 양의 정강이뼈를 태운 숯을 쓰는 치료법은 유달리 눈에 띈다. 전자는 쇠뇌 고동에 포함된 주석 등의 금속 성분이 쇠붙이에 작용해서 끌고 나올 것이라고 생각했기 때문이고(《증류본초》〈연鉛〉), 후자는 거울을 매끈하게 갈아낼 수 있을 정도로 단단한 성질을 지닌 양경탄이 쇠붙이를 매끈하게 만들 수 있을 것이라고 생각했기 때문이다(《본초강목》〈양羊〉). 이러한 처치법은 분명 동아시아에서 오랜 시간에 걸쳐 경험으로 쌓인 구급 지식이었다.

이러한 처치법은 이른바 경맥經脈을 매개로 '흐르는 기氣'로 표상됐던 동아시아의 의학적 몸과는 다른 의학적 지형을 보여준다. 《향약구급방》에 제시된 응급처치법은 공간이나 구조로서의 인체의 형태 그리고 물질의 성상 및 특성에 대한 이해를 전제로 한 것이었다. 먼저 입을 통해 몸 안으로 잘못 들어간 물건은 위장, 창자, 항문으로 연결된 소화관을 통해 몸 바깥으로 배출되어야 한다는 소화관에 대해 분명히 인식하고 있었다. 아울러 기름진 고기나, 해백, 꿀을 먹으면 잘못 삼킨 물건과 함께 대변으로 배출된다는 것도 인식하고 있었다. 그리고 벌겋게 달궈지는 쇠뇌 고동, 땅에 던지면 쇳소리가 나는 양경탄에 대한 설명에서 알 수 있듯이 위의 두 약재가 지닌 '쇠'라는 공통된 특성과 함께 쇠를 격발하거나 쇠를 갈아내는 성질을 취상한 것으로 이해된다. 경험방을 소개하는 대개의 언설은 이외에도 어느 도인이나 승려, 혹은 꿈속의 신인이 알려 줬다거나 우연히 알게 됐다는 식의 이야기를 함께 전하기도 한다. 하지만 이러한 발견의 맥락과 더불어 혹은 더 중요한 점은 동아시아의 역사 행위자가 실행 과정에서 이들 지식을 검토하고 확립했다는 정당화의 맥락이다. 결국 삼킨 이물질의 특성에 대한 인식, 소화기관의 공간적 구조, 유도 물질과 배출 이물질의 물리적 상호작용에 대한 이해, 개인적 경험 및 보고 등을 통해서 이러한 응급 상황에 대처할 수 있게 된다. 한편 이와 같은 방식에 의거한 의학 지식의 축적은 침으로 대표되는 날카로운 물건을 체표에 찌르고 그에 따른 신체 반응 등을 기반으로 구상된 경맥 중심의 몸의 체계를 형성하게 된다.

물질과 구조에 대한 이해를 중심으로 진행된 임상 사례 몇 가지를 추가적으로 살펴보자. 어떤 물체가 기도를 막거나 소화되지 않은 음식물이나 물건이 소화기에 막혀 정체되면 응급 상황에 준하는 문제를 야기하기도 한다. 실제 소화가 안 된 이밥, 홍시, 또는 잘못 삼킨 작은 칼 등이 빌미가 되어 위급한 질환으로 전개된 사연이 기록으로 전해지고 있다. 18세기 조선의 의사 임정任珽(1684~1754)은 한 어부의 자식이 실수로 전복 따는 칼을 삼킨 후 7개월 동안 병들어 죽어가던 것을 치료한 사례를 보고하고 있다. 임정이 황토를 물에 푼 후 위에 뜬 물을 취해 참기름을 넣고는 한 사발을 환자 입에 부어 넣어 여러 차례 토하게 하니 걸쭉하고 푸른 담痰이 황토 물을 따라 배출됐다. 그 속에는 길이 10센티미터 정도 되는 칼이 있었다고 한다(《경험방經驗方》〈치탄물성병治呑物成病〉). 비슷한 시기 조선의 의관 이수기도 유사한 사례를 전한다. 한 고위 무관이 어떤 계기로 곽란토사 후에 담천痰喘이 심해지고 추위를 심하게 타서 한여름에도 솜옷을 둘러야 했으며 스스로 병자를 자처했다. 온갖 방법을 시도했음에도 효과가 없다가 신기하게도 하얀 담으로 둘러싸인 주먹만 한 덩어리를 토해내고는 모든 증상이 사라졌는데, 그 토사물 안에는 7년 전 피곤한 상태에서 먹은 수시水柿가 소화가 안 된 채 남아 있었다고 전한다.[43] 《향약구급방》과 더불어 이상의 사례는 몸 안의 음양/기혈의 균형과 경맥의 흐름만을 잡기 위해 약물이나 침구를 써서 될 일이 아니었다. 동아시아에는 기氣가 흐르는 우주론적 몸만이 아니라 물질로 구성되고 물질과 관계 맺는 물질 및 공간 중심의 의학적 몸 역시 작동하고 있었다.

12

일상에서 겪는 5대 악병

《향약구급방》의 저자는 스스로 밝힌 바와 같이 이 책을 통해 전문적인 의학 지식이 필요 없는 질환과 그에 대처할 수 있는 간단한 방법들을 소개하고 있다. 그렇지만 다소 위중해 보이는 질환과 그에 대한 대처법도 수록되어 있는데, 이번 항목에서 소개하는 부종, 중풍, 전광, 학질, 두통이 바로 그것이다.

언뜻 하나로 묶이지 않을 것 같은 조합이지만 이들 다섯 가지 질환에는 공통점이 있다. 전신이 붓거나, 몸 한쪽이 마비되거나, 정신이 이상해지거나, 발열과 오한이 반복되거나, 머리가 아프거나 하는 등의 특징적인 증상을 보인다는 것이다. 별다른 의약 지식이 없더라도 환자를 보거나 이야기를 들으면 한눈에 알아챌 수 있다는 점에서 팔다리, 피부, 똥오줌의 문제와 크게 다르지 않다.

◇ 온몸이 퉁퉁 붓는 부종 - 하4 수종水腫
◇ 질병의 왕, 중풍 - 하5 중풍中風
◇ 미친병, 전광 - 하6 전광癲狂
◇ 징글징글 떨어지지 않는 학질 - 하7 학질瘧疾
◇ 머리가 깨질 것 같은 두통 - 하8 두통頭痛

온몸이 퉁퉁 붓는 부종

신선이 가르쳐준 부종 치료법

수종水腫은 수기로 몸이 붓는 경우를 말하는데 부종浮腫과 혼용한다. 부종은 체액이 혈관이 아닌 신체 조직의 간질에 축적되어 피부가 부어 오르는 증상으로, 손가락으로 누르면 움푹 들어간다. 미시적으로는 혈관에 용매 역할을 하는 단백질이 부족해서 생긴 경우가 많고, 거시적으로는 눌리석 폐색 빛 압막 능에 의한 성백 순환의 문세도 야기뇌기노 안다. 얼굴이나 손발 등의 특정 부위 혹은 전신에 수종이 올 수 있는데, 전반적으로 수분이 정체되거나 편재된 상태이기 때문에 소변이 잘 나오지 않는 증상을 동반하곤 한다. 심장질환, 간질환, 신장질환, 약물 이상 반응 등에 의해 유발되기도 한다.

《향약구급방》의 저자는 병리 기전에 대한 별다른 분석 없이 전신 부종에 쓸 수 있는 간단한 치료법을 소개하고 있다. 치료 약물로는 정력자, 흑우뇨黑牛尿, 대마자大麻子, 견우자, 상륙근商陸根, 적소두 등을 제시하고 있는데 이들은 기본적으로 체내의 수분을 빨아들이고 배출시켜 부종을 해소하는 효능을 지니고 있다. 그리고 정력자는 흉강 체액 순환을 돕는 작용, 대마자와 견우자는 장의 운동을 촉진해 배변을 활성화하는 작용을 겸비하고 있다.

신선이 가르쳐준 수종 치료법

효과를 본 수종 치료 처방. 대마자[향약명은 열[与乙]. 두 되]를 약한 불로 볶다가 큰 소리를 내며 터지면 곧바로 어린아이 소변 석 되를 뿌려준다. 한참 후에 2회분으로 나누어 복용한다. 복용을 마치면 버선을 벗고 두 발을 늘어뜨린 뒤 동이로 이를 받친다. 잠시 후 두 발의 가운뎃발가락이 뒤틀리는 듯 소리를 내면서 발톱 중앙이 갈라지는데, 이로부터 온몸의 수종이 뚝뚝 빠져나간다. 이 방법은《당서唐書》〈노당전盧堂傳〉에 나오는데, 홀연히 신인神人이 나타나 전해줬다고 한다.

　여러 가지 수종 치료법 중 대마자, 즉 대마의 씨를 활용하는 사례가 눈길을 잡아끈다. "효과를 본 수종 치료 처방"이라는 머리글을 단 이 방제는《당서》〈노당전〉에 기록되어 있다고 구체적인 출처를 밝히며 그 신빙성을 강조하고 있다. 다만 선행 연구자 이경록이 밝혀두었듯이《당서》에서는 위 내용이 확인되지 않는다.[44] 물론 여기서 언급한《당서》는 이십오사二十五史《구당서舊唐書》,《신당서新唐書》가 아닌 중국 당대唐代에 편찬된 일반 서적을 가리키는 것일 수도 있다.

　신인이 나타나 전해줬다는 이 치료법은 무척 신비롭다. 수종 환자가 법제한 대마자를 복용한 뒤 버선을 벗고 두 발을 늘어뜨린 채 그 아래에

동이를 받치고 기다리면 발톱이 갈라지면서 온몸의 수종이 뚝뚝 빠져나
간다는 식이다. 물론 신인의 존재와 함께 그가 전해준 치료법의 효과를
별다른 의심 없이 받아들이는 이들도 있겠으나, 체내의 수분이 발가락을
통해 빠져나가는 일은 벌어질 수 없다. 이를 해석하는 하나의 방법은 이
언설을 옛날 고사를 들며 효험을 강조하는 어법이거나 비유적인 서사로
간주하는 것이다. 주인공의 신분을 구체적으로 밝히는 인정기술人定記述
이 없다는 점에서도 실제 경험 사례가 아닌 일종의 상징적 '의례'로서의
복용 지침을 기록한 것으로 이해할 수도 있다.

질병의 왕, 중풍

고려시대 사람들의 중풍 후유증 대처법

　노인에게 일어나는 가장 큰 우환 중 하나가 중풍中風이다. 중풍을 앓다가 몸져눕거나 팔다리를 쓰지 못해 남의 손을 빌려 대소변을 받아내야 한다면 차라리 죽음을 택하겠다고 입을 모은다. 중풍의 '풍風'은 바람, '중中'은 적중했다는 뜻이다. 홀연히 불어온 바람처럼 갑작스럽게 발생한 뒤 빠르게 진행되는 증상의 변화, 바람에 흔들리는 나뭇가지처럼 내 의지와 무관한 팔다리의 움직임 등 중풍 환자가 보이는 특징적인 양상들이 이름에 투영되어 있다.

　'백병지장百病之長'이라고도 불리는 풍은 한寒, 열熱과 함께 한의학에서 가장 많이 논의되는 발병 원인이다. 중풍은 풍에 의해 발생하는 여러 병증 중 하나로 병리 기전, 발병 정황 등이 복잡할 뿐 아니라 인사불성, 반신불수 등 위중한 증상을 동반하기 때문에 오랫동안 주목받아왔다. 심지어 중국 송대의 중앙의료기관인 태의국에서는 내과[大方脈科], 소아과[小方脈科] 등과 함께 중풍을 별도로 다루는 풍과風科를 설치하기도 했다. 그래서인지 고려 의서 《향약구급방》하권에서는 부종, 전광 등과 함께 중풍을 별도 항목으로 설정하고 상당히 많은 분량을 할애해 중풍 및 관련 증상에 대한 대응법을 소개하고 있다.

중풍 후유증: 구안와사, 구금, 인사불성, 반신불수

중풍으로 인한 구안와사口眼喎斜를 치료하는 (방법.) 괄루括樓를 짠 즙으로 보릿가루와 반죽하여 떡을 만든다. 이것을 뜨겁게 구워서 환부를 찜질한다. (입 돌아간 것이) 바로 잡히면 곧 그친다. 너무 많이 하지 말아야 한다. 〔괄루의 향약명은 하늘타리[天原乙].〕

중풍으로 입을 꽉 다물고 인사불성인 경우를 치료하는 (처방.) 출朮〔향약명은 삽주[沙邑菜], 넉 냥)과 술〔석 되)을 준비한다. 이것을 한 되로 졸아들게 달여서 단번에 복용한다.

중풍으로 인한 반신불수[半邊不遂]를 치료하는 (방법.) 빻은 생솔잎〔여섯 말)과 소금 두 되를 섞어서 베자루[布囊] 속에 담아 찐다. 뜨거운 상태에서 아픈 곳을 찜질한다. 식으면 다시 바꾸어준다. 지나치게 뜨거워 피부를 상하지 않도록 한다. 매일 서너 번 환부를 찜질하면 좋다.

구안와사는 와사풍喎斜風이라고도 하며, 안면이 마비되어 입과 눈이 삐뚤어지는 증상을 말한다. 구금이란 입과 턱이 악다물어져 벌릴 수 없는 상태를 말한다. 인사불성은 기억력이 흐릿해져 사람을 알아보지 못하는 것이다. 끝으로 반신불수는 몸의 왼쪽이나 오른쪽 한 편을 못 쓰게 되는 증상으로 편마비 또는 편고偏枯라고도 불린다. 이외에도 호랑이가 깨무는 듯 관절 부위의 극심한 통증을 호소하는 백호풍白虎風, 근육이 뒤틀리는 전근轉筋 등의 증상도 소개되고 있다. 위의 증상들은 중풍 발작 이후 나타나는 특징적인 후유증으로 중풍 환자의 보호자라면 충분히 구분할 수 있다. 전문 의약 지식이 없는 사대부가 자신의 가족 또는 주변인이 앓고 있는 일상 질병에 대처할 방법을 소개하기 위해 편찬된《향약구급방》의 목적에 부합하는 내용이라 할 수 있다.

현대 의학에서는 중풍을 뇌졸중(stroke)이라고 부른다. 중풍과 뇌졸중의 발현 증상은 서로 유사하지만 무엇을 치료 대상으로 삼는지, 그리고 질병 발생 기전을 어떻게 인식하는지에 따라 큰 차이를 보인다. 먼저 뇌졸중은 뇌혈관이 막힌 뇌경색과 뇌혈관이 터진 뇌출혈로 구분되며 '뇌'에 대한 처치를 최우선으로 삼는다. 뇌라는 해부학적 구조물과 그중에서 발생한 병리학적 특징을 반영한 이른바 해부병리학에 기반한 질병 인식이다. 반면 한의학에서는 중풍 발작 이후 나타나는 전신 증상과 그에 대한 이해를 바탕으로 처치를 이어왔다. 근현대 이후 서양 의학의 뇌 관련 성취를 전폭적으로 수용해 중풍 발병 기전에 대한 이해를 심화하고 있지만 치료 방식은 여전히 내부 장기인 오장 중에서도 풍과 가장 관련이 깊은 '간장肝臟'의 기운을 어떻게 제어할지에 초점을 둔다. 사실 뇌에 대한 인식과 중풍 및 뇌졸중에 대한 대처 방식은 서구에서 발원한 의학과 동아시아에서 발원한 한의학의 차이가 확연하게 드러나는 경계면 중 하나다. 다만《향약구급방》의 중풍 항목에서는 중풍의 원인, 발병 기전, 치료 대책 등에 대해 깊이 있는 분석을 제시하지 않는다. 효과 있는 단방을 소개하겠다는 편찬 의도에 맞게 입과 눈이 돌아가는 구안와사,

입을 악 다문 채 벌리지 못하는 구금, 사람을 알아보지 못하는 인사불성, 몸 한쪽이 마비된 반신불수 등 중풍의 후유증을 소개하고 관련된 대증 처방을 소개하고 있을 뿐이다.

> 허비虛肥증이 몇 년 동안 이어진 탓에 수병水病처럼 기운이 위로 오르고, 얼굴은 붓지만 다리가 붓지 않는 것을 치료하는 처방. 저엽楮葉〔향약명은 닥닢[茶只葉]. 여덟 냥〕을 물 한 말과 함께, 여섯 되로 졸아들게 달인다. 찌꺼기는 버리고 쌀을 넣어 죽을 끓여 먹는다. 〔《황제내경소문》에서 "얼굴이 붓는 것을 풍이라고 한다"라고 했다.〕

얼굴이 붓는 면종을 바로 앞에 나온 수종이 아닌 중풍에 포함시킨 것에 대해서는 약간의 설명이 필요하다. 몸의 운신이 자유롭지 않은 대부분의 중풍 후유증 환자들은 얼굴 부종이 아닌 하지 부종을 많이 호소한다. 얼굴 부종이 이번 중풍 항목에 수록된 것은 중풍 후유증이 아닌 중풍의 상위 항목, 풍증에 속하기 때문이다. 《황제내경소문》〈평인기상론平人氣象論〉에서 이야기한 것처럼 다리는 붓지 않는데 얼굴이 붓는 것은 풍에 속한다. 해부병리학적인 소견에 입각해 질병을 파악하는 서양 의학과 달리 겉에 드러나는 증상 위주로 질병을 인식하던 한의학의 속성이 반영된 구분 방식이다.

첨언하면 《향약구급방》을 통틀어 《황제내경》이 언급된 것은 이 부분이 유일하다. 효소왕 원년(692) 의학을 교육하는 기관인 의학醫學에서 《소문경素問經》을 가르쳤다는 《삼국사기》 기사 이후 고려시대에도 동아시아 의학 경전인 《황제내경》이 널리 유통되고 있었음을 보여주는 대목이다.

중풍 후유증을 치료하는 만병통치 외용약, 식초

백호풍으로 붓고 아픈 것을 치료하는 (처방.) 3년 묵은 진한 식초〔석 되〕를 잘게 썬 파뿌리〔한 되〕와 함께 한두 번 끓어오르게 달인다. 이것을 걸러서 천으로 싸 환부 위를 뜨겁게 찜질한다. 식으면 뜨거운 것으로 바꾸어준다. 좋아지면 그만한다. 효과가 신묘하다. 백호풍이란 이름은 그 통증이 마치 범이 무는 것 같기 때문이다.

풍사로 인해 근육이 뒤틀리는 것을 치료하는 (방법.) 헌 천을 식초와 함께 시루에 담가서 찌고, 뜨거운 상태에서 환자 다리를 감싸준다. 식으면 다시 바꿔주며 그치지 않는다. 좋아지면 그만둔다.

중풍으로 인한 구안와사를 치료하는 방법. 석회를 식초에 개어 환부에 바른다. (눈이) 오른쪽으로 기울었으면 왼쪽에 바르고, 왼쪽으로 기울었으면 오른쪽에 바른다. 원상태로 바르게 되면 곧바로 씻어낸다. 아주 효과가 좋다.

여기저기 관절이 아플 때는 3년 묵은 식초에 대파 흰 밑동을 넣고 끓인 뒤 뜨거워진 대파 흰 밑동으로 찜질한다. 힘줄이 뒤틀릴 때는 오래된 천을 식초에 담근 뒤 시루에 쪄서 뜨거워지면 찜질한다. 입과 눈이 한쪽으로 쏠리면 석회에 식초를 섞어 발라준다. 위 세 가지 치료법에 공통적으로 등장하는 약물은 식초다.

약물 전문 저작인 《증류본초》에서는 식초는 뭉쳐 있는 기운이나 적체를 풀어주는 데 탁월한 효과가 있으며 질병 치료를 위해서는 쌀로 만든 식초의 활용을 추천하고 있다. 대파의 흰 밑동, 총백은 특유의 매운맛으로 열기를 공급해 기운 순환을 촉진하기 위해, 그리고 석회는 뒤틀린 근육을 고정하고 식초의 효과를 지속하기 위해 부가적으로 사용됐다.

위령선, 신라 의약 지식의 전파와 현대의 신약 개발

중풍으로 인한 변비를 치료하는 (처방.) 위령선〔향약명은 강아지풀[狗尾草], 일명 능소能消〕. 위의 약재를 곱게 체로 걸러서 가루 낸다. 졸일 꿀과 반죽하여 벽오동씨 크기의 환을 만든다. 이른 새벽에 따뜻한 술과 함께 60환씩 복용한다.

다리가 무거워 걸을 수 없는 증상도 치료한다. 당나라 상주商州에서 어떤 사람이 다리에 힘이 없어 걸을 수 없는 병을 10년 동안 앓았다. 결국 길가에 나앉아 구원해주기를 원했다. 지나가던 신라 승려가 보고 말했다. "이 질병은 약재 하나면 고칠 수 있는데, 다만 이 땅에서도 나는지는 잘 모르겠습니다." 이에 산에 들어가 약을 찾았는데 마침내 얻었다. 바로 위령선이었다. 환자에게 복용시키자 며칠 만에 걷게 되었다. 〔차와 뜨거운 밀가루 음식[熱麵]을 금한다.〕

위령선은 중풍으로 발생한 변비를 치료하는 약물이다. 그런데《향약구급방》의 저자는 중풍 이후 발생한 변비에 그치지 않고 다리가 무거워 걷지 못하는 증상에도 위령선을 사용할 수 있다며 그와 관련된 흥미로운 사례를 소개하고 있다. 그 내용인즉슨 중국 상주에 사는 걷지 못하는 환자를 신라에서 건너간 승려가 위령선으로 치료했다는 것이다. 눈길을 끄는 구절은 위령선이 "이 땅에서도 나는지는 잘 모르겠습니다"라는 부분이다. 이 구절은 신라 승려가 신라에서 자생하던 위령선으로 다리 불편한 환자들을 치료했던 경험을 바다 건너 중국의 환자에게 적용했음을 시사한다. 신라의 의약 지식이 중국으로 전파되는 순간이다. 이후 이 사례는 여러 경로를 통해 기록되어 전해지다가 1116년 당신미唐愼微가 여러 저작에 수록된 약물 정보를 채록해 본초 전문 저작 《경사증류비급본초經史證類備急本草》를 편찬할 때 주류 의약 정보로 수록했다. 이 내용이 《향약구급방》의 저자를 통해 다시 한반도에 소개된 것이다. 위령선 의약 정보의 유통은 동아시아 의학이 당대의 중심이던 중국에서 주변부였던 한반도를 향해 일방적으로 흘러간 것이 아니라 한반도를 포함한 여러 주변부의 의약 정보가 수집되어 중국의 의약 정보를 형성했음을 보여주는 중요한 사례다.

그런데 조선 초기 향약 정보들을 집성한 결과물인 《향약집성방》에는 위 위령선의 치험 사례가 수록되어 있지 않다. 조선 초 한반도에서 산출되는 향약이 중국에서 수입한 당약보다 효과가 뛰어날 뿐 아니라 한반도에서 산출되지 않는 약이 없다고 주장하던 이른바 향약 담론의 생성과 전파에 가장 효과적인 선전 도구가 될 법한 위령선의 고사를 소환하지 않은 것이다. 《향약집성방》의 편집 방식이 위 이야기를 포함시키기에 적절하지 않았던 것일까, 아니면 이경록의 주장대로 조선 의학자들에게는 위령선 처방의 국적이나 연원보다는 그 효용성이 더 중요했기 때문일까?[45] 이에 대해서는 추가적인 연구가 필요하다.

2002년 SK제약에서 관절염 치료제 '조인스정'이 개발됐다. 이 약물은 국내에서 개발된 천연물 의약품 1호로서 관심을 받았으며, 2022년 누적 매출 5천억 원에 이를 정도로 꾸준한 인기를 이어가고 있다. 조인스정을 구성하는 주된 약물은 위령선, 괄루근, 하고초인데, 그중 위령선은 한의학계에서 오랜 기간 하지부 통증을 치료하는 약물로 사용되어온 만큼 더욱 주목을 받았다. 신라 승려를 통해 중국으로, 그리고 다시 한반도로 들어와 고려에 전승되던 위령선의 치료 경험이 시대를 건너뛰어 현대의 관절통 치료 약물에 다시금 원용된 것이다. 위령선은 그야말로 천 년의 시간을 넘나드는 의약의 역사를 대표하는 약물이라 할 수 있다.

한편 위령선의 향약 명칭은 거의채車衣菜다. 이두로 읽으면 '술위나물'이다. 술위나물은 수레나물일 텐데 '수레'가 들어간 이유는 무엇일까? 답은 그 꽃에 있다. 꽃이 크면서 여덟 개의 꽃잎이 원형으로 배열된 모양이 큰 수레바퀴를 연상시킨다. 게다가 꽃잎이 지고 나면 씨방이 바람에 날아갈 솜털을 펼치는데 그 회전하는 모양새가 바퀴살이나 선풍기가 도는 것 같아, 수레나물이라는 이름이 그럴싸하게 들린다. 위령선의 명칭 거의채를 통해 고려시대 사람들의 작명 솜씨를 엿볼 수 있다.

기록상 존재하는 가장 오랜 의서 《제중입효방》과 그 흔적

중풍으로 인한 반신불수를 치료하는 (방법.) 빻은 생솔잎(여섯 말)과 소금 두 되를 섞어서 베자루 속에 담아 찐다. 뜨거운 상태에서 아픈 곳을 찜질한다. 식으면 다시 바꾸어준다. 지나치게 뜨거워 피부를 상하지 않도록 한다. 매일 서너 번 환부를 찜질하면 좋다. (《향약구급방》)

몸 안쪽에 풍증이 생겨[偏風] 수족을 쓰지 못하고 아픈 것을 치료하려면 솔잎 다섯 말 정도, 소금 두 되를 쪄서 뜨거운 채로 자루에 담아 찜질한다. 차가워지면 다시 뜨겁게 찐다. 나을 때까지 한다. (《제중입효》,《향약집성방》에서 재인용)

중풍으로 입이 비뚤어진 것을 치료한다. 푸른 솔잎 한 근을 찧어 즙을 낸 뒤 청주 한 병에 넣은 채 하룻밤 동안 불 곁에 놓아둔다. 처음에는 반 되 정

도 마시고 점차 한 되까지 늘려간다. 땀이 나오면 입이 바르게 된다. (《동의
보감》)

현재 한반도에 전해지는 가장 오래된 의서는 《향약구급방》이다. 이
보다 앞서 존재했지만 실체는 확인되지 않은 의서가 있다. 바로 김영석
金永錫(1079~1166)의 《제중입효방濟衆立效方》이다. 《제중입효방》은 김영
석의 묘지명이 발굴되면서 그 존재가 알려졌는데, 거기에 "송과 신라의
의서를 살펴본 뒤 효과가 좋고 요긴하며 사람들이 편하게 쓸 만한 것을
뽑아 책을 지었다. 이름을 '제중입효'이라고 했는데 세상에 널리 전해
졌다"라고 적혀 있었다. 《제중입효방》의 전모는 알 수 없지만 조선 전
기에 편찬된 《향약집성방》에 《제중입효》로 출전을 명기한 위의 인용문
이 실려 있어 대략 어떤 치료법이 수록되어 있었는지 간접적으로 알려
준다.

마침 위의 《제중입효방》 치료법과 일치하는 내용이 《향약구급방》과
《동의보감》에 동일하게 실려 있어 《제중입효방》, 《향약구급방》, 《향약집
성방》, 그리고 《동의보감》으로 한반도 의학의 흐름이 이어지고 있음을
입증하는 단서로 평가받고 있다. 다만 중풍으로 인한 반신불수를 치료
하기 위해 앞의 세 서적에서는 솔잎을 쪄서 해당 부위에 찜질하는 외용
의 치료법을 소개한 반면, 《동의보감》에서는 솔잎을 즙을 낸 뒤 술에 담
가 복용하는 내복의 치료법을 소개하고 있어 외용에서 내복으로의 전환
이 일어났음을 시사한다.

미친병, 전광

전광의 음양, 울증과 광증

'미친' 병의 역사는 길다. 《황제내경영추黃帝內經靈樞》에 〈전광癲狂〉이라는 별도의 편장이 만들어진 이래 수많은 의가들이 미친 병, 즉 정신질환에 대해 기술했다. 《황제내경》의 저자는 전증에 대해서는 "즐거움은 사라지고, 머리가 무겁고 아파하며, 눈을 치켜뜨고 그 색은 붉다"라고 설명했고, 광증에 대해서는 "잠을 적게 자고, 배고프지 않아하며, 스스로를 뛰어난 사람, 똑똑한 사람, 존귀한 사람으로 간주하며, 밤낮으로 욕하기를 멈추지 않는다"라고 설명한다.

양기가 왕성해지면 (미쳐서 정신이 나가는 것을) 광狂이라 한다. 광증이 발생하면 뛰어다니면서 소리를 지르려 한다. 음기가 왕성해지면 (우울해지면서 정신이 나가는 것을) 전癲이라 한다. 전증이 발생하면 눈앞이 아찔해지면서 넘어지고 주변 사람이나 벌어지는 일을 알아보지 못한다.

《향약구급방》의 저자 역시《황제내경》이 제시한 전광에 입각한 정신 질환 구분을 받아들였다. 차이점은 '전'과 '광'을 각각 음기가 왕성해져 발생한 질환과 양기가 왕성해져 발생한 질환으로 구분한 것이다. 먼저 "뛰어다니면서 소리를 지르려 한다"라는 광증에 대한 묘사는 양기가 왕성해진 것으로 분류했다. 반면 "눈앞이 아찔해지면서 넘어지고 주변 사람이나 벌어지는 일을 알아보지 못한다"라는 전증에 대한 묘사는 음기가 왕성해진 것으로 분류했다.

음양은 한 개 기운[一氣]의 두 가지 움직임, 즉 수렴과 발산을 의미한다. 양기가 왕성하다는 것은 발산하는 양의 기운이 과도하다는 것을 의미하고, 음기가 왕성하다는 것은 수렴하는 음의 기운이 과도하다는 것을 의미한다. 음양에 입각해 전광을 분석하려는 시도는 동한시대에 편찬된 또 다른 의서《황제팔십일난경黃帝八十一難經》에서 먼저 이루어졌으며 이후 전광에 대한 설명의 지침이 됐다. 명대 의가 장개빈張介賓 역시 《향약구급방》의 저자와 마찬가지로 '전'에 대해서는 "항상 의식이 흐릿하고, 움직이기 싫어하며 가만히 있으려고 한다", '광'에 대해서는 "항상 깨어 있으며, 자주 화를 내고 난폭하다"(《경악전서景岳全書》〈잡증모雜證模〉)라고 설명한 바 있다.

미친 증상과 귀신 들림

《향약구급방》 본문에서는 전광을 소개하면서 마지막에 귀신 들림을 함께 언급하고 있다. 귀신 들린 병증은 전광과 달리 사수邪祟로 별도 분류된다.

노래 부르거나 통곡하거나, 신음하거나 웃거나, 도랑에서 앉아 자거나, 똥과 같은 더러운 것을 먹거나, 옷을 벗어 알몸을 드러내거나, 밤낮으로 돌아다니거나, 끝없이 성내고 욕을 하는 것이다. (《천금千金》)

말을 하지 않고 조용히 있거나, 함부로 말하고 헛소리하거나, 비방과 욕설을 일삼고 남의 일을 들추어내되 비난이나 미움을 피하지 않는다. 아직 일어나지 않은 화禍·복福을 잘 말하는데, 그때가 되면 어김없이 들어맞는다. 다른 사람이 생각하는 것을 맞히고, 평지에 다니는 것처럼 높은 곳을 오르거나 위험한 곳을 다닌다. (《강목綱目》)

위의 《동의보감》에 인용된 사수 증상은 설명 가능한 일반적인 것과 설명하기 힘든 특수한 것으로 구분된다. 일반적인 증상은 말이 자주 틀리거나 감정 기복이 심한 정신적인 부분, 배가 불룩해지거나 구토·설사가 발생하는 생리적인 부분, 그리고 욕을 하거나 옷을 벗거나 배설물을 먹거나 하는 반사회적 행동의 부분으로 나뉘고, 특수한 증상은 미래에 벌어질 일을 예언하거나 벌어지지 않은 일을 미리 알고 있거나 높은 곳에 올라가거나 땅에 누워버리거나 하는 기이한 행동 등이다. 치료를 위해서는 먼저 사수 증상이 어떻게 발현됐는지부터 이해해야 한다. 전국시대의 전설적인 명의 편작扁鵲의 '무당을 믿고 의사를 믿지 않는 사람은 치료할 수 없다'라는 선언 이래 중국 의학은 줄곧 '이성주의' 중심으로 발전해왔다. 사수를 일으킨 귀기鬼氣에 대해서도 풍한서습조화風寒暑濕燥火와 같은 육기六氣의 하나일 뿐이며 원기元氣가 허약하거나 담화痰火가 치성하는 바람에 발생했을 뿐이라고 해석한다. 그러나 일각에서는 여전히 병을 일으키는 귀신의 존재를 인정해왔다. 이들은 귀신에 감축된 것은 기도 등의 의식을 통해 몰아낼 수 있지만, 해소될 수 없는 인과 또는 원한에 의한 것이라면 의사의 치료 범위를 넘어선다는 입장을 취하고 있다.

고려시대 사람들은 질병 치료를 위해 의원뿐 아니라 무당과 기도에도 의지했다. 이규보 같은 지식인들은 사람의 생사와 화복은 하늘에 달려 있으며 무당이나 판수에게 의존하는 것은 요행을 바라는 것이라고 생각했다. 그리고 당대에 통용되던 의약 지식에 입각해 질병을 치료해보고자 했다. 실제로 이규보는 외직에 나갈 때마다 약물 전문 저작《본초》를 챙겨갔으며, 의원의 진료를 받은 뒤 안질에 특효가 있다고 알려진 약물 용뇌龍腦를 확보하기 위해 백방으로 노력했다. 또 민간에 돌아다니는 말을 듣고 피부에 발생한 단독丹毒을 치료하기 위해 바닷물 목욕을 시도하기도 했다. 그러나 모두가 이규보처럼 질병에 대처하진 않았다. 공부상서를 지낸 함유일咸有一은 귀신을 가볍게 여긴다는 죄목으로 관직에서 쫓겨났으며, 인종仁宗(재위 1123~1146)은 신성의 영靈에 자신의 병을 치료해달라고 빌 정도였다. 이 때문에 고려를 방문했던 송의 서긍徐兢은 "사람이 아파도 약을 먹지 않고 오직 귀신을 섬길 줄만 알아 저주하며 이겨내기를 일삼는다"라고 기록했다. 두창이나 학질, 사수, 출산 등과 같이 뾰족한 대응법이 없었던 전염병 또는 난치병일수록 무당, 점복, 부적, 기도 등 비의료적 처치에 의존했을 것으로 추측된다.

전광으로 귀신 들린 모습이 나타나는 경우를 치료하는 (처방.) 뽕나무로 만든 까치집의 흙을 물에 개어 복용한다. 하루에 서너 번 복용하면 낫는다.

그렇다면《향약구급방》의 저자는 전광에 사수가 동반되어 나타나는 병증을 어떻게 이해하고 있을까? 전광에 사수를 동반하는 병증에 대한 처방은 뽕나무로 만든 까치집의 흙을 물에 개어 복용하는 것이다. 그런데《향약구급방》에 수록된 치료법과 출처로 여겨지는《증류본초》의 치료법은 차이가 있다.《증류본초》에서는 "몇 년 묵은 까치집을 태워 술과 함께 복용하되 귀신이 깃든 빌미가 된 사물의 이름을 부른다"(《증류본초》〈웅작육雄鵲肉〉)라고 서술하며 술을 마신 뒤 주술을 시행할 것을 제시한다. 반면《향약구급방》의 저자는 동일한 약물, 까치집을 술이 아닌 물로 복용할 것을 권고하며 "귀신이 깃든 빌미가 된 사물의 이름을 부른다"라는 주술의 치료법을 제거했다.《향약구급방》〈졸사〉에서 귀사鬼邪의 기운에 의해 발생한 귀염鬼魘, 중악中惡, 귀격鬼擊, 객오客忤 등에 대해 복룡간, 길경을 복용시키거나 뜸을 뜨는 치료법을 제시한 것과 동일하다. 단언할 수는 없지만 의학적인 치료 효과를 강조하기 위한 의도적인 삭제이거나 삭제된 문장의 인용인 것으로 보인다.《향약구급방》을 읽고 그 내용을 실천할 수 있는 독자는 유학적 지식을 갖춘 사대부였다.《향약구급방》의 저자 역시 이규보와 마찬가지로 주술이 아닌 '이성주의적' 접근을 통한 의학적 치료를 지향했음을 확인할 수 있다.

　그런데《향약구급방》에서 언급하는 미친 증상과 귀신 들림 증상은 구분 가능한 것일까? 귀신은 바람처럼 몸 바깥에서 몸 안으로 들어왔다. "사람의 정신이 온전하지 않고 두려움이 많으면 나쁜 귀신이 공격하거나 달라붙는다"(《동의보감》〈사수형증邪祟形證〉)라고 보았기 때문에 귀기鬼氣는 내 몸의 상황에 따라 증상을 보이거나 보이지 않는다. 반면 미친 증상은 정신이 온전하지 않은 상태에서 발생한 것이기 때문에 증상의 변화가 일어나지 않는다. 증상이 일관되게 지속되는지 간헐적으로 발생하는지가 두 증상을 감별하는 핵심이다.

고삼 관련 처방의 전승과 전환

광증을 일으키는 사기[邪]가 멋대로 발삭해, 머리를 풀어 헤치고 크게 소리 지르며, 사람을 죽이려 하고, 물불을 가리지 않는 것을 치료하는 처방. 고삼〔많고 적음에 구애치 않음〕을 곱게 간다. 졸인 꿀을 사용해 오동나무 열매 크기로 환을 빚는다. 매번 열 알씩 박하 끓인 물에 복용한다.

전질癲疾을 치료하는 (처방.) 고삼〔다섯 근〕을 가늘게 썬다. 좋은 술〔서 말〕에 30일 동안 담가둔다. 매번 한 홉씩 마신다. 끊이지 않게 복용한다. 술기운으로 저린 증상을 느끼면 좋아진다.

《향약구급방》의 저자는 전증과 광증을 치료하는 공통 약물로 고삼을 제시하고 있다. 고삼은 명칭 그대로 "먹자마자 토할 정도이니 위장이 약한 사람에게는 신중하게 사용해야 한다"(《동의보감》〈고삼苦參〉)라는 주의 사항이 적혀 있을 정도로 맛이 쓰다.

고삼은 맛이 쓰고 성질은 찬 것으로 알려져 있다. 쓴맛과 차가운 성질은 열증을 치료하기에 적합하다. 그래서인지 오래전부터 피부에 발생한 크고 작은 염증성 질환인 창진瘡疹의 치료에 자주 사용되었다(《증류본초》〈고삼苦參〉). 온몸에 조그마한 발진이 생겨 가렵고 아픈 것뿐 아니라 등창, 치질, 나력, 옴, 딸기코 등이 그 적용 병증이었다(《동의보감》〈피皮〉, 《광제비급廣濟秘笈》〈고삼치험苦參治驗〉). 숙종의 수면을 방해했던 발적, 발진, 물집, 소양 등을 동반한 피부질환에 제안된 치료법 역시 황백과 고삼을 끓인 물에 상처를 씻는 것이었고(《승정원일기》숙종 36년 5월 26일), 눈썹이 빠지고 코가 문드러져 얼굴을 가리고 다닐 수밖에 없던 천형天刑 대풍라大風癩, 지금의 한센병을 앓던 이들에게 제공된 약물 역시 너삼, 즉 고삼이었다.

《향약구급방》에서는 고삼이 가진 열을 내리는 성질을 광증 치료에 적용한다. "사기[邪]가 멋대로 발작해, 머리를 풀어 헤치고 크게 소리 지르며, 사람을 죽이려 하고, 물불을 가리지 않는" 증상을 양기가 왕성해져 발생한 광증으로 이해한 만큼, 가장 강력한 쓴맛과 차가운 성질을 지닌 약물로 양기를 제압하고 정신을 안정시켜야만 했다. 그런데 음기가 왕성해져 발생한 전질 치료에도 고삼 사용을 제시하고 있다. 광증에 사용하는 고삼 처방이 꿀로 환약을 빚어 박하 달인 물에 복용하는 것과 달리 전증에 사용하는 고삼 처방은 술에 30일 동안 담가두었다가 중단 없이 지속적으로 복용하는 것이다. 목을 넘어가기만 하면 얼굴이 붉어지고 목소리가 커지며 기분이 좋아지게 하는 술은 발산하는 기운의 집약체다. 술의 발산력을 빌려 음기의 왕성함을 누르고 고삼이 지닌 정신 안정 효과가 나타나게 하려는 저자의 의도로 보인다.

흥미로운 것은 《향약구급방》의 처방과 이 처방의 출처로 여겨지는 《증류본초》에 기재된 적용 병증에 차이가 있다는 점이다. 이 처방은 송대의 소송蘇頌에 의해 수집됐다. 그는 이 처방으로 나질癩疾을 치료한다고 기술했다(《증류본초》〈고삼〉). 나질은 대풍라의 준말이다. 대풍라를 일으키는 나균이 몸에 들어와 말초신경을 손상시키면 촉각, 통각, 온도 감각 등이 사라진다(《서울대학교병원 N 의학정보》, 〈한센병〉). 처방 후반에 기재된 "술기운으로 저린 증상을 느끼면 좋아진다"라는 표현은 감각이 회복되는 호전 반응에 대한 기술일 수 있다. 《증류본초》에 수록된 피부질환인 나질에 대한 처방이 정신질환인 전질의 치료 처방으로 전환된 것이다. 의도된 전환이었을까, 아니면 착오였을까? 분명한 것은 이 처방이 전광을 치료하는 치료법으로 간주되어 후대 의서 《향약집성방》과 《의방유취》에도 그대로 수록됐다는 점이다. 다만 《향약집성방》과 《의방유취》에는 출전이 각각 《삼화자방》과 《비예백요방》으로 적혀 있으며, "끊이지 않게 복용한다. 술기운으로 저린 증상을 느끼면 좋아진다"라는 문장은 삭제되어 있다. 전질에 적합하지 않았던 《향약구급방》의 문장이 후대 의가들에 의해 수정된 것이다. 그런데 누가 수정했을까? 일부만을 수정하기보다는 본래 나질 치료 처방으로 알려져 있던 만큼 전문을 삭제했어야 하는 것 아닌가? 혹시 누군가 위의 처방을 활용해 전질 치료에 성공했기에 일부만 수정한 채 보전한 것은 아닐까? 의문을 해소하기엔 정보가 너무 소략하다.

전광과 고려 의서 《향약구급방》, 《삼화자방》, 《비예백요방》

《향약구급방》〈전광〉의 몇 개 문장은 후대에 편찬된 한반도 의서에 지속적으로 인용되었다.

먼저 "양기가 왕성해지면 (미쳐서 정신이 나가는 것을) 광狂이라 한다. 광증이 발생하면 뛰어다니면서 소리를 지르려 한다. 음기가 왕성해지면 (우울해지면서 정신이 나가는 것을) 전癲이라 한다. 전증이 발생하면 눈앞이 아찔해지면서 넘어지고 주변 사람이나 벌어지는 일을 알아보지 못한다"라는 문장은 《의방유취》에서 출처를 《비예백요방》으로 표기해 전문이 인용되었다(《의방유취》〈전광방〉). 《동의보감》에서도 출전을 《백요百要》로 표기하며 인용되었다(《동의보감》〈전광〉). 《동의보감》에서 《백요》를 출전으로 표기한 것은 위 문장 하나뿐이다. 《의방유취》와 비슷한 시기에 편찬된 《향약집성방》에는 수록되어 있지 않기 때문에 허준이 《동의보감》 편찬에 《의방유취》를 직접 활용했음을 보여주는 근거이자 《향약구급방》

의 내용이 《비예백요방》, 《의방유취》를 거쳐 《동의보감》으로 전승되었음을 보여주는 단서다.

그다음으로 "전광으로 귀신 들린 모습이 나타나는 경우를 치료하는 (처방.) 뽕나무로 만든 까치집의 흙을 물에 개어 복용한다. 하루에 서너 번 복용하면 낫는다"라는 문장 역시 《의방유취》에서 출처를 《비예백요방》으로 표기하며 전문이 인용되었다(《의방유취》〈전광방〉). 그런데 이 문장은 《향약집성방》에서 《삼화자방》으로 출전을 표기한 채 인용되어 있기도 하다(《향약집성방》〈풍전風癲〉). 《향약구급방》을 비롯해 《삼화자방》, 《비예백요방》, 《향약집성방》, 《의방유취》에 모두 등장하는 문장이다. 《향약구급방》, 《삼화자방》, 《비예백요방》, 이 세 의서 간 선후관계에 대해서는 현재 논란이 있다. 앞서 이야기한 전질에 고삼을 활용하는 문장과 함께 《향약구급방》, 《삼화자방》, 《비예백요방》 간의 관계를 밝혀줄 힌트가 될 것이라 기대한다.

전광의 동서 비교

유럽에서도 18세기 말까지 정신과(psychiatry)라는 의료 분야는 존재하지 않았다. 불안, 신경성 우울, 강박성 행동은 모두 온천에 거점을 둔 온천 의사들의 몫이었다. 19세기에 정신병자 수용소가 등장하면서 본격적인 정신의학이 등장한다. 그리고 과학혁명과 함께 정신질환 역시 운명이 아니라 뇌의 질병임을 입증하려는 시도들이 이루어졌다. 이에 따라 신경증적 정신과 질환은 중추신경계의 신체적 문제, 곧 신경성 질환으로 치환되어갔다. 이에 대한 반동으로 등장한 것이 정신분석이다. 20세기에 등장한 정신분석은 환자의 증상을 마음의 질병으로 해석해보려고 시도했지만, 과학적으로 파산했다는 비판을 감내해야 했다.[46] 현재 정신의학은 정신약물학 혁명의 시대를 보내고 있다. 1990년 뇌 연구 대중화 프로젝트가 진행된 이래 뇌과학과 향정신성 약물은 급속하게 진화하고 있으며,[47] 뇌에서 분비되는 도파민 수용체와 관련이 있는 것으로 알려진 클로르프로마진chlorpromazine은 조현병 등의 정신질환에 대처하는 대표적인 약물로 소개되고 있다.

뇌를 중심으로 한 정신의학을 발전시켜온 서구 의학과 달리 한국이나 중국 등 동아시아의 전통 의학은 줄곧 뇌를 치료 대상으로 상정하지 않았다. 두개골과 그 속에 자리 잡은 뇌의 존재를 인식하고 있었지만, 정신의 문제를 뇌가 아닌 심장 또는 관련된 내부 장기의 문제로 파악하고자 했다.《황제내경소문》〈병태론病能論〉에서는 광증의 치료법으로 음식을 주지 말 것, 생철락生鐵洛으로 만든 음료를 복용시킬 것을 제시한 바 있다. 그 이유는 광증의 원인이 될 수 있는 양기가 만들어지는 원천을 차단하고, 생철락을 활용해 기운을 아래로 끌어내리기 위함이었다. 후대 의가들의 설명은 더 구체적이다.《동의보감》에는 "철분은 담음을 삭이고 심장을 진정시킬 뿐 아니라 간장 중에 사기邪氣가 특이하게 발생하는 것을 억누른다. 화를 많이 내면 간장 중에 사기가 과도하게 치성해진다. 철분으로 제압할 수 있다"(《동의보감》〈전광〉)라는 송대 의가 허숙미의 설명이 수록되어 있다. 뇌가 아닌 담음, 심장, 간장 등을 활용해 광증의 병리 기전과 그 치료법을 설명한 것이 매우 인상적이다.

징글징글 떨어지지 않는 학질

말라리아, 학질 그리고 모기

　학질은 오래된 질병이다. 갑골문에도 관련 글자가 적혀 있을 정도다. 중국 동한시대에 편찬된 것으로 알려진 《황제내경》에서는 학질을 전문으로 다루는 〈학론痼論〉을 별도로 다루고 있다. 학질의 증상은 오한과 발열이 오가는 한열왕래寒熱往來다. 오한과 발열은 하루 중에도 반복될 수 있고 하루 건너 또는 이틀 건너 한차례씩 나타날 수도 있다. 두통과 온몸 쑤심, 메슥거림과 구토를 수반하며, 발작 후 입술 주변에 포진이 생기기도 한다.

　해학痎瘧은 학질의 또 다른 표현이다. 해痎는 '막혔다'라는 뜻이다. 하루 또는 이틀 걸러 발병하는 학질의 특징을 '막혔다'라는 단어로 표현한 것으로 보인다. 학瘧은 '혹독하다'는 의미다. 학질에 걸리면 추워서 턱이 흔들리고 온몸이 떨리는가 하면 더워서 어쩔 줄 몰라 하고 목이 타며 헛소리를 한다. 이렇게 추웠다가 더웠다가 하는 증상이 통제되지 않는다. 징글징글하게 괴롭히는 대상으로부터 벗어나는 것을 뜻하는 '학을 뗀다'

라는 표현이 괜히 등장한 게 아니다.

　과거 동아시아에서는 주로 증상 표현에 의거해 병증을 판단해왔다. 한열왕래 등의 증상을 보일 경우 학질과 상한, 온병, 계절성 감기, 임병淋病 등의 가능성 사이에서 감별 진단을 실시해야 했다. 전형적인 한열왕래 증상이 없더라도 말라리아 원충의 검출 여부에 따라 말라리아 감염 여부를 판단하는 현대 서양 의학과 분명한 차이를 보인다.

　손자가 세 돌 되는 윤 3월 27일에
　병을 얻으니 학질이라.
　먼저 오한이 나다가 그 후 열이 나네.
　오한이 나면 곧 "아이구, 추워" 외쳐대며
　어머니 무릎에서만 맴도는구나.
　열이 나면 피곤하여 눈을 감고 있으며
　조는 듯하고 숨이 가빠지네.
　때로 다시 물과 먹을 것을 찾아
　바싹 마른 목을 축이는구나.
　하루 간격으로 통증이 다섯 번
　연일 6~7회 나타나네.
　부모는 매우 불쌍하고 가련히 여겨
　병을 물리치려 두루 빌어도 보네.
　그렇게 했으나 효험은 나타나지 않고
　날이 갈수록 아파서 쇠약해져만 가네.
　얼굴은 누렇게 뜨고 살도 빠져
　바라보자니 목이 메는구나.

조선 초기 이문건은 손자 숙길淑吉이 학질을 앓다가 천행으로 나아졌음을 안도하며 위에 인용한 〈아이 학질을 탄식함[兒瘧嘆]〉이라는 글을 지었다.[48] 이문건은 손자의 학질을 치료하기 위해 온갖 방법을 시도했다. 점쟁이를 불러 예후를 점치기도 하고, 맹인을 불러 학질을 물리치는 기도를 드리기도 하고, 방술로 만든 학질 치료 떡을 먹이기도 하고, 주술이 담긴 글자를 기입한 돌을 손자의 품에 넣어두었다가 천변에서 던지게 했다. 물론 시호이출탕과 같은 약물을 복용시키기도 했다.《향약구급방》이 편찬됐을 당시 고려 사람들의 학질 앓이는 어땠는지 확인하기는 어렵지만 이문건의 글에 나타난 모습과 크게 다르지 않았을 것이다.

시호 그리고 상산

시호〔향약명은 초채[靑玉菜]. 혹은 돝의 미나리[猪矣水乃立]라고도 함〕 뿌리만 달인다. 많고 적음을 따지지 않고 마음대로 마신다. 발작하려고 할 때 마시거나 나으려고 할 때 마신다. 바로 효과가 있다.

또 다른 (처방.) 항산恒山의 싹〔한 되〕을 가늘게 썬다. 물 다섯 되를 넣고 석 되가 될 때까지 달인다. 세 번 나누어 복용한다. 발작하려고 할 때 복용하고, 나으려고 할 때 다시 복용한다.〔항산은 상산常山이라고도 한다. 대부분 모래흙이나 자갈흙에 무리지어 자란다. 줄기는 가늘며, 옅은 황적색을 띤다. 두 잎이 마주 보며 난다. 가을에 팥과 같은 옅은 자줏빛의 열매를 맺는다.〕

중국 의서《상한론》의 저자 장중경은 한사寒邪에 손상된 뒤 발생한 열병의 한열왕래 증상을 태양太陽과 양명陽明 사이 소양少陽의 위치에서 발생하는 소양병少陽病으로 간주했다. 그리고 그의 후계자들은 그 위치를 몸의 겉도 속도 아닌 그 중간, 반표반리半表半裏라고 규정했다. 이어 체표의 사기를 풀어내는 방법과 체내의 열기를 식히는 것을 동시에 고려한 '화해和解'의 치료법을 제안했다. '화해'의 치료법을 상징하는 약물은 시호柴胡(Bupleuri Radix)였다. 시호는 반표半表에 자리한 사기邪氣를 발산시킬 뿐 아니라 간장과 담에 작용하며 소양의 기운을 소통시키고 조절한다고 알려진 약물인 만큼 한열왕래 증상을 드러내는 학질을 치료하는 데 그대로 적용됐을 것으로 보인다.

상산常山(Dichroa febrifuga)의 학질 치료 효과는 약물 전문 저작《신농본초경神農本草經》이래《주후비급방肘後備急方》,《외대비요外臺秘要》등 여러 의서에서 언급되어왔다. 그러나 독성이 있는 탓에 기운이 없거나 오랫동안 병을 앓은 사람, 임산부에게 사용할 때는 주의가 필요했으며, 독성을 경감시키기 위한 술, 식초 등을 활용한 다양한 법제 방법이 소개되어 있다. 1940년대 중국에서는 말라리아 치료제를 개발하기 위해 상산을 집중적으로 연구했다. 상산의 말라리아 치료 연구를 주도한 인물은 진국부陳國夫였다. 약효의 원인 성분을 알아내기 위해 화학적 분석부터 시행하는 서양 의학 연구자들과 달리, 그는 사람을 대상으로 임상시험을 실시해 그 효과를 입증해나갔다. 수천 년간 전통 의학에서 사용해왔다는 것이 그의 주된 논리였다.[49] 상산에 포함된 페브리퓨진febrifugine은 말라리아 원충의 확산을 차단하는 데 뛰어난 효과를 보였다. 그러나 치료 이후 원충의 재발을 막아내지는 못했다. 말라리아 치료 약물에서 상산이 퇴출될 수밖에 없었던 주된 이유다.[50]

이후 중국의 투유유屠呦呦는 청호菁蒿(Artemisia annua)에서 말라리아 치료 성분인 아르테미시닌Artemisinin을 추출한 공로를 인정받아 2015년에 노벨 생리의학상을 수상했다. 그리고 현재 아르테미시닌 파생물과 보완 복합물을 결합한 치료법은 말라리아에 가장 효과적인 치료법으로 인정받고 있다.[51] 청호는 마황, 상산과 함께 현대 중약 연구 계보를 잇는 대표적인 약물이다.

학질과 조선 임금 세종

임금과 양녕·효령이 대비를 모시고 도류승道流僧 해순海恂에게 먼저 둔갑술을 행하게 하고, 풍양豐壤 오부吳溥의 집으로 향하려 했다가 잘못 길을 잃어 다른 집에 이르니, 집이 심히 좁고 누추했다. 또 풍양 남촌 주부注簿 최전崔詮의 집을 찾아가서 머무르며 기도했으나, 병이 낫지 않았다. (《세종실록》 세종 2년 6월 10일)

국왕 세종의 어머니 원경왕후 민씨가 학질에 걸렸다. 그러자 세종이 택한 치료법은 노교 승려들을 찾아가 의탁하는 것이었다. 병이 들어오는 지점을 피하고 나을 수 있는 지점을 찾기 위한 둔갑술을 행하고, 학질을 일으키는 방소方所를 피하기 위해 10여 일 동안 어머니의 거처를 옮겼다. 그러다 길을 잃는 낭패를 보기도 했지만 얼마든지 감내할 수 있었다. 아들의 정성 덕분에 원경왕후의 병세는 약간 호전되는 듯했지만 끝내 치료되지 못했다.

조선시대에 편찬된 종합 의서 《의방유취》에는 《황제내경》 이래 축적되어온 방대한 양의 학질 치료 정보가 수록되어 있다. 세종 스스로 창진瘡疹에 걸린 동생 성녕을 치료해보기 위해 의학 공부에 매진했던 만큼 학질의 원인, 발병 기전, 치료법 등에 대해 어느 정도 알고 있었으리라 생각된다. 당시에도 귀신이 아닌 풍한風寒이 학질을 일으키며 이를 치료하기 위해 소시호탕류의 방제를 사용해야 한다는 것은 잘 알려진 지식이었다. 그럼에도 불구하고 세종은 어머니의 학질 치료를 기문둔갑술을 펼치는 도교 승려들에게 의탁했다.[52] 많은 이들이 반대했을 뿐 아니라 길을 잃는 낭패를 겪기도 했다. 현실적 한계를 넘어서라도 어머니의 질병을 구료해보고자 했던 개인 충녕과 자연법칙의 인간 적용을 꿈꿨던 유학적 세계관을 정치적으로 구현하고자 했던 임금 세종 사이의 갈등이 적나라하게 드러난 사건이었다.

학질과 말라리아

학질과 가장 유사한 증상을 보이는 서양 의학의 질병은 말라리아다. 말라리아는 열원충(Plasmodium) 속 원충에 감염되어 발생하는 급성 열성질환으로, 말라리아 원충은 얼룩날개모기속(Anopheles)에 속하는 암컷 모기에 의해 전파된다. 초기에는 발열과 권태감을 보이다가 오한, 발열, 발한 후 해열이 반복적으로 나타난다. 중증인 경우 황달, 혈액응고장애, 신부전, 간부전, 쇼크, 의식장애·섬망·혼수 등의 급성 뇌증이 발생할 수 있다. 말라리아의 진단은 혈액 도말검사로 말라리아 원충을 확인하거나 검체(혈액 등)에서 말라리아 유전자를 검출하는 방식으로 이루어진다 (《2019년 말라리아 진료 가이드》). 말라리아를 일으키는 모기는 60종이 넘는 것으로 알려져 있다. 따라서 치료를 위해서는 먼저 감염된 말라리아 원충을 확인할 필요가 있다. 국내 토착형 삼일열 말라리아의 경우 클로

로퀸 감수성 원충으로 파악되고 있어 치료제로 클로로퀸을 사용한다. 재발 방지를 위해 프리마퀸 치료를 병행한다.

19세기 말에야 학질의 전파 원인이 모기와 말라리아 원충, 기생충이라는 사실이 밝혀졌다. 그전에는 연못이나 습지의 독기나 나쁜 기운이 원인이라고 추측했다. 말라리아라는 병명 역시 '나쁜 공기'를 의미하는 중세 이탈리아어 'mala aria'에서 유래됐을 정도다. 1880년 프랑스의 군의관 알퐁스 라브랑Alphonse Laveran이 현미경을 통해 감염된 환자의 적혈구에서 학질 기생충을 발견한 이래, 1897년 영국 군의관 로널드 로스Ronald Ross는 모기의 위벽 속에서 말라리아 원충을 발견해 모기와 말라리아 간의 관계를 밝혀냈다. 이후 학질 치료는 두 갈래로 나뉘었다. 첫 번째는 모기를 통해 체내에 유입된 기생충을 공격하는 치료 약물의 개발, 두 번째는 모기 자체를 섬멸하는 해충 구제 약물의 개발이었다.[53]

먼저 말라리아 치료 약물을 대표하는 것은 금계랍金鷄蠟으로 알려진 퀴닌Quinine이다. 퀴닌은 페루의 고지대에서 자라는 키나 나무(*Cinchona ledgeriana Moens*)의 껍질로 만든 가루로 17세기 중반 선교사들을 통해 유럽으로 전해서 '예수회의 가루'라는 이름으로 불렸다.[54] 프랑스 신교사 퐁타네P. Joanes Fontaney가 인도에서 보내온 퀴닌은 1692년 학질에 걸린 청의 황제 강희제를 치료하는 성과를 냈으며 강희제에 의해 '성약聖藥'으로 불리기까지 했다. 중국에서 서양 의학에 대한 신뢰가 높아지게 된 역사적인 계기였다.[55] 이후 퀴닌은 학질 치료에 범용됐다. 조선의 제중원에서 진료하던 선교의사 호러스 알렌(1858~1932)이 조선인들의 열병을 치료하기 위해 자주 사용했던 약도 퀴닌이었다.[56] 남아메리카 원주민들의 의학이 유럽인 선교사를 통해 중국에 들어왔다가 아시아 대륙의 끝인 한반도에까지 전해진 범지구적인 의학 지식의 전파 과정이었다.

한편 모기 구제 약물을 대표하는 것은 염소계 탄화수소 DDT다. 1950년대 DDT가 곤충에게 접촉 독성을 일으킨다는 사실이 알려진 뒤 전 지구적인 말라리아 퇴출을 위해 DDT가 살포됐다. 그러나 얼마 지나지 않아 모기가 DDT에 대한 내성을 획득했을 뿐 아니라 은밀한 곳에 숨어 DDT의 공격을 벗어나고 있음이 확인됐다. 결국 DDT를 활용한 모기 퇴출은 실패했으며 오히려 인간에 대한 독성이 알려져 여러 나라에서 사용이 금지됐다.

머리가 깨질 것 같은 두통

두통 치료용 투구

국제두통학회의 두통분류표(ICHD-III)에 따르면 두통은 편두통, 긴장형 두통, 군발두통과 다른 삼차 자율신경 두통, 기타 원발두통, 머리와 목의 외상에 의한 두통, 두개 또는 경부의 혈관질환에 기인한 두통, 비혈관성 두개내질환에 기인한 두통, 물질 또는 물질금단에 기인한 두통, 감염에 기인한 두통, 항상성질환에 기인한 두통, 두개·목·눈·귀·코·부비동·치아·입 또는 기타 안면 및 두개 구조물의 질환에 기인한 두통 또는 안면통, 정신과 질환에 기인한 두통, 뇌신경통과 중추성 원인의 안면통, 기타 두통, 뇌신경통 및 중추성 또는 일차성 안면통으로 구분된다.[57] 그리고 급성기 편두통의 치료제로는 게보린, 펜잘 등의 제품명으로 알려진 비특이적 진통 약물 엔세이드(NSAID)뿐 아니라 트립탄 triptan, 에르고트ergot 제와 같은 편두통에 특이적으로 작용하는 약물들이 개발되어 있다.[58]

두통에 대한 분류, 발병 기전 분석, 치료 약물 개발 등 수많은 연구에도 불구하고 여전히 두통은 병원을 찾는 환자의 절반 이상이 호소하는 주요 증상 중 하나다. 저명한 의사이자 저술가였던 올리버 색스는 자신이 보았던 편두통 치료를 위한 최고의 병원은 쓸데없는 말이나 행동 없이 작고 어두운 방으로 환자를 안내해 누워서 쉴 수 있게 해주고, 차 한 주전자와 아스피린 두 알을 처방해주는 곳이었다고 고백한다. 그러면서 편두통 치료의 해법은 가장 강력한 약물을 활용한 공격이 아니라 자연의 치유력을 돌아보고 자연에게 간절히 바라는 겸허함이라고 서술한다.[59]

《향약구급방》이 편찬된 고려시대에 살았던 사람들은 자신의 머릿속에 몸을 관장하는 신神이 살고 있다고 생각했다. 그 신이 병들어 발생한 것이 두통이라고 생각했던 그 시절에는 어떤 치료법이 고안되고 활용됐을까?

두통, 머리 그리고 뇌

머리가 깨질 듯이 아픈 것을 치료하는 처방. 당귀〔당귀채[薰䴬茱]라고 한다. 두 냥〕를 술〔한 되〕에 넣고 끓여 여섯 홉을 취해 복용한다.

술을 마시면 얼굴이 벌게지면서 말이 많아지고 목소리가 커진다. 술을 마셔서 상기되면 나타나는 이 현상은 기운과 혈의 운행이 빨라졌기 때문인데, 약의 효과를 빨리 내고 싶을 때 활용한다. 이러한 지식은 머리, 얼굴 등 신체에서 높은 부위의 문제를 치료하고자 할 때 술을 넣고 전탕하도록 하는 것으로까지 이어졌다(《동의보감》〈탕액서례湯液序例〉). 위 인용문에서 머리가 깨질 것 같은 증상을 치료하는 데 두통 치료에 효과가 있는 당귀를 술에 넣고 전탕하는 것은 이런 이유에서일 것이다.

머리에 대한 인식은 《동의보감》에 제시된 병증을 통해 보다 분명히 드러난다. 머리에 대한 장 〈두頭〉에서 가장 많은 분량으로 자세하게 설명하는 병증은 두풍증, 정두통, 편두통, 풍한두통 등 통증 관련 병증들이다. 그외 어지럼, 머리 흔들림, 비듬 등이 간단하게 제시되어 있다.

동아시아 의학 전통 역시 서양 의학과 마찬가지로 머리 안에 있는 뇌의 존재를 분명히 인식하고 있었다. 다만 머리를 천곡川谷이라 부르며 그중에 원신元神이 깃들어 있다고 여긴 것이지, 뇌에 기억·의식·감정·판단 등의 특정한 기능을 부여하지는 않았다. 단지 뼈를 채운 골수의 바다[髓海]로 뇌를 인식하면서, 풍부하면 몸이 가볍고 굳세고 힘이 넘치지만, 부족하면 머리가 빙빙 돌고 귀가 울며 정강이가 시큰거리고 눈앞이 어찔하며 눈이 잘 보이지 않는다고만 설명했다(《동의보감》〈두〉). 한편 뇌의 기능과 관련된 문제는 '신神'과 연관되어 설명한다. 신의 역할은 뇌가 아닌 오장, 즉 심장·간장·비장·폐장·신장이 저마다 일부씩 담당한다고 보았는데, 이를 정신의 국재론이라고 한다.[60] 한마디로 뇌의 기능 이상을 머리의 문제로 간주하지 않은 것이다.

두통과 술 그리고 투구

두풍頭風으로 머리가 땅기듯이 아픈 것을 치료하는 처방. 황랍[향약명은 황밀. 두 근], 소금[반 근]. 두 약재를 큰 그릇에 넣어 잘 녹도록 서로 섞다가 소금을 넣고 다시 반죽해 투구 모양으로 만든다. 머리 크기에 맞게, 머리부터 이마까지 내려오도록 조절한다. 착용하기도 전에 통증이 바로 멎는다. 그러나 이 치료 방법은 기운이 치밀어 올라 막힌 경우에만 적합하다. 기운이 약한 사람에게는 사용할 수 없다.

두풍頭風은 머리를 감거나 목욕한 뒤 찬바람을 쐬거나 오래 누워 있던 중에 바람을 쐰 뒤에 머리가 무겁고 어지러운 증상이 생긴 것이다. 바깥에서 들어온 기운이 위로 치밀어 오른 경우에 해당한다(《동의보감》〈두〉). 이름에 풍風이 들어가는 병증은 여러 가지가 있다. 갑자기 넘어지면서 소리를 지르고 경련이 일어나는 것은 간풍癇風, 입과 눈이 한쪽으로 돌아가는 것은 편풍偏風, 항문이 밑으로 빠지면서 출혈이 발생하는 것은 장풍腸風이다. 이들 병증은 외부에서 발생한 특정 요인, 풍의 영향을 받았거나, 잘 돌아다니며 또 자주 변하는 등 풍의 속성을 지닌다(《동의보감》〈풍風〉).

황랍으로 만든 투구를 씌워 두풍 증상을 치료하는 방법에 대해《향약구급방》의 저자는 "이 치료법은 기운이 치밀어 올라 막힌 경우에만 적합하다. 기운이 약한 사람에게는 사용할 수 없다"라고 기술한다. 기운이 치밀어 오르는 사람에게 두통의 양상은 머리가 빠개질 듯 강렬하게 나타난다. 반면 기운이 약한 사람의 두통은 은은하게 이어진다. 황랍으로 만든 투구는 치밀어 오르는 기운을 눌러주기 위한 도구다. 이마까지 푹 덮이도록 만든다.

기운은 왜 치밀어 오르게 됐을까? 힌트는 두풍이라는 병증 명칭에 있다. 풍은 몸 안 또는 몸 밖에서 발생한다. 가장 높은 곳에 위치한 머리를 향해 몸 안팎에서 발생한 바람이 몰려 들어가다 보니 기운이 치밀어 오르는 것처럼 느껴진다(《동의보감》〈두〉). 그렇다면 황랍으로 만든 투구를 씌운 이유는 무엇일까? 평범한 투구로는 효과를 볼 수 없는 것일까? 《향약구급방》의 저자가 참고했을 것으로 추정되는《증류본초》에는 이 처방의 출처가《경험방》으로 적혀 있을 뿐 별다른 기전 설명은 없다. 황랍이 진통 작용을 한다는 식의 설명 역시 없다(《증류본초》〈봉자蜂子〉). 더욱이 복용도 외용도 아닌 그냥 덮어쓰는 방법이라면 기존의 약물 효능 설명 방식으로 접근하기 어렵다.

무속적인 사유에 따르면, 기이한 신체 증상이 발생하는 이유는 외부에서 특별한 기운, 즉 귀신 등에 씌었기 때문이다. 두풍 역시 풍사가 머리에 덮어씌워진 것으로 해석해볼 수 있다. 이런 관점에서 본다면 머리에 덮어씌워진 풍사를 제어하기 위해 보다 강력한 다른 어떤 것을 찾고자 했고 그 결과 풍두風頭를 치료한다고 알려진, 벌이 만들어낸 황랍 투구를 선택한 것이 아닐까 한다. 기존 의학의 논리로는 설명하기 힘든 경험에 입각한 접근방식이다.

13 약을 먹을 때 법도를 지켜야 효과를 보장한다

한약은 하루에 몇 번을 먹어야 하는가? 한약을 먹을 때 피해야 할 음식은 무엇일까?

한약을 복용하는 사람들로부터 자주 듣는 질문이다. 고려 사람들도 이와 유사한 궁금증을 가졌다. 이번 항목에서는 약물 복용법 및 주의사항 그리고 약물 조제 시의 주의사항에 대해 다룬다. 분명하게 기록된, '하루에 세 번, 아침, 점심, 저녁에 복용한다', 필요할 경우 '상황에 맞게 조절하여 복용한다'는 내용이 눈길을 잡아끈다. 《동의보감》과 같은 종합 의서에나 나올 법한 내용들이 일상 질병을 다루는 《향약구급방》에 수록되어 있는 점도 무척 흥미롭다. 저자는 분명 이 책 한 권으로 진단, 처방뿐 아니라 약물 조제, 복약의 문제까지도 해결할 수 있기를 바랐다.

◇ **약물 복용법 – 하10 복약법 服藥法**
◇ **서로 반대되는 성질의 약물들 – 하11 약성상반 藥性相反**
◇ **약재 가공법 – 하13 수합법 修合法**

약물 복용법

한약은 언제 어떻게 먹어야 할까

얼마 전 '식후 30분'이라는 약물 복용 시간 기준이 '식사 직후'로 변경됐다. '식후 30분'은 약물에 의한 속쓰림을 예방하고 식사와 함께 하루세 번 복약할 것을 기억시키기 위해 도입된 기준이었다고 한다. 그러나의학적 근거가 없고, 약물 종류에 따라 식전, 식후, 취침 전으로 복약 시간이 다를 수 있으며, '식후 30분'을 넘길 경우 복약을 회피하는 근거가된다는 이유로 폐기됐다. 그럼 '식후 30분' 복용 지침은 잘못된 것이었을까?

《향약구급방》〈복약법〉에서는 질병 위치에 따른 복약 시간과 복약 횟수를 소개하고 있다. 그러나 그 근거에 대해서는 구체적으로 설명하지않는다. '식후 30분'처럼 고려시대에 통용되던 일종의 약물 복용 관행이었던 것이다. 모든 금기나 관행을 합리적으로 설명할 수 있는 것은 아니다. 다만 그중에 전통적인 사고나 현대적 해석을 통해 확인할 수 있는유의미한 내용이 포함되어 있다면 의학적 유효성을 넘어 동아시아의 문화적 중세성을 포착할 수 있는 소재가 될 수 있다. 그 안에 투영된 고려 시대 사람들의 생각을 읽어보자.

약은 언제 먹어야 하는가?

무릇 병이 몸 위쪽에 있으면 식후에 먹고[두통이나 해수 등의 병], 병이 흉격 아래에 있으면 공복에 먹는다. 방서에서는 "하루에 세 번 복용한다는 것은 새벽, 낮, 저녁에 복용하는 것이다"라고 했다. 또한 "시간에 구애받지 않고 복용한다는 것은 병의 경중에 따라서 상황에 맞게 조절하여 복용하는 것이다"라고 했다.

위 인용문에서는 머리가 아프거나 기침을 하는 등 흉격 위쪽에서 질병이 발생하면 식사 이후에 약을 복용하고, 흉격 아래에서 질병이 발생하면 식사 이전에 약을 복용하라고 이야기한다. 질병의 위치와 음식-약물의 선후관계가 영향을 줄 수 있다는 생각에서 제시된 의견이다. 위 논의는 《증류본초》를 비롯한 여러 동아시아 의서에서 반복되어왔다. 그 저변에는 '머리는 위, 몸통은 아래'와 같이 몸이 위아래로 나뉘며 음식 소화는 몸의 가운데에 위치한 장기, 비장과 위장에서 이루어진다는 전제가 깔려 있다. 음식이 먼저 위장을 가득 채우고 있으면 약효가 아래로 내려가지 못하고 위로 올라가며, 반대로 약물이 위장 중에 자리하고 있는데 나중에 음식을 먹으면 약효가 위로 가지 못하고 아래로 내려간다는 식의 접근이다.

'하루에 세 번 복용한다', '시간에 구애받지 않고 복용한다'는 것은 시간에 따른 복약 지침이다. 의서에 수록된 대부분의 방제 설명은 '적응 병증 - 구성 약물 및 용량 - 조제법 - 복용법' 등의 순으로 이루어져 있다. 간단한 방제, 이른바 단방을 소개한 《향약구급방》에서도 '하루에 세 번 복용한다'와 같은 복용법에 대한 설명을 쉽게 찾아볼 수 있다. 앞서 식사에 따른 복약 시점을 이야기한 뒤 복약 횟수를 소개하는 것으로 보아 식사와 복약 시점을 연관시키고 있는 것은 아닌가 추정해본다. 실제로 《향약구급방》〈후비〉에서는 나력瘰癧을 치료하는 방제를 설명하면서 '아침, 저녁 식사 후, 그리고 자기 전에 한 번씩 복용하라'고 설명하고 있다.

서긍徐兢의 《고려도경高麗圖經》〈붉은 칠 소반[丹漆俎]〉에는 "정사와 부사가 객관에 들면 매일 세끼 식사를 제공하며 매끼 식사로 다섯 소반이 나온다"라는 기록이 있다. 고려시대 국왕이나 고위 관료층, 또는 힘든 노동을 하는 인부들은 세끼를 먹었겠지만 식량 사정이 여의치 않았던 대다수 일반 백성들은 세끼를 다 챙겨 먹지 못하고 아침, 저녁 두 끼만 먹었을 가능성이 높다.[61] '아침, 저녁 식사 후, 그리고 자기 전에 한 번씩 복용하라'는 복약 지침은 고려시대에 일상적으로 이루어졌던 하루 두 끼 식사와 그에 따른 복약 횟수를 설명한 것으로 보인다.

질병의 경중에 따라 복약 횟수는 줄거나 늘 수 있다. 〈부인잡방〉에서도 출산 후 악혈惡血이 그치지 않거나 배 속에 덩어리가 뭉쳐 아픈 경우 '시간에 구애받지 않고 복용한다'는 지침을 제시한 바 있다. 다만 인용문에서 보듯 '시간에 구애받지 않고 복용한다'에는 질병의 경중에 따라 상황에 맞게 조절해 복용하라는 설명이 부가되어 있다. 사실상 전문가의 판단이 필요하다는 내용이다. 그래서인지 《향약구급방》에서 위와 같은 복용법을 소개한 치료법은 단 1회뿐이다.

약 먹을 때 피해야 할 것

무릇 약을 복용할 때는 시체나 출산 시 배출되는 더러운 부산물, 성관계, 힘이 드는 행위를 피해야 한다.

약을 먹을 때에는 일반적으로 날것, 찬 것, 기름진 것을 먹지 말아야 한다. 날것이라 함은 끓이거나 익히지 않은 것이다. 찬 것은 성질이 찬 것들로서 상추[萵苣]〔자부루나물[紫夫豆菜]〕와 교맥[메밀[木麥]] 같은 것들이다. 기름진 것은 검은깨, 아욱, 순채 같은 것들이다.

무릇 약을 먹을 때에는 돼지·닭·소고기, 비늘 없는 생선, 제니, 마늘, 고수, 양하, 군菜, 연, 콩, 팥, 무, 아욱, 토란, 해조 및 여러 과일을 먹지 않는다.

위 인용문에서는 약을 복용할 때 지켜야 할 금기, 즉 피해야 할 대상·행동·음식 등을 소개하고 있다. 납득이 가는 부분도 있지만 그렇지 않은 부분도 있다. 위 내용은 《향약구급방》뿐 아니라 당대 의서 《천금방千金方》, 송대 의서 《증류본초》에도 수록된 오래된 금기다.

첫째, 시체나 출산 과정에 배출되는 부산물은 왜 피하라고 했을까? 이 금기를 이해하기 위한 단서는 시체와 출산 시 배출되는 인체 부산물 그 자체가 아니라 이들이 내포하는 상징체계에 있다. 시체를 죽음과 연관시키는 것은 어렵지 않다. 출산 시 배출되는 태반, 혈액 등과 같은 인체 부산물 역시 생명이 빠져나갔다는 의미에서 죽음을 상징한다. 죽음을 상징하는 물건들은 생명, 질병으로부터의 치유와 배치될 뿐 아니라 가까이할 경우 몸을 '오염'시킬 수도 있다. 실제로 출산 시 배출된 인체 부산물은 '더러운 물건[穢惡之物]'으로 간주된다. 하빅havik족에서 브라만 계급에 속한 사람들은 모든 신체 배설물, 상처로부터 나온 피와 고름까지도 부정不淨한 행위의 원천으로 간주하고 이를 피하기 위한 금기를 만들었다. 용변 후에 씻을 때는 종이가 아닌 물을 사용할 것, 왼손을 사용할 것 등이다. 세균이 이동해 질병을 감염시킨다는 생각은 19세기에 이르러 등장했다. 세균의 발견과 그로 인한 병인론, 위생학이 등장하기 이전 동아시아 의학 전통에서 '더러운 것'이 질병을 옮길 수 있다는 의학적 물질주의(medical materialism)에 기반한 금기가 만연했으리라는 것은 부정할 수 없는 사실이다.[62]

둘째, 약을 복용할 때 성관계나 힘이 드는 행위 그리고 날것, 찬 것, 기름진 것을 피하라는 것은 충분히 합리적이다. 성관계나 힘이 들어가는 행위는 몸의 기력을 소진시키는 만큼 질병으로부터의 회복력을 떨어뜨릴 수 있다. 이어 솥에 들어 있는 음식을 소화시키기 위해서는 솥 아래의 군불이 잘 지펴져야 한다는 비유를 통해 알 수 있듯 소화를 잘 시키기 위해서는 소화를 담당하는 비장과 위장[脾胃]이 따뜻할 필요가 있다. 날 음식이나 찬 음식은 소화기관의 따뜻한 기운, 양기陽氣를 식게 할 뿐 아니라 기름진 음식은 비장에 부담을 주어 음식물의 소화 흡수를 더디게 할 수 있다. 음식이 기운을 만들어내는 재료로서 작용하는 것이 아니라 소화를 시켜내야 하는 부담으로 작용하게 되는 것이다. 이상의 금기들은 동아시아 의학 전통에서도 충분히 설명 가능할 뿐 아니라 지금도 통용될 수 있는 의학적 금기다.

셋째, 약을 복용할 때 먹어서는 안 될 음식으로 돼지고기, 닭고기, 소고기, 비늘 없는 생선 등 구체적인 목록을 제시하고 있다. 이와 유사한 내용을 담고 있는 《증류본초》〈복약식기례服藥食忌例〉를 참고하면, 먼저 돼지고기 등은 기름진[油膩] 음식에 해당한다. 물고기는 비린[腥臊] 음식, 고수·마늘 등은 날 음식[生菜], 여러 과일은 미끄러운 음식[滑物]에 해당한다. 《증류본초》에 언급되지 않는 음식들도 위의 기준에 따라 분류해 볼 수는 있으나 기준에 부합하기도 하고 부합하지 않기도 해서 금기시된 이유를 확인하기 어렵다. 한편 기름지다, 비리다, 미끄럽다 등 주관적인 판단에 의거해 음식을 분류하는 것이 적절한가 하는 의문도 든다.

그런데 닭고기, 소고기뿐 아니라 마늘, 무, 콩 등의 식재료를 배제하게 되면 복약 기간에 먹을 수 있는 음식은 상당히 제한될 수밖에 없다. 그럼에도 불구하고 조선 전기에 편찬된 관찬 의서 《의방유취》에서는 《비예백요방》을 출처로 밝히며 "이상의 것들을 먹거나 접하게 되면 효험이 없어지고 약력을 상쇄시키기 때문에 피한다"라고 금기의 당위성을 제시하고 있다. 과연 위의 금기들은 약물 효능을 극대화하기 위한 축적된 의약 경험의 집합일까, 아니면 유의미한 치료 효과가 나타나지 않을 때 책임을 모면하기 위한 장치였을까?

서로 반대되는 성질의 약물들

지황과 무는 함께 먹지 않는다

"숙지황이 포함된 한약을 먹을 때는 무를 함께 먹으면 안 돼. 머리가 하얗게 셀 수 있어." 숙지황과 무를 둘러싼 이 루머(?)는《향약구급방》에도 등장할 만큼 오래된 것이다. 물론 이 주장이 현대적인 실험을 통해 입증된 바는 없다. 다만 숙지황은 빈번히 사용되는 한약재이며 무 역시 일상에서 자주 먹는 식재료다. 매 끼니 식탁에 올라오는 음식에까지 주의를 곤두서게 만드는 이 주장을 어떻게 받아들여야 할까?

한약을 처방할 때 기억해야 할 일곱 가지 약물 조합 원칙이 있다. 다른 약물과의 배합 없이 한 가지 약물만 사용하는 단행單行, 비슷한 약물을 함께 사용해 약효를 끌어올리는 상수相須, 보조 약물을 활용해 주된 약물의 효과를 끌어올리는 상사相使, 한 약물의 독성이나 부작용이 다른 약물에 의해 경감되는 상외相畏, 한 약물이 다른 약물의 독성이나 부작용을 경감시키는 상쇄相殺, 배합되었을 때 약물의 효능을 감소시키는 상오相惡, 배합되어 부작용을 유발하는 상반相反이다.《향약구급방》〈서로 반대되는 성질의 약물들[藥性相反]〉의 내용은 '상반'의 내용과 유사하다. 바로 앞 〈약물 복용법[服藥法]〉에서는 약물 복용에 대한 일반적인 금기를 소개했다면 여기서는 개별 약재를 복용할 때의 주의사항을 제시하고 있다. '서로 반대되는 성질의 약물들'이라고 제목을 붙인 것 역시 이 내용을 일반적인 금기와 차별화하려는 의도다.

약물 금기: 지황과 무는 함께 먹지 않는다

(처방에) 지황地黃이 있으면 무이蕪荑와 무[蘿蔔]를 먹지 말아야 한다.
(처방에) 복령茯苓이 있으면 식초가 들어간 음식[醋物]을 먹지 말아야 한다.

(처방에) 별갑鼈甲[鼈田]이 있으면 현채莧菜를 먹지 말아야 한다.
(처방에) 감초가 있으면 해조海藻와 숭채菘菜〔(향약명은) 무[無蘇]〕를 먹지 말아야 한다.

이 장에는 위와 같은 형식의 문장이 총 열두 개 수록되어 있다. '약물의 성질이 반대된다'는 것은 정상적인 약물의 효과를 방해하는 약물이 존재함을 가정한 것이다. 조금 더 구체적으로 살펴보고 싶지만, 어떤 이유로 함께 먹지 말라고 한 것인지, 어떻게 또는 어느 정도를 먹으면 약효에 문제가 생기는지 등에 대한 설명 없이 '먹지 않는다'라고만 단정하고 있어 검증을 위한 기준 설정부터 어려운 상황이다.

경험의 축적이 의약 지식으로 연결되던 과거에 부작용에 대한 경험은 치료 효과만큼이나 중요했을 것이다. 특정 약물의 조합이 좋지 않은 결과를 가져왔다면, 더구나 그 조합이 가장 중요한 약물(숙지황)이자 가장 일상적인 식재료(무)처럼 의외성을 지닌 것이었다면 기록되거나 전달됐을 가능성이 매우 높다. 약물이 귀했던 시대였던 만큼 약효가 제대로 발휘되게 하려면 조그마한 방해 요소라도 제거해야 했다. 금기야말로 약물이 제대로 된 효과를 발휘할 수 있도록 견인하는 중요한 장치였던 것이다.

> 지황이나 하수오를 복용할 때 무를 먹으면 체내의 혈을 소모시켜 수염과 머리털이 일찍 희어진다.
> 복령이 있으면 식초나 신 음식을 먹지 말아야 한다. 쌀식초를 먹지 말라고 하기도 한다. 복령을 복용할 때 식초를 먹으면 이전의 약효까지 모두 없어진다.
> 감초가 있으면 배추, 해조, 돼지고기를 먹지 말아야 한다. 감초를 복용할 때 배추를 먹으면 병이 낫지 않는다고 말하기도 한다.
> 별갑이 있으면 비름나물을 먹지 말아야 한다. 별갑을 얇게 썰어 [비름나물과 함께] 축축한 곳에 두면 살아 있는 자라로 변하니 이것이 바로 그 증거다.

위의 인용문은 모두 《동의보감》 〈복약식기服藥食忌〉에 수록된 것이다. 《향약구급방》에 수록된 복령과 식초, 감초와 배추를 함께 먹으면 안 된다는 금기에 대해서는 복령과 감초의 '치료 효과가 사라지기' 때문이라고 설명하고 있다. 숙지황과 무를 함께 먹으면 수염과 머리털이 희어지는 부정적인 효과에 대해서는 체내의 혈이 소모된다는 의학적인 이유를 덧붙이고 있다. 특히 《동의보감》 〈탕액편〉 〈내복萊葍〉에서는 무에 대해 "기운을 아래로 끌어내리는 효과가 가장 빠르다. 오래 먹으면 영위榮衛

의 운행이 껄끄럽게 이루어져 수염과 머리카락이 빨리 희어지게 된다"라며 그 이유를 보다 상세하게 제시하고 있다. 그러나 별갑과 비름나물을 함께 먹으면 안 되는 이유가 자라의 등딱지, 별갑을 썰어 비름나물과 함께 축축한 곳에 두면 자라의 등딱지가 살아 있는 자라로 변하기 때문이라는 설명은 받아들이기 어렵다.

금기는 역시 도전을 받는다. 사람들을 불편하게 하는 만큼 금기로 작동하기 위한 원동력이 필요하다. 시대를 뛰어넘는 논리로 사람들을 설득한 금기는 여전히 생명력을 유지하지만 그렇지 않은 금기들은 잊히거나 천덕꾸러기 또는 미신 수준으로 전락하고 만다. 약물 사이의 관계를 밝혀내기 위한 여러 가지 실험적 연구가 진행되고 있는 만큼 위의 내용들이 중세에 만연하던 단순한 사회문화적 수준의 금기였는지 아니면 실제 효과에 기반한 약물학적 금기였는지는 곧 밝혀지리라 기대한다. 그렇다손 치더라도 환자가 복용하는 약물뿐 아니라 평소에 먹는 음식까지 확인하면서 약물과 음식 사이에 발생할 수 있는 상호관계를 세심히 고려하는 정신만큼은 여전히 존중되어야 한다. 몸이 좋지 않아 약을 복용하는 경우 함께 먹는 무 한 조각까지도 주의해야 한다는 메시지를 타파되어야 할 금기로만 볼 이유는 없다.

배제된 금기 그리고 《향약》

《증류본초》〈복약식기례〉에는 《향약구급방》에서 다루는 약물 외에 파두, 황련, 공청, 주사 등과 함께 먹어서는 안 되는 음식들을 언급한다. 반면 《향약구급방》에는 그중 일부만을 채록해 정리하고 있다. 《향약구급방》에서 배제된 약물들은 대개 독성이 있거나 약효가 강하고 수입해야 한다는 등의 공통점이 있다. 분명 전문 의약 지식이 없는 사대부에게 주변 사람들이 앓고 있는 일상 질병에 대처하는 치료법을 제공하기 위해 편찬됐다는 점이 고려됐을 것이다. 제목 옆에 기재된 "이 내용은《향약鄉藥》에 나온다"라는 문장 역시 한반도에서 자생하는 약물 중심으로 선별됐다는 추정을 강화한다.

약재 가공법

약재 가공의 진심은 하늘이 알고 있다

탕약을 조합함에 있어서는 정밀함에 힘써야 한다. 묵은 약재와 새로 캐온 약재를 가르고 어떤 지역에서 산출된 것인지 구분하며, '법도에 합치되도록 가공하되[修製合度]' 처방에서 제시한 용량과 차이가 나지 않도록 해야 한다. 정확히 적절히 사용한다면 병이 낫지 않는 바가 없을 것이다. (《태평성 혜방》〈합화合和〉)

수합법修合法은 의사의 처방이 기대하는 효과를 낼 수 있도록 정해진 법도에 따라 약물을 가공하는 것을 말한다. '수합修合' 외에 '법제法製', '포제炮製', '수제修製', '수치修治' 등도 자주 사용되는 단어다. '법에 따라 포제하는[依法炮製]' '법제'나 불을 이용해 약물을 가공하는 '포제'는 단 순히 약재를 가공한다는 의미로 사용되지만 '닦고 다스린다'라는 의미를 지닌 '수제', '수치'는 약재를 넘어 사람의 심신 수련까지도 연상케 한다.

약물만을 놓고 보면 단순 가공 작업에 지나지 않겠지만, 약재의 품질을 가르고 원산지를 따지며 적절한 수준까지 가공되었는지, 그리고 제시된 처방전과 동일한 용량으로 배합됐는지를 확인하기 위해서는 별도의 노력이 필요하다. 특히 질병 치료에 사용되는 약물인 만큼 그것을 다루는 사람의 정성과 집중이 요구된다. 실제 수치법 혹은 수합법에는 약물을 다루는 사람의 마음가짐이나 행위의 성실성에 대해서 언급한 경우가 적지 않다. 1669년에 창립된 중국의 오래된 약방 동인당同仁堂에서는 "약물 가공 과정은 아무도 보지 못했지만, 진심으로 했는지는 하늘이 알고 있다[修合無人見, 存心有天知]"라는 글귀를 좌우명으로 내세우기도 했다. 《향약구급방》은 전문적인 의약 지식이 없는 사대부를 위한 책이니만큼 방제 활용에 무리가 없는 수준에서 간략하게 약재 가공 관련 정보를 제공하고 있다. 뿐만 아니라 불에 굽는다거나 약재를 어떻게 썬다는 별도 설명이 없으면, '흙을 씻어낸 뒤 햇볕에 말리거나 불 위 높은 곳에 올려둔 채 말리되 불에 구워 사용하지 않는다' 또는 '콩알만 한 크기로 잘게 썰되 약미藥味가 어느 정도 우러나올 수 있도록 속까지 적셔 사용한다' 등의 초보자의 눈높이에 맞춘 설명을 덧붙이고 있다.

불을 활용한 약물 가공법: 포炮, 초炒, 오熬, 구炙, 외煨, 배焙

'포炮'는 약물을 잿불 속에 넣고 이리저리 휘저으면서, 살짝 갈라질 정도로 해서 사용하는 것이다. 때에 따라서는 젖은 종이에 싸서 잿불 속에 넣어 뜨거운 열기가 전해지도록 하여 사용한다. 의서에서 말한 바를 따른다.

'초炒'는 약물을 그릇에 담고, 향기가 나오도록 불로 가열하는 것이다. 때에 따라서는 누렇게 되거나 검게 되도록 만든다. 역시 의서에서 말한 바를 따른다.

대개 약을 마련할 때 '볶는다[炮]', '굽는다[炙]'라고 언급하지 않은 경우는, 모두 약물에 묻은 진흙을 씻어서 제거하고 햇볕에 말리거나[陽乾] 불에 말리되 볶거나 굽지 않고 쓰는 것이다.

혹 '어떤 약재를 달여서 마신다'라고만 하고 '절개해 썰거나 찧는다'라고 말하지 않은 경우는, 모두 삼씨나 콩알만 한 크기로 잘게 썰어 약 맛이 잘 우러나올 수 있도록 해서 그 우러난 약물째로 쓰도록 한다. 혹은 찧었다가 거칠게 체로 걸러서 사용하기도 하는데, 급할 때는 그대로 약재를 조제한다.

중국 남북조시대에 편찬된 것으로 추정되는 뇌효雷斅의 《뇌공포자론雷公炮炙論》은 대표적인 포제 전문 저작이다. 그중에는 약재별로 찌거나, 볶거나, 굽거나, 태우거나, 보료를 가한 채 포제하거나 가하지 않고 포제하거나 하는 등 10여 가지 이상의 약물 가공법이 소개되어 있다. 반면 《향약구급방》에서는 개별 약재에 따른 포제법을 일일이 나열하지 않은 채 포炮, 초炒, 구灸, 외煨, 배焙 등 몇 가지 가공법만을 추려 그 핵심적인 내용을 소개하고 있다. 예를 들어 '포炮'에 대해서는 약재를 잿불 속에 넣고 이리저리 휘젓는다, '초炒'에 대해서는 약물을 그릇에 담은 뒤 향기가 날 때까지 가열한다, '오熬'에 대해서는 약물을 그릇에 담고 물을 적게 넣은 다음 바싹 말린다 등이다.

약재 가공에 불을 많이 활용하고 있음을 주목할 필요가 있다. 불, 곧 열을 가하는 것은 본래 날 음식을 먹고 탈이 나지 않도록 하기 위해 도입된 방법이었으나 점차 약재로까지 그 범위를 넓혀갔다. 가열 외에도 약재 가공에는 세정·절단·건조·물을 활용하는 방법, 술·식초 등의 보료를 활용하는 방법 등이 활용된다. 다만 불은 약재의 효능을 변화시킬 수 있는 효과적인 도구이기에 약재 가공의 상징으로 활용되고 있다.

약물 가공의 방법과 목적은 개별 약물에 따라 다르다. 때로는 약물의 독성이나 부작용을 경감시키기 위해 가공을 하지만 반대로 약물의 치료 효과를 증강시키기 위해 가공하기도 한다. 이외에도 약물의 효능이나 적용 범위를 변경시키기 위해, 가공의 편의를 위해, 보관 기간을 늘리기 위해, 복용상의 편의를 위해 가공할 수도 있다. 처방한 사람의 의중을 정확하게 파악할 수 있다면 약물 가공 단계에서 법제 방법을 변형하거나 필요에 따라 생략할 수도 있겠지만 그렇지 않다면 그대로 따르는 수밖에 없다. 《향약구급방》의 저자 역시 "의서에서 말한 바를 따른다[隨方所云]"라는 문장을 반복적으로 기재하고 있다.

약재 무게와 부피의 측정 그리고 솜저울과 약저울

또한 이 책에서 근斤과 냥兩의 무게는 모두 약저울을 기준으로 사용한다. 솜 무게를 재는 단위로 흔히 쓰는 1눈[目]이 있는데 약저울로는 1냥에 해당한다. 약저울 1냥은, 생대추 세 알을 1냥으로 치면 된다. 또한 1되[升]라고 말한 것은 작은 찻사발[小茶琬]을 준거로 해서 쓰면 된다.
이상의 설명이 아주 정확하지는 않지만, 크게 잘못된 것도 아니다. 본문의 처방에서 큰냥[大兩] 또는 큰되[大升]라고 한 것은 보통 쓰는 솜저울을 취하거나 보통의 말되를 취해서 쓸 수 있을 것이다.

위 인용문에서 볼 수 있듯이 약재의 무게를 재는 약저울과 솜의 무게를 재는 솜저울을 비교해 독자의 편의를 도모하고 있다. 텍스트마다 동일한 한자 용어를 쓰더라도 시대와 지역에 따라 도량형 기준은 차이를 보인다. 〈수합법〉에서는 당시 솜저울로 1눈[目]에 해당하는 무게를 약저울 1냥兩, 약저울 1냥은 생대추 세 알의 무게에 해당한다는 기준을 설정했다. 부피 단위인 1되[升]에 대해서도 작은 찻사발[小茶垸]을 기준으로 삼을 것을 제시하고 있다. 1냥의 기준이 되는 생대추나 1되의 기준이 되는 작은 찻사발이 어떤 것인지에 대한 의문이 있을 수 있다. 처방을 한 사람과 독자가 동일한 측정 기준을 사용하고 있는지에 대해서도 확언할 수 없다. 다만 단일 방제 안에서 동일한 도구를 활용할 경우 어느 정도의 일관성은 확보할 수 있기에 '아주 정확하지는 않지만 크게 잘못된 것은 아니다'라는 정도의 답변을 제시할 수 있다.

솜[絲綿]을 재는 저울과 약을 재는 저울을 동일하게 사용한다는 생각의 원류는 중국 당唐대에 편찬된 본초 저작 《신수본초新修本草》 서문에 기록된 "금은과 솜은 모두 약재와 동일해 무게에 차이가 없다[金銀絲綿 並與藥同, 無輕重矣]"라는 문장이다. 이 문장은 〈합약분제요리법合藥分劑料理法〉이라는 제목으로 도홍경의 서문 하단에 첨부되어 있어 《신수본초》 편찬 과정에서 추가된 주석으로 간주된다. 금, 은, 솜 그리고 약재는 귀중한 재료이니만큼 통용되는 큰 저울[大秤]이 아닌 보다 정밀한 작은 저울[小秤]로 측정해야 한다는 의미를 담고 있다. 참고로 중국에서 활용되던 금, 은, 솜을 재는 작은 저울의 1근은 220그램이며 1근은 16냥이다.

솜을 재는 저울과 약재를 재는 저울을 통용한다는 《향약구급방》의 문장은, 책의 중간본이 나온 1417년 즈음에는 (나아가, 어쩌면 초간본이 나왔을 것으로 추정되는 13세기 말에는) 목면인 솜과 그것을 재는 저울이 이미 보편화되어 있었음을 시사한다. 최근 삼국시대에 이미 한반도에 면직물이 존재했다는 고고학적 증거가 발굴되기도 했지만 본격적인 목화 재배는 1363년 고려 문신 문익점文益漸(1329~1398)에 의해 이루어졌다. 주지하다시피 문익점은 사행차 원나라에 다녀오면서 목화 종자를 들여왔으며 여러 번의 노력 끝에 재배에 성공했다. 이후 그는 목화 보급을 위해 지속적으로 노력했으며 1367년 무렵 중국 승려 홍원弘願으로부터 전수받은 실 뽑고 베 짜는 기술과 함께 10년 만에 한반도 전역에 보급될 수 있었다. 솜 무게를 재는 저울로 약의 무게를 잰다는《향약구급방》의 구절은 이 책의 편찬 상한 시점을 간접적으로 말해줄 뿐 아니라, 조선 초기 민간에 목화 섬유를 이용한 의류 제조가 일반화되어 있었음을 방증한다.

14 옛 역사적인 처방 사례를
실은 까닭은?

옛 의서 중의 치험 사례, 〈고전록험방〉에서는 역사적 인물들의 질병 치험 및 방제
사용 경험 사례 일곱 가지를 소개한다. 《향약구급방》 본문 다른 데에서는 주로 저
자 자신이 경험했던 치험 사례를 삽입했던 것과 달리, 여기서는 중국 송대 이전
부터 전해지던 유명 치험 사례를 채록해 별도 수록하고 있다. 같은 내용이 《유증
보제본사방》과 《증류본초》 등에서도 확인되지만, 《향약구급방》의 저자가 위의
책들을 실제 인용했는지 여부는 확인할 수 없다.

◇ **옛 의서 중의 치험 사례 – 하12 고전록험방**古傳錄驗方

옛 의서 중의 치험 사례

이야기는 사람의 이목을 잡는다

선인들의 경험방을 취집하고자 했던 노력은 '집험방集驗方'이란 이름으로 전해지고 있다. 《신당서》에 기록되어 있는 남북조 이후 수집된 경험방으로는 설경회薛景晦의 《고금집험방古今集驗方》, 도홍경의 《효험방效驗方》, 서지재徐之才의 《서왕팔대효험방徐王八代效驗方》, 요승탄姚僧垣의 《집험방集驗方》, 유우석劉禹錫의 《전신방傳信方》, 최현량崔玄亮의 《해상집험방海上集驗方》, 양귀후楊歸厚의 《양씨산유집험방楊氏産乳集驗方》, 위주포韋宙包의 《위씨집험독행방韋氏集驗獨行方》, 백인서白仁敍의 《당흥집험방唐興集驗方》 등이 있다.[63] 실제 치료 효과를 보인 방제를 수집하고자 했던 노력은 점차 의사들의 치험 사례를 수집하는 방식으로 나아갔다. 의안醫案이라고도 불리는 의사들의 진료 기록은 《사기》〈편작창공열전〉에 실린 순우의淳于意의 25개 진적診籍에서 그 초기 모습을 찾아볼 수 있다. 이후 송대에는 관료이자 사대부인 홍매洪邁(1123~1202)가 저술한 설화집 《이견지夷堅志》, 의사 장고張杲(1149~1227)가 기술한 의료 관련 이야기 모음집《의설醫說》, 허숙미의 의학 저작《유증보제본사방》, 당신미의 본초 저작《증류본초》등을 통해 다양한 형식의 치험 사례들이 채집됐다. 16세기 이후 중국에서는 전문적으로 의안을 다룬 단독 저작들이 편찬되기 시작했다. 대표적인 저술로 명대 의가 강관江瓘(1503~1565)이 편찬한《명의류안名醫類案》(1568)이 있으며, 조선 의서《동의보감》(1613)과 정약용의《의령醫零》(1798) 등에도 여러 의안이 수록되어 있다.

유우석劉禹錫의《전신방傳信方》[信傳方]에 따르면 이렇다. "정원貞元[正元] 10년(서기 794)에 통사사인通事舍人 최항崔抗의 딸이 가슴통증[心痛]을 앓다가 거의 죽게 되었다. 마침내 지황으로 차가운 미숫가루 액을 만들어 먹이자 곧바로 사방 한 치 정도 되는 뭔가를 토해내었다. 그것은 두꺼비와 비슷한데 눈과 발 따위는 없었으나 희미하나마 주둥이는 있는 듯했다. 아마도 이 물物이 물어뜯은바 심통이 촉발됐기 때문이다. 이후 홀연히 나아 다시는 재발하지 않았다. 밀가루에 소금을 넣는 것은 금한다."

남제南齊의 저징楮澄(?~483)이 오군태수吳郡太守였을 때 백성 이도념李道念이 공적인 일로 관부官府에 왔다. 그를 본 저징이 "그대는 중병重病이 있소"라고 했다. 이도념이 "예전에 냉병冷病이 있었는데 지금까지 5년 동안 여러 번 치료했으나 차도가 없습니다"라고 대답했다. 저징이 그를 진찰한 후에 "그대의 병은 냉병도 아니고 열병도 아니오. 이것은 수란水卵[白瀹雞子]을 지나치게 먹어서 생긴 것이오"라고 했다. 그에게 차조기[蘇] 한 되를 달여서 복용시켰더니, 됫박만 한 물건 하나를 토해냈다. 그것은 침으로 둘러싸인 채 꿈틀거리고 있었다. 헤쳐서 살펴보니 이것은 병아리였고, 날개와 다리를 모두 갖춰 뛰어다닐 수 있을 정도였다. 저징은 "이것은 아직 끝난 게 아니다"라고 하며, 남은 약을 복용시켰더니 또다시 아까와 비슷하게 생긴 병아리 열세 마리를 토하고서 병이 완전히 나았다. 당시 사람들이 신묘하다고 평가했다. 일설에는 "(차조기가 아니라) 달래 한 되를 달여서 복용했다"라고 한다.

최급사崔給事가 택로澤路[澤路]에서 이포진李抱眞[抱眞]과 함께 판관判官이 되었다. 이포진[李相]이 (격구擊毬를 하면서) 구장毬杖으로 막 공을 다루고 있을 때 그의 장수[軍將]가 구장으로 맞받았다. 맞서던 기세를 멈출 수가 없던 탓에 이포진은 엄지손가락을 다치고 손톱도 찢어졌다. 황급히 금창약金瘡藥을 찾아서 (손가락을) 감쌌다. 어쩔 수 없이 앉아서는 절박하게 술을 찾았다. 여러 잔을 마셔서 이미 주량을 넘어섰고 얼굴빛은 더욱 파래지면서 참을 수 없는 고통이 멈추질 않았다. 어떤 군인[軍吏]이 "막 꺾은 파를 잿불에 넣고 구워 열기를 받도록 한 후 파의 껍질을 손가락으로 헤쳐 열어보면 진액이 있을 것이니, 이를 취하여 다친 곳을 감싸십시오"라고 했다. 이에 여러 번 구우면서 계속해서 뜨거운 것으로 바꿔줬다. 총 세 번을 바꿔줬더니 얼굴빛이 다시 붉어지면서 드디어 "이제는 아프지 않다"라고 말했다. 모두 10여 번을 바꿔주면서, 뜨거운 파와 진액으로 감싸주니 마침내 자리에서 일어나 우스갯소리를 할 수 있었다.

〈고전록험방〉에는 총 여덟 가지 사례가 수록되어 있다. 설사나 구토를 유도하는 방법으로 체내의 통증을 치료한 사례 네 건, 외치外治 요법으로 외상을 치료하는 사례 한 건, 훈증 요법을 활용해 풍사에 감촉되어 말을 하지 못하는 것을 치료한 사례 한 건, 일상에서 쉽게 구할 수 있는 뽕나무 가지[桑枝]로 상지의 통증을 치료하고 나귀 오줌으로 음식을 넘기지 못하는 반위反胃를 치료한 사례 두 건이다. 구토시키는 방법을 적극적으로 사용하고 동시에 외용법도 활용하고 있다는 점에서 한의학의 대표적인 신체관으로 알려진 '기氣가 흐르는 우주론적인 몸'이 아닌 별도의 신체관에 입각한 몸, 이른바 '공간지형학으로서의 몸'에 발생한 질병과 그것을 다루는 처치법을 보여준다.[64] 특히 한 치가량의 벌레를 토해낸 뒤 가슴 통증이 나았다거나 햇병아리 열세 마리를 토해낸 뒤 오래된 냉병이 나았다거나 하는 사례에서는 경맥, 오장 등에 대한 별도 분석 없이 구토·설사 등의 방법을 활용해 발병 원인을 직접 제거하고 있어 눈길을 끈다.

독자에게 꼭 필요한 간략한 정보 제공이 목표였던 《향약구급방》에 짧지 않은 서사를 담은 〈고전록험방〉이 따로 편제된 점은 어떻게 이해해야 할까? 〈고전록험방〉의 마지막 단락에서 저자는 표리냉열을 구분하는 등의 의학 지식이 필요한 치료법은 기록하지 않았다며 《향약구급방》의 독자로 사대부 일반을 상정했음을 명시하고 있다. 사대부의 글쓰기 방식 중 하나로 문학 형식을 띤 이야기체 〈전傳〉을 들 수 있다. 한 인물이 실명으로 등장해 이야기를 풀어가는 〈전〉은 사대부 취향의 글쓰기 양식이다. 전문 의가들의 경우 자신의 치료 과정을 정당화하기 위해 환자의 일반 정보, 병증의 특징, 진단 결과, 처방 및 복용 결과 등을 일정한 격식에 맞춰 기록하는 반면, 사대부의 경우 격식에 구애되지 않고 자신들에게 친숙한 형식인 〈전〉을 빌려, 채집한 경험방의 신뢰도를 높이는 데 활용했다. 예를 들어 조선 후기의 의사 임정(1684~1754)이 남긴 《경험방》의 의안 원문과 사대부 유만주兪萬柱가 자신의 일기 《흠영欽英》(1775~1787)에서 채록한 임정의 의안을 비교해보면, 유만주는 임정이 기술한 약물의 구성 원리에 대한 설명은 생략하고 사건의 신이성神異性

을 강조하는 방식으로 내용을 각색했다. 《향약구급방》〈고전록험방〉역시 저자 및 독자 모두가 사대부였던 만큼 그들의 눈높이에 맞춰 채록되고 구성됐을 가능성이 높다. 다만 〈고전록험방〉의 경우 《유증보제본사방》, 《증류본초》의 문장과 거의 유사해 사건의 신이성을 드러내기 위한 저자의 적극적인 개입은 없는 것으로 보인다. 치방의 연원인 전수자 역시 경험방에서 흔히 보이는 꿈속에 나타난 신인神人, 도사, 불승, 이인異人 등이 아니라, 평범한 하급 군인 관료[軍吏]나 당나귀 부리는 일꾼[衛士, 혹은 호위무사]이 언급될 뿐이다. 그보다는 뽕나무·파뿌리와 같은 쉽게 구할 수 있는 약물의 활용법을 소개하거나, 외치·훈증과 같은 특별한 치료법, 또는 기생충·병아리 등을 토해내는 인상적인 치료 결과를 소개하기 위해 그와 관련된 사례를 의도적으로 발췌해 편성한 것으로 보인다.

〈고전록험방〉과 같은 의안은 의학 지식의 유효성을 정당화하는 장치로 볼 수 있다. 지식의 유래를 밝히는 것이기 때문이다. 오래전부터 전해오는 의학 지식은 대개 그 유래를 알기 힘든 경우가 많다. 대부분 관련 행위자의 보고나 전언이 채록되어 문자화되고 의서에 채집되는 과정을 거지면서 의학 지식으로 성작뇌어산다. 여기에 후대 사람들의 경험적 증언이 첨가되면 그 지식의 유효성은 정당화된다. 여러 의서에서 반복적으로 등장하는 이야기는 발견 맥락의 중심 자리를 차지하며 이 과정에서 역사적 인물의 실명이 등장하거나 문학적 신이성이 가미되면 보다 신뢰할 수 있는 의학 지식으로 자리 잡게 된다. 이는 전근대 시기, 동서를 막론하고 지식을 전달하는 사람이 누구이고, 어떠한 방식으로 전달하는지가 지식의 정당화 과정에서 중요했기 때문이다. 이때 문화적 권위를 가진 사인이나 지적 권위를 가진 전문 의사가 주인공 역할을 수행해왔다.

이에 비해 지금은 생의학이나 한의학을 막론하고 임상시험을 통해 수집된 통계학적 지표와 수치가 정당화 과정을 대신하면서, 발견 과정의 서사는 그다지 중요하지 않게 됐다. 그러나 대규모 임상시험을 하는 데는 시간과 비용이 요구된다. 게다가 임상시험에서 질병을 정의하는 방식, 질병에 따른 동일한 환자군을 확보하는 문제, 통제 시험이 이루어지기 힘든 현실적인 임상 조건, 특정 이론에 의존할 수밖에 없는 시험 설계 및 해석 등은 여전히 난점으로 남아 있다. 이런 까닭에 권위 있는 의서에 기원을 둔 치료법이라든지 의학계의 유명한 권위자나 박사가 창안하거나 인정한 의술이라는 홍보가 종종 정당화의 기제로 작동하기도 한다. 다만 학계에서는 임상 통계학적 설명 방식이 여전히 정당화 과정의 주류를 차지하고 있다. 수치數値가 고사古事나 고전 텍스트의 권위를 대체하거나 압도한 것이다.

15 　전문적인 의학과 난치병의
경계 넘지 않기

《향약구급방》 원문에는 저자의 서문이나 발문이 없다. 1417년에 간행된《향약구급방》 중간본에 윤상尹祥(1373~1455)이 작성한 발문이 실려 있고, 그중에서 《향약구급방》 의학 지식의 효과, 특징, 사용법,《향약구급방》 간본의 입수 과정, 중간본 간행 배경 등이 소개되고 있다. 이와 별개로《향약구급방》〈고전록험방〉 끄트머리에, 저자가 직접 기술한, 이 책의 성격을 가늠케 하는 짧은 글이 실려 있다. 예상 독자인 사대부들에게《향약구급방》에 담긴 의학 지식의 성격과 한계를 지적하며, 주의해서 사용하기를 바라는 당부가 담긴 문장이다. 이 글은 모든 병증을 다룬 뒤에 등장하고 있어 발문跋文의 성격을 띤다.

◇ **발문: 사대부를 위한 책《향약구급방》 - 하12 고전록험방**古傳錄驗方

발문: 사대부를 위한 책《향약구급방》*

이상에서 다룬 총 53부(의 약재)는 모두 창졸간에 쉽게 얻을 수 있는 약이며, 표리냉열을 다시 살피지 않더라도 쉽게 알 수 있는 질병을 기록한 것이다. 비록 효과가 있는 단방單方이더라도, 표리냉열을 살핀 다음에야 쓸 수 있는 단방이라면 여기에 기록하지 않았다. 잘못 써서 해를 끼칠까 걱정해서다. 사대부들은 잘 살펴 쓰기를 바란다.

이 글을 보면, 대장도감(1236~1392년 존속)에서 발간한《향약구급방》은 의약이 갖춰지지 않은 상황에 대비한 비非의료 전문가용 책자였음이 분명하다. 책 제목에 들어간 '구급'이라는 표현으로 말미암아 이 책

---

* 현재 유통되고 있는《향약구급방》목판본은 1417년에 간행된《향약구급방》중간본이다. 해당 목판본에는 저자의 서문이나 발문이 없으며, 윤상(尹祥)이 중간본을 작성하며 작성한 발문이 실려 있다. 해설서를 편찬하며《향약구급방》원문, 〈고전록험방〉끝부분에 기술되어 있는 일부 문장이 본문을 마무리하는 성격을 지니고 있다고 판단해 이를 발문(跋文)이라 명명하고 해설을 붙였다. 윤상의《향약구급방》중간본 발문과 혼동하지 않기를 바란다.

의 치료 대상 병증을 구급차가 출동하고 심장 마사지를 해야 하는 응급 상황에 국한해서는 안 된다. 당시 의학 지식이 부족하고 의사가 흔하지 않았던 상황에서는 식중독, 낙상으로 인한 골절, 대소변불통 등이 모두 '구급'의 대상이었다. 결국 주변에서 발생할 수 있는 각종 위급 증상에 의사가 아닌 향촌의 사대부와 같은 사람들이 대응할 수 있는 방법을 소개하고 있는 책이 바로《향약구급방》이었던 것이다. 그렇기에 전문적인 의원의 경우처럼 수많은 병증을 다 다루지는 않았으며, 당연히 각종 역병을 비롯한 중병이나 난치병도 다루지 않았다.

《향약구급방》의 발간은 고려 의학의 흐름과 어느 정도 같은 궤도軌道에 있다. 11~12세기 고려에서는 의료제도가 대대적으로 개혁되고 혜민국이나 동서대비원 같은 대민 의료가 확산되었으며 약점이 설치되었다. 의원과 약이 부족한 지방에서도 사대부들은 의약 상황에 참고할 만한 의서가 필요하다고 느꼈으며, 그런 욕구를 충족시키기 위해《향약구급방》을 발간했다. 한자로 된 약물 이름 하단에 이두를 활용해 약물의 이명異名, 용량, 가공법 등을 제시해 민간에서 바로 사용할 수 있도록 했다. 저자는 자신의 경험뿐 아니라 유명 의가들의 경험 사례를 적극적으로 채택해 치료 효과를 높이고자 했다. 무엇보다도 중요하고 간단하며 효과가 있는 것 위주로 책을 편찬했다. 여기에는 신라 때부터 내려오던 의약 지식과 중국 송나라에서 막 들어온 최신 의약 지식이 모두 녹아 있다.

《향약구급방》은 조선 초에도 사대부들에게 활용되었다. 1417년 안동에서 찍어낸《향약구급방》중간본의 발문에는 이런 사정을 다음과 같이 적었다. "서울과 같은 큰 도시라면 의사가 있지만, 외딴 시골이나 벽지에서 갑자기 급박한 병을 얻어 병세가 매우 긴박할 경우 좋은 의사가 오기 어려우니, 이 방서라도 가지고 있다면 (고대의 전설적인 명의名醫인) 편작扁鵲과 의완醫緩 같은 뛰어난 의사를 기다리지 않고도 사람들을 다 구제할 수 있을 것이다." 이보다 10년 후인 1427년에는 조정에서 충청감영에서 이 책을 찍어 전국에 보급하도록 했다(《세종실록》 세종 9년 9월 11일). 저자의 바람대로 이 책이 오랫동안 민간에서 활용된 것이다.

주

1 이선동·박영철, 《한약독성학》 I, 한국학술정보, 2012, 312쪽.

2 이경록, 〈조선 전기 감초의 토산화와 그 의미〉, 《의사학》 24(2), 2015, 423~455쪽.

3 Oh Chaekun, Jeon Jongwook, Kim Sanghyun, Yi Kiebok, Shin Dong-won, "The Dissemination and Practice of Primary Care Medicine by the Scholar-Gentry," *East Asian Science, Technology, and Medicine* 53, 2021, pp. 63~74.

4 鄭金生, 《藥林外史》, 臺北: 東大圖書公司, 2005, 54~55쪽.

5 제이스 조지 프레이저 지음, 박규태 옮김, 《황금가지》, 을유문화사, 2005, 70~138쪽.

6 임훈·강형구·김경환, 〈한국 뱀 교상에 대한 항뱀독소〉, 《대한의사협회지》 56(12), 2013, 1091~1103쪽.

7 오재근·김상현·이기복·전종욱·신동원, 〈고려 의서 향약구급방의 임상 의학 특징 분석〉, 《대한한의학방제학회지》 28(3), 2020, 298쪽.

8 Oh Chaekun, Jeon Jongwook, Kim Sanghyun, Yi Kiebok, Shin Dong-won, "The Dissemination and Practice of Primary Care Medicine by the Scholar-Gentry," *East Asian Science, Technology, and Medicine* 53, 2021, p. 80.

9 이경록 옮김, 《국역 향약구급방》, 역사공간, 2018, 99쪽.

10 이규원, 《일본의 서양 마취술 도입에 관한 연구》, 연세대 박사학위 논문, 2017, 80~82쪽.

11 성신철, 《생활 속의 화약과 고분자》, 자뉴아카데미, 2010, 155쪽.

12 방성혜, 《조선 종기와 사투를 벌이다》, 시대의창, 2012, 25, 27~140쪽.

13 이경록 옮김, 《국역 향약구급방》, 역사공간, 2018, 33~34쪽.

14 이경록, 《고려시대 의료의 형성과 발전》, 혜안, 2010, 266쪽.

15 방성혜, 《조선 종기와 사투를 벌이다》, 시대의창, 2012, 286쪽.

16 오재근·김상현·이기복·전종욱·신동원, 〈고려 의서 《향약구급방》의 임상 의학 특징 분석〉, 《대한한의학방제학회지》 28(3), 2020, 295쪽.

17 박지숙 외, 〈소아 급성 화농성 골수염의 임상적 고찰〉, *Clinical and Experimental Pediatrics* 48(7), 2005, 731~735쪽; 김진만, 〈소아기 급성 화농성 관절염과 급성 골수염의 임상적 고찰〉, 《소아감염》 12(2), 2005, 149~156쪽.

18 이건민 지음, 오재근 옮김, 〈'양시(羊矢)'라는 수수께끼와 중국 의학의 근육 신체관〉, 《의철학연구》 22, 2016, 163~166쪽.

19 정광호, 《학봉장군 부부 미라의 고병리학적 분석》, 고려대 박사학위 논문, 2010, 51~58쪽.

20 구리야마 시게히사 지음, 정우진·권상옥 옮김, 《몸의 노래》, 이음, 2013, 195~213쪽.

21 재컬린 더핀 지음, 신좌섭 옮김, 《의학의 역사》, 사이언스북스, 2006, 252쪽.

22 이수귀 지음, 신동원·오재근·이기복·전종욱 옮김, 《역시만필》, 들녘, 2015, 578~579쪽.

23 레이샹린 지음, 박승만·김찬현·오윤근 옮김, 《비려비마》, 인다, 2021, 143~192쪽.

24 Oh Chaekun, Jeon Jongwook, Kim Sanghyun, Yi Kiebok, Shin Dong-won, "The Dissemination and Practice of Primary Care Medicine by the Scholar-Gentry," *East Asian Science, Technology, and Medicine* 53, 2021, pp. 64~67.

25 배현주, 〈Salmonella와 Shigella 감염〉, 대한감염학회, 《감염학》, 군자출판사, 2007, 433~437쪽.

26 박윤규, 〈이질아메바증〉, 대한감염학회, 《감염학》, 군자출판사, 2007, 973~979쪽.

27 안태인·최지영, 《광학현미경 원리와 사용법》, 아카데미서적, 1996, 13~17쪽.

28 장하석, 《장하석의 과학, 철학을 만나다》, 이비에스미디어, 2014, 212~252쪽.

29 이경록, 《《향약구급방》과 《비예백요방》에 나타난 고려시대 의학 지식의 흐름〉, 《史林》 48, 2014, 119~156쪽; 이경록, 〈고려후기 의학 지식의 계보〉, 《동방학지》 166, 2014, 93~124쪽; 안상우, 〈고려의서 《비예백요방》의 고증〉, 《한국의사학회지》 13(2), 2000, 3~21쪽; 김진희·안상우, 《《三和子鄉藥方》의 復原 연구〉, 《한국한의학연구원논문집》 15(3), 2009, 1~10쪽.

30 Scheid, V, Virág, C, "Introduction to history of science special section on tong 通," *History of Science* 56(2), 2018, pp. 123~130.

31 이수귀 지음, 신동원·오재근·이기복·전종욱 옮김, 《역시만필》, 들녘, 2015, 257쪽.

32 김두얼, 〈행장류 자료를 통해 본 조선시대 양반의 출산과 인구 변동〉, 《경제사학》 52, 2012, 25.

33 李貞德, 〈生産之道與女性經驗〉, 《女人的中國醫療史》, 臺北: 三民書局, 2008, 96~102쪽.

34 李貞德, 〈生産之道與女性經驗〉, 《女人的中國醫療史》, 臺北: 三民書局, 2008, 109쪽.

35 이수귀 지음, 신동원·오재근·이기복·전종욱 옮김, 《역시만필》, 들녘, 2015, 453쪽.

36 이순애·이동형·허성은, 〈비정상 분만진통과 유도분만〉, 대한산부인과학회, 《산과학》, 군자출판사, 2015, 369~375쪽.

37 정인배·정진훈·최성지, 〈수술적 분만〉, 대한산부인과학회, 《산과학》, 군자출판사, 2015, 416쪽.

38 김행수·조윤성, 〈유산〉, 대한산부인과학회, 《산과학》, 군자출판사, 2015, 525쪽.

39 정영주·조해중, 〈산욕기 관리〉, 대한산부인과학회, 《산과학》, 군자출판사, 2015, 482쪽.

40 Charlotte Furth, *A Flourishing Yin*, University of California Press, 1999, pp. 19~93.

41 李貞德, 〈求子醫方與婦科濫觴〉, 《女人的中國醫療史》, 臺北: 三民書局, 2008, 44~49쪽.

42 李建民, 〈祟病與場所〉, 林富士, 《疾病的歷史》, 臺北: 聯經, 2011, 23~76쪽.

43 이수귀 지음, 신동원·오재근·이기복·전종욱 옮김, 《역시만필》, 들녘, 2015, 157~159쪽.

44 이경록 옮김, 《국역 향약구급방》, 역사공간, 2018, 244쪽.

45 이경록, 〈고려와 조선 전기의 위령선 활용〉, 《대동문화연구》 77, 2012, 189~222쪽.

46 에드워드 쇼터 지음, 최보문 옮김, 《정신의학의 역사》, 바다출판사, 2009, 8~247쪽.

47 최보문, 〈21세기 정신의학의 길을 묻다〉, 에드워드 쇼터 지음, 최보문 옮김, 《정신의학의 역사》, 바다출판사, 2009, 534~545쪽.

48 신동원, 《조선의약생활사》, 들녘, 2014, 210쪽.

49 레이샹린 지음, 박승만·김찬현·오윤근 옮김, 《비려비마》, 인다, 2021, 193~218쪽.

50 Suping Jiang, et al., "Antimalarial Activities and Therapeutic Properties of Febrifugine Analogs," *Antimicrobial Agents and Chemotherapy* 49(3), 2005, p. 1172.

51 Tse, E.G., et al., "The past, present and future of anti-malarial medicines," *Malar Journal* 18, 2019, p. 2.

52 김수연, 〈고려시대 밀교 치유 문화의 양상과 특징〉, 《의사학》 30(1), 2021, 21~24쪽.

53 Mary Dobson 著, 蘇靜靜 譯, 《疾病圖文史》, 北京 : 金城出版社, 2016, 136~150쪽.

54 사토 겐타로 지음, 서수지 옮김, 《세계사를 바꾼 10가지 약》, 사람과나무사이, 2014, 73쪽.

55 馬伯英, 《中國醫學文化史》 下卷, 上海 : 上海人民出版社, 2010, 356~358쪽.

56 여인석, 〈학질에서 말라리아로〉, 《의사학》 20(1), 2011, 56쪽.

57 김재문, 〈두통의 진단과 분류〉, 대한두통학회, 《두통학》, 군자출판사, 2009, 15~26쪽.

58 김병건·오경미, 〈급성기 편두통의 치료〉, 대한두통학회, 《두통학》, 군자출판사, 2009, 129~136쪽.

59 올리버 색스 지음, 강창래 옮김, 《편두통》, 알마, 2011, 473쪽.

60 가노우 요시미츠 지음, 동의과학연구소 옮김, 《몸으로 본 중국 사상》, 소나무, 1999, 165~216쪽.

61 김윤희 외, 《쌀은 우리에게 무엇이었나》, 국사편찬위원회 편, 《한국문화사 26》, 두산동아, 2009, 136~137쪽.

62 메리 더글라스 지음, 유제분·이훈상 옮김, 《순수와 위험》, 현대미학사, 1997, 59~68쪽.

63 이현숙, 《《향약구급방》으로 본 고려시대 의안》, 《역사와 현실》 112, 2019, 39~74쪽.

64 이기복, 〈동아시아 의학사 연구 방법론에 대한 비판적 시론〉, 《의사학》 29(2), 2020, 596쪽.

강아지풀에서 코뿔소 뿔까지

고려 의서 '향약구급방'으로 당대 문화 읽기

1판 1쇄 2023년 6월 5일

지은이 | 신동원, 오재근, 김상현, 이기복, 전종욱

펴낸이 | 류종필
편집 | 이정우, 이은진, 권준
마케팅 | 이건호
경영지원 | 김유리
표지 디자인 | 석운디자인
본문 디자인 | 박애영
교정교열 | 오효순

펴낸곳 | (주) 도서출판 책과함께
　　　　주소 (04022) 서울시 마포구 동교로 70 소와소빌딩 2층
　　　　전화 (02) 335-1982
　　　　팩스 (02) 335-1316
　　　　전자우편 prpub@daum.net
　　　　블로그 blog.naver.com/prpub
　　　　등록 2003년 4월 3일 제2003-000392호

ISBN 979-11-92913-14-8　94910
　　　　979-11-92913-13-1　94910 (세트)